高等院校小学教育专业教材

现代教育制度与思想
课程与教学论
教育研究方法基础
班级管理
现代教育技术
小学综合实践活动设计
基础心理学
儿童发展与教育心理学
学生心理辅导
少年儿童健康教育
社会科学基础
形势与政策
思想品德修养与师德
大学英语
大学语文
古典文学
写作
书写
教师口语
小学语文教学与研究
美术
音乐
体育
中外影视作品赏析
自然科学基础
信息技术基础

高等院校小学教育专业教材
编写委员会
（按姓氏拼音排序）

顾　问	顾明远	马　立	朱小蔓			
主　任	韩绍祥	李志军	魏国栋			
执行主任	魏运华					
委　员	白甲志	曹福全	曹慧英	陈会秋	陈利平	陈　威
	陈之芥	崔葆芬	耿培新	关文信	韩绍祥	何大海
	胡亚天	黄海旺	黄士安	黄伟民	纪国和	金祥林
	李　成	李　楠	李如齐	李秀丽	李学全	李志军
	刘立德	刘连中	罗小芳	马丽斌	聂旭东	欧何生
	欧阳建良	盘全政	任宝升	沈行恬	沈宗根	孙绣华
	谭丽娜	汤书翔	王太松	王玉翠	魏国栋	魏运华
	吴凤庭	吴起华	吴昕春	徐建奇	徐新荣	叶学文
	喻长志	詹道祥	张　艾	张天宝	张晓霞	张亚静
	张应奎	章跃一	赵少洁	赵铁生	郑晓生	周秀英
	主　悔	邹海燕				

秘书长	张天宝	
秘　书	盘全政	赵云来

本书编写人员

主　　编　刘志军
副 主 编　何立新　唐　洁
撰　　稿（按姓氏拼音排序）
　　　　　何立新　胡振坤　李如齐　李秀丽　刘本剑
　　　　　刘志军　秦　平　唐　洁　王　珏　朱小石

高等院校小学教育专业教材
编审委员会

主　　任　吕　达　魏运华
执行主任　刘立德
副 主 任　张天宝　邹海燕
委　　员　（按姓氏拼音排序）
　　　　　　陈　涓　冯卫斌　耿培新　韩华球　胡兰江　黄海旺
　　　　　　刘立德　吕　达　盘全政　王　莉　魏运华　曾红梅
　　　　　　张天宝　赵云来　诸惠芳　邹海燕

高等院校小学教育专业教材

教育研究方法基础

JIAOYU YANJIU FANGFA JICHU

主　编　刘志军
副主编　何立新
　　　　唐　洁

人民教育出版社
·北京·

图书在版编目（CIP）数据

教育研究方法基础/刘志军主编. —北京：人民教育出版社，2006
高等院校小学教育专业教材
ISBN 978-7-107-19888-5

Ⅰ.教… Ⅱ.刘… Ⅲ.初等教育—研究—高等学校—教材 Ⅳ.G620

中国版本图书馆 CIP 数据核字（2006）第 096177 号

人民教育出版社出版发行
网址：http://www.pep.com.cn
北京人卫印刷厂印装　全国新华书店经销
2006 年 9 月第 1 版　2015 年 6 月第 5 次印刷
开本：787 毫米×1 092 毫米　1/16　印张：20
字数：320 千字　印数：16 001～19 000 册
定价：22.30 元
如发现印、装质量问题，影响阅读，请与本社出版科联系调换。
（联系地址：北京市海淀区中关村南大街 17 号院 1 号楼　邮编：100081）

高等院校小学教育专业教材

总　　序

　　随着教育体制改革的不断深入，我国开放性的教师教育体系逐步建立起来。在高等教育大众化和基础教育新课程改革的大背景下，小学教师的培养融入高等教育体系的步伐大大加快，进一步深化小学教师教育课程教材改革势在必行。教育部师范教育司根据国际教师教育发展的趋势，结合我国新时期小学教师教育实际，提出了一整套高等院校小学教育专业课程建设的措施，为小学教师教育课程教材研究开发提供了重要依据。

　　为了进一步促进教师教育在新世纪的改革与发展，教育部课程教材研究所和人民教育出版社计划在"十一五"期间，组织全国各师范院校的专家、学者，共同研究、编写高等院校小学教育专业系列教材。为了加强对教材编写工作的管理、保证教材的质量和水平，特成立"高等院校小学教育专业教材编写委员会"，中国教育学会会长顾明远、教育部师范教育司原司长马立、中央教育科学研究所原所长朱小蔓为编写委员会顾问，中国教育学会副会长、人民教育出版社原社长韩绍祥，人民教育出版社社长李志军，人民教育出版社原总编辑、教育部课程教材研究所原所长魏国栋为编写委员会主任。编写委员会聘请了全国各师范院校具有丰富教学经验和较高学术水平的学科带头人分别担任各科教材的主编，全国各师范学院、初等教育学院（系、科）等直接从事小学教育专业教学的一线骨干教师共同参与编写，并聘请了知名专家对各科编写大纲和初稿进行审核。为了加强对这套教材编审工作的领导、协调和统筹，另成立"高等院校小学教育专业教材编审委员会"，教育部课程教材研究所原常务副所长吕达、人民教育出版社副总编辑魏运华为编审委员会主任。

　　本套教材的编写，力求以"面向现代化，面向世界，面向未来"为指导思想，反映当代社会经济、文化和科技发展的趋势，体现基础教育新课程改革的理念，紧密结合高等院校小学教育专业教学改革的发展趋势和实施素质教育的要求，注重提高小学教师的综合能力，努力构建科学的教材体系。本套教材的编写,以党和国家的教育方针以及小学教师的培养目标为依据,坚持以思想性、科学性、时代性和师范性为基本原则,努力实现基础性与时代性、国际化与本土化、逻辑性与专业性、规范性与灵活性、统一要求与各具特色五个结合,试图在内容及其呈现方式上进行大胆的创新,强调培养未来小学教师的创新精神和实践能力;注重把国内外最新研究成果与小学教育一线丰富的教学实践经验融为一体,紧密结合我国大多数地区小学教育的实际。本套教材可以作为全国高等院校小学教育专业的通用教材,也可供广大在职小学教师进修或自学使用。

  本套教材的编写出版得到了教育部师范教育司、教育部高等教育司和教育部社会科学司等有关司局领导的多方指导,也得到了中国教育学会、中国高等教育学会、全国教师教育学会、北京师范大学、首都师范大学等学术团体及高校领导和专家的大力支持,谨在此一并致谢。本套教材的编写难免有不完善之处,敬请广大师生不吝指正,以使本套教材日臻完善。

高等院校小学教育专业教材编写委员会
2009 年 1 月

本书前言

教师职业已经有几千年的历史，但教师作为专业人员被认可则是近几十年的事。随着教育教学改革的深入，越来越多的改革者认识到，没有教师参与的教育改革不会成功，或者可能会是一次不彻底的改革。由此，教师特别是教师作为专业工作者的重要性逐步被人们认可。为了进一步促进教师专业发展，提高教师的专业水平，从20世纪70年代开始，人们进一步提出"教师即研究者"，反对外来的研究成果或观念对教师的控制，并试图改变教师等待研究者提供新成果，或纯粹依赖习惯、经验的状况。

长期以来，我国中小学教师并没有从传统的观念中走出来，教师常常本能地认为，教师只是能够上课的人，是引导和促使学生用教材进行学习的人。换句话说，教师是专门教书的，是"教书匠"，与搞研究有相当的差距，研究只是专门研究人员的事。教师要提高自己的教育教学成果，只要等待那些专门研究人员把他们的研究成果拿过来用就足够了。另一方面，一线教师对"教师即研究者"心存疑虑的主要原因是每天要备课、上课，还要批改作业，没有时间搞研究，担心研究会增加教师本来就比较沉重的负担。

教师之所以会有这种看法，一方面是由于传统认识造成的，仅仅把教师局限在教书这一狭窄的角色上，这一角色定位使广大教师望"研究"却步，同时也使许多教师有了推托"研究"责任的借口。另一方面是对"研究"本身的不当认识，特别是对教师从事研究的不当认识引起的，正是这种不当认识导致了教师对研究产生了种种误区。

要提高教师的专业意识和专业水平，应改变传统的教师观念。在教育研究中，教师同样是研究的主体，教师不应再被视为专职研究者研究的对象，更是一个参与甚至主动行动的研究者。当他们发现问题、遇到困惑时，不再仅仅依靠外在的研究者，而是充分利用自己的智慧去探索问题、解决困惑。当然，在研究过程中，教师还应该对自己的研究有一个清楚的认识，即一线教师的研究定位问题，它不宜追求专门教育科研人员的研究效果，而要脚踏实地，一步一个脚印，解决教师日常教育教学活动中的实际问题，把研究与教师的日常生活结合起来，使研究真正融入教师的日常生活，此时的研究不再是外在于教师的孤立的东西，它成为了教师每天面对的教育现象和教学生活，这时，研究就不再是教师的额外负担，教育研究也就真正为教师所接受。

观念转变是教师成为研究者的前提和基础，但观念转变并不等于教师就可以直接成为研究者，作为研究者还需要一些条件。提升教师作为研究者的能力是至关重要的，而掌握基本的研究知识、方法，是促使教师作为研究者的能力提高的必要手段。本书的主要目的就在于通过介绍教育研究的基本理论、一般步骤，特别是介绍适合小学教师或未来从事小学教师职业的人可能采用的基本研究方法，使教师通过学习相关的研究方法，在实践中不断提高自己的研究能力，真正做到"教师即研究者"。

本书从教育研究的理论入手，第一、二章主要介绍了开展教育研究的基本理论与研究中必然涉及的主要工作，使教师能够明了研究的基本内容和基本框架。在此基础上，第三至第六章对小学教师常用的方法——教育观察法、教育调查法、教育实验法、教育经验总结法进行了介绍。近年来，由于教育行动研究与教育叙事研究逐渐显示出其独特的魅力，第一线的教师越来越青睐于这两类研究，本书第七、八两章对于这两类研究进行了专门介绍。在对教育研究步骤及主要研究方式方法介绍的基础上，第九、十两章还对教育研究资料的整理与分析、教育研究成果的表述与评价进行了介绍。综上所述，我们试图向读者展示出教育研究比较完整的框架，并努力以理论与实践相结合的叙述方式向小学教师提供一个教育研究的整体图景，为小学教师顺利开展教育研究提供理论与实践的指导。

本书由教育部课程教材研究所、人民教育出版社组织编写。具体分工是：第一章由河南大学刘志军编写，第二章由江汉大学实验师范学院朱小石编写，第三章由湖北沙洋师范高等专科学校胡振坤编写，第四章由山西吕梁高等专科学校汾阳师范分校李秀丽编写，第五章由安徽教育学院唐洁编写，第六章由江苏泰州师范高等专科学校李如齐编写，第七章由江苏南通高等师范学校王珏编写，第八章由成都教育学院何立新编写，第九章由湖南第一师范学校刘本剑编写，第十章由哈尔滨学院秦平编写。本书由刘志军担任主编，由何立新、唐洁担任副主编，全书由刘志军统稿。由于编者水平有限，时间仓促，错误疏漏之处在所难免，恳请读者批评指正。

编者
2006 年 4 月

目录

第一章 教育研究概述 1

第一节 教育研究的意义 2
一、教育研究的基本内涵 2
二、教育研究的意义 4

第二节 教育研究的类型与基本过程 7
一、教育研究的类型 7
二、教育研究的基本过程 10

第三节 教育研究的基本原则 14
一、客观性原则 15
二、创新性原则 16
三、理论联系实际原则 16
四、定量与定性相结合原则 17
五、伦理原则 18

思考与练习 20
拓展性阅读导航 20

第二章 教育研究的选题与设计 21

第一节 研究课题的选定 22
一、选定教育研究课题的意义 22
二、如何选定教育研究课题 26

第二节 课题论证与文献检索 32
一、课题论证的目的 32
二、课题论证的途径、内容和形式 33
三、文献检索 37

第三节 课题研究方案的形成 40

一、课题研究方案的设计　　40
　　二、课题研究方案的制定　　47
思考与练习　　49
拓展性阅读导航　　50

第三章　教育观察研究　　56

第一节　教育观察研究概述　　57
　　一、教育观察研究的含义及作用　　57
　　二、教育观察研究的特征　　60
　　三、教育观察研究的分类　　61
第二节　教育观察研究的方法　　63
　　一、描述记录法　　63
　　二、取样记录法　　66
　　三、行为检核法　　70
第三节　教育观察研究的实施　　72
　　一、教育观察研究实施的基本原则　　72
　　二、教育观察研究的实施步骤　　73
　　三、运用教育观察研究应注意的问题　　78
思考与练习　　81
拓展性阅读导航　　81

第四章　教育调查研究　　82

第一节　教育调查研究概述　　83
　　一、教育调查研究的意义　　83
　　二、教育调查研究的类型　　85
　　三、教育调查研究的步骤　　87
第二节　问卷调查研究　　89
　　一、问卷调查研究的特点　　89
　　二、问卷的编制　　90
　　三、问题的设计　　91
　　四、问卷的使用和分析　　94

第三节 访谈调查研究　95
　　一、访谈调查研究的概念和特点　95
　　二、访谈调查研究的类型　97
　　三、访谈调查研究的程序与技巧　98
第四节 测量调查研究　101
　　一、测量调查研究概述　101
　　二、测量调查表的编制及程序　104
　　三、测量调查研究的基本要求　106
思考与练习　108
拓展性阅读导航　108

第五章　教育实验研究　112

第一节 教育实验研究概述　113
　　一、教育实验研究的含义　113
　　二、教育实验研究的特点　114
　　三、教育实验研究的基本因素　115
　　四、教育实验研究的基本类型　117
　　五、教育实验研究的作用　118
　　六、教育实验研究的过程　119
第二节 教育实验的设计　124
　　一、良好实验设计的基本特征　124
　　二、实验设计的内容　125
　　三、实验设计的程序　127
　　四、教育实验设计模式　128
　　五、实验效度　134
　　六、教育实验中常见的问题　137
思考与练习　140
拓展性阅读导航　140

第六章　教育经验总结　148

第一节 教育经验总结概述　149

一、经验、教育经验、教育经验总结　149
　　二、教育经验总结的特点　150
　　三、教育经验总结在教育科研活动中的地位与作用　150
第二节　教育经验总结的方式、过程　152
　　一、本人教育经验的总结　152
　　二、他人教育经验的总结　154
第三节　运用教育经验总结的一般要求　161
　　一、教育经验总结必须有坚实的客观基础　161
　　二、教育经验总结应具有代表性　162
　　三、教育经验总结应全面研究相关教育经验　162
　　四、教育经验总结应抓经验的内在本质　162
　　五、教育经验总结应以创新为最终追求　163
思考与练习　163
拓展性阅读导航　163

第七章　教育行动研究　164

第一节　教育行动研究概述　165
　　一、教育行动研究的产生与发展　165
　　二、教育行动研究的含义与特征　167
　　三、教育行动研究的适用范围与局限　169
　　四、教育行动研究对教师的意义　172
第二节　教育行动研究的步骤　173
　　一、计划　174
　　二、实施　176
　　三、观察　176
　　四、反思　177
第三节　教育行动研究的策略　178
　　一、问题发现　178
　　二、资料收集　179
　　三、人员组合　181
　　四、成果表达与评估　182

思考与练习　　184
拓展性阅读导航　　184

第八章　教育叙事研究　　188

第一节　教育叙事研究概述　　189
　　一、什么是教育叙事研究　　189
　　二、教育叙事研究的特点　　190
　　三、教育叙事研究的意义　　194
第二节　教育叙事研究的内容　　196
　　一、教学叙事　　196
　　二、德育叙事　　199
　　三、管理叙事　　203
　　四、生活叙事　　205
第三节　教育叙事研究的过程　　208
　　一、从问题到现场——教育叙事的准备阶段　　208
　　二、从现场到现场文本——教育叙事研究的实施阶段　　211
　　三、从现场文本到研究文本——教育叙事研究的总结阶段　　213
第四节　教育叙事研究应注意的问题　　216
　　一、勤于学、敏于思、勇于行　　216
　　二、教育叙事是有意义的故事叙述　　217
　　三、教育故事的评价是多元的　　218
　　四、自传叙事——教育叙事研究的理想状态　　219
思考与练习　　220
拓展性阅读导航　　220

第九章　教育研究资料的整理与分析　　226

第一节　质的研究资料的整理与分析　　228
　　一、质的研究资料的整理　　228
　　二、质的研究资料的分析　　230
第二节　量的研究资料的整理与分析　　236
　　一、量的研究资料的整理　　236

二、量的研究资料的分析　244

思考与练习　274

拓展性阅读导航　274

第十章　教育研究成果的表述与评价　275

第一节　教育研究成果表述　276

　　一、教育研究成果的含义及分类　276

　　二、教育研究成果表述的目的　278

　　三、教育研究成果表述的一般步骤　278

　　四、教育研究成果表述的形式　280

　　五、教育研究成果表述的要求　291

第二节　教育研究成果评价　295

　　一、教育研究成果评价的意义　295

　　二、教育研究成果评价的内容　296

　　三、教育研究成果评价的标准及指标体系　298

　　四、教育研究成果评价的方式及方法　299

　　五、教育研究成果评价应注意的问题　300

思考与练习　301

拓展性阅读导航　302

第一章
教育研究概述

教育研究方法基础

本章学习要点

- 教育研究的含义、特点及意义
- 教育研究的类型
- 教育研究的基本过程
- 教育研究的基本原则

教育研究方法是教育研究者和教育工作者有效完成科研任务、取得科研成果的重要手段。了解教育研究方法的基本原理和技术，对于指导人们开展教育研究活动、提高教育研究能力具有重要意义。要了解教育研究方法，首先应对教育研究有一个总体了解。

第一节 教育研究的意义

一、教育研究的基本内涵

自人类社会产生以来，教育活动就开始了，但对教育有目的、有针对性地专门研究则较晚。最早的教育研究主要是基于个体或群体的教育经验总结，以个体观察和简单归纳为基础，以思辨为主要手段的研究活动。早期的教育研究没有自己独立的活动，而是与对哲学和社会的思考混杂在一起的。自16世纪起，一批杰出的教育家，如夸美纽斯、裴斯泰洛齐、卢梭、福禄培尔、第斯多惠、乌申斯基等人，从关注当时的教育实践出发，提出了一系列教育的新主张。特别是随着近代科学的发展，一些新的方法陆续出现，为教育研究的迅速发展打下了坚实的基础。20世纪以后，一系列教育研究方法相继出现并逐步完善和发展，为教育研究展示了广阔的发展前景。

教育研究经历了曲折而漫长的发展历史，那么，到底什么是教育研究呢？一般来说，教育研究指的是运用一定的方法，遵循一定的研究程序，通过对教育事实或现象的探究、解释和预测，以认识和了解教育规律的活动。也就是说，教育研究是对教育现象和问题的持续的探究活动，是围绕一定的教育问题、遵循一定的规范，系统地收集资料、寻求答案的过程。

教育研究中的"研究"，一般来说，指的是创造知识和整理、修改知识，以及开拓知识新用途的探索性活动。研究，包含两种含义：一是创造知识，是探索未知的问题，目的在于创新、发展；二是整理知识，是对已有知识进行分析、整理、鉴别和运用，是知识的整理、继承。

作为教育研究，它既区别于日常的教育、教学工作，也区别于经验积累和权威专断。经验中含有规律，经验经过反复筛选可以找到本质的规律性东西。例如，科学史话中关于毛地黄草治心脏病的传说（讲一个巫婆用马尾巴上的毛、天落水、毛地黄草等六种东西拌成药，多次治愈了心脏病人。后来人们逐渐发现，这六种东西中有时少了某一样——毛地黄草除外，仍旧能治好病，最终证实治病靠的是毛地黄草）。如果仅凭经验，不仅花的时间长，而且有时费了很大周折仍不能发现规律。

教育研究也不同于权威专断。例如，亚里士多德认为苍蝇有五条腿（其实是他碰巧抓了一只丢了一条腿的苍蝇），但多少年来人们似乎未曾置疑。不管你是否相信这些故事，大量事实说明，仅依靠经验和权威专断作为知识来源具有很大的局限性。

由此可见，教育研究是教育活动中专门的活动，它与一般的教育活动相比具有其自身的特点。

第一，教育研究的目的在于探索教育规律，解决重要的教育理论和实际问题。这是教育研究活动区别于一般日常生活的认识活动，也有别于一般的教育教学活动的主要特点。无论是以探索或发展一定的原理、原则、方法或理论为目的的探索性研究，还是以寻求解决现实问题答案的对策性研究，都是为了发展和认识教育现象的本质和客观规律，而不是对已知情况和结论的简单描述。

第二，教育研究的方法要科学、合理。研究要有科学的设计、准确系统的观察记录和分析，并收集可靠的资料数据。研究结果力求客观、合乎逻辑，并回到实践中检验。教育研究作为一种科学的认识活动，在研究过程中，人们还需要作出理性的说明和进行逻辑的论证，具体明确地界定研究的问题，并有相应的研究目标和可供检查的指标。

第三，教育研究应有科学合理的结论。通过研究应能够获得新认识，形成一定的理论或观点，其具体形式包括各类研究报告，如单项研究报告（教育实验报告、教育调查报告、教育观察报告）以及基于多种方法就某一问题的综合研究报告，或者就某一教育问题的综合与分析而成的研究论文等。这些结论最主要的是就一些教育活动或现象形成了研究者的观点，它们可以上升为一定的理论，也可以有一定的推广和应用价值，或者是针对实际问题进行了合理的解决等，都可以说是产生了科学合理的结论。

第四，研究要有创新性。教育研究的本质特征是创新。创新主要表现在对未知的探索，对原有理论体系、思维方式及研究方法有所突破。无论是对未知事物的全新认识，还是对已有知识的研究和完善，或是运用一定理论解决实际问题，都是在前人与他人科学研究的基础上进一步揭示事物发展的本质和规律，从而表现出教育研究的创新特点。

二、教育研究的意义

教育研究既具有较强的理论性，又具有很强的实践特征，这决定了教育研究的意义是多方面的。教育研究的意义主要表现在以下几个方面。

（一）推动教育改革

教育发展历史证明，教育是在内外部改革的推动下不断前进的。教育改革包括教育思想、教育制度、教育内容、教育方法等多个方面的变革。教育改革，一要有政策保证，二要有教育研究的指导，在这两个因素中，教育研究是推动教育改革的内在动力。

教育改革是对原有的教育思想、观念、体制、内容、方法等的革新，在改革之前，需要通过教育研究明确教育现象中的问题所在，提高教育改革的针对性。在改革过程中，教育改革者必然会面临多种多样的问题需要解决，而解决这些问题的主要方式需要通过教育研究。教育研究的结果可以有力地推动教育改革。从某种程度上说，教育研究的过程和结果构成了教育改革的核心内涵，教育研究与教育改革是不可分的。

（二）提高教育质量

教育质量是人们始终关心的话题，一个地区、一所学校要想真正提高其教育质量和水平，教育研究是其中的重要手段。近几年，人们越来越多地意识到教育研究对于提高教育质量和水平的重要作用，"科研兴教""科研兴校"口号的提出可见一斑。

当前，国家正在推进基础教育课程改革，学校发展的自主权和发展空间扩大。在这一大的背景下，学校要考虑如何发挥自己的优势，改变教育观念，提升质量意识，摸索人才培养的新思路，从而努力培养具有创新精神与实践能力的一代新人。要做到这一点，就需要在不同的层面加强教育研究力度，向科研要质量，提升学校或地区教育的整体实力。

随着社会经济、文化的发展与转型，人们的教育质量观也在不断地发展变化，传统单一的教育质量观逐渐受到人们的质疑。人们逐步认识到，单一的、绝对的质量是不存在的，关键在于质量的多样化、有特色。高质量的教育没有固定的模式，不同地区、学校必须根据自己的实际情况，根据自身的地区特点、学生特点、教师状况，形成有自己特色的风格，通过特色发展提高自己的教育质量，通过多样化质量提高探索出全面提高教育质量的新路子。而这些单纯地靠经验的积累远远不够，必须提高全体成员的研究意识，通过集体攻关，才能真正使教育质量上升到一个新的台阶。

（三）丰富和完善教育理论

教育理论是具有某种逻辑结构的并经过教育实践检验的教育观念系统。这一系统的核心是对教育现象和事实的本质概括。从目前来看，教育理论虽然经过了数百年的发展，但它还有许多不成熟和不完善的地方，同时随着时代和社会的发展，教育理论也需要不断地发展。从教育理论的发展过程来看，它实质上是人们对教育认识的发展过程，同时也是一个研究方法的应用过程。

教育理论的产生，首先要有一定的理论构思，通过观察、调查和实验研究，对教育实践经验进行分析和综合、抽象和概括、类比和推理，从而发现规律、得出结论。就一般的研究而言，就是促使人们的认识从具体到抽象，再到思维的具体，最终达到对事物本质的把握。在这里，认识的方法论是提升认识的重要途径。因此，要建立具有中国特色的教育科学理论体系，必须建立一套相应的科学的教育研究方法体系。

近年来，教育研究在理论开拓与学科建设方面同样发挥了重要作用。在深入调查研究的基础上，全方位地进行历史的回顾和理论的反思，通过对教育理论和实践基本问题的深入研究，促进了教育学科建设的突破性发展。也正是通过教育研究，开拓了若干新的学科，构建了新的研究体系。除了教育学原理、课程论、教学论、教育管理学等传统学科外，还有与相关学科进行跨学科研究产生的教育社会学、教育文化学、教育生态学、教育伦理学、教育美学、教育法学等，也有具体地运用一定的研究方法分析教育活动的学科如教育史学、比较教育学和教育未来学等，也有研究如何运用研究方法来分析教育活动的学科如教育统计学、教育测量学、教育实验学等。正是多方面的教育研究促进了教育学科群的多维格局,从而加强了理论的解释力以及对教育实践的有效指导。事实证明,如果新的学科方向是建立在长期进行教育研究的基础上的,那么,这一学科方向就有比较坚实的基础和自己的特色,就有强的生命力。

(四) 提高教师素质

教育研究是实践性很强的研究领域,教育研究决不是专业研究者的专利,实际上,教师在开展教育研究上具有独特的优势。尽管专业研究者由于受过理论和研究方法的训练,开展研究时比较得心应手,但他们所从事的研究主要是基础理论和宏观研究。基础理论虽然能给教师提供考察问题的新思路,却不一定能直接指导实践。在开展应用型研究方面,广大中小学教师具有很大的优势。教师每天接触学生,最了解教育教学中的问题,也最有可能针对一些现实存在的问题开展研究,提升研究的意义。

教育研究对提高教师素质的意义主要体现在以下几个方面。

第一,教师通过参与教育研究,可以更深刻地了解教育现状。在实际工作中,教师要面对多种复杂的情境和问题。教师不仅要了解教材、教法问题,还要了解学生的学习状况,了解班级管理等方方面面的问题。如果教师能花一些时间探究工作中所遇到的问题,就会对问题的成因产生更为深入的认识,进而找到解决问题的思路和策略。

第二,教育研究可以促使教师改进教学。教师参与教育研究可以推动学校整体质量的提高。通过教师个体以及教师群体的教学研究活动,可以使教师在了解到教学中存在问题的基础上逐步去解决问题,特别是教育实践中存在的大量的个性的问题,是专业研究者难以遇到也很难解决的问题。另外,作为一线工作者的教师可以根据自身的优势,结合各种教学方法的特点,探索适合自己的教学模式,从而构建个性化的教学策略。

第三,教育研究能帮助教师总结经验,克服不足。教师在长期的教学工作中,积累了大量的经验。但由于他们对这些经验总结得很不够,而且只靠日常的积累常常会流于低水平重复。而教师参与教育研究,就可以提高教师的问题意识和研究意识,同时教育研究还可以提供一种剖析问题的方法,帮助教师从大量的感性经验中理清头绪,概括出精华所在,并在教学实践中进行验证和发展。

第四,教师通过参与教育研究,还可以从根本上改变教师对教育研究的基本认识,提高教师的研究能力。通过参与教育研究,可以使教师充分认识到自己是教育研究特别是面向实践的教育研究的主体,能够有效克服教师对教育的神秘感,提高教师进行教育研究的主动性和积极性。多方面参与教育研究,可以使教师的研究潜能充分地发挥出来,不断提高自己观察问题、分析和解决问题的能力,使研究能力成为教师职业发展的内在需要。

第二节 教育研究的类型与基本过程

一、教育研究的类型

随着人们对教育研究的意义和作用认识的提高,越来越多的教育工作者积极投身到教育研究之中,使当前教育研究规模不断扩大,教育投入的人力、物力和财力不断增加。为了更清楚地认识教育研究活动,加强教育研究的管理,提高教育研究的水平,需要对教育研究进行合理的分类。从人们对教育研究的分类的情况来看,根据不同的标准,可以有不同的类型。一般来说,教育研究主要有以下几种分类形式。

(一)根据研究范围和研究层次划分,可以分为宏观研究、中观研究、微观研究

1. 宏观研究

宏观研究是对较大的教育问题进行综合性、系统性的研究。它主要指综合性、关系性研究,如教育与经济的关系、教育与人口发展的关系、教育与社会发展的关系、教育与文化传统的关系等;还有对某一复杂问题进行系统性研究,如对教育目的、教育政策、教育制度、教育结构等的研究;有时也指较大的区域性研究,如区域教育评价研究。宏观研究范围大、涉及面广,具有较强的指导性、方向性、综合性的特点,对教育发展趋势具有"导向"作用,能够将教育领域的问题系统化,形成综合性理论,上升为具有普遍意义的原理与规律,能够对教育现象进行全面的抽象和概括,发现规律,形成理论。

2. 微观研究

微观研究是对具体教育问题进行的研究,常常是直接针对某一个实际问题开展的研究。例如小学语文口语交际能力的培养研究、初中学生阅读能力评价研究、学习困难学生的教育问题研究等。微观研究较宏观研究来说要具体细致，具有具体性、实践性、灵活性、单一性的特点，对于大量存在于教育教学一线的个性化实践问题有着较强的针对性，有利于以教师为主体开展的教育研究。

3. 中观研究

在教育研究实践中，有时很难区分哪些是宏观研究，哪些是微观研究，是对一类现象、一个问题、一个系统还是一个范围教育问题的研究，对这些研究来说，难以用宏观研究或微观研究来界定，因此，人们把介于中间的这类研究称为中观研究。这一类研究在界定时相对比较模糊，但它提供了一种了解某一种教育研究活动的视角，如职业教育研究、中小学校长研究、小学教育研究、农村教育研究等。中观研究具有综合性和现实性的特点，能够对教育的某一个范围从理论到实践进行全方位的研究，是立足于实际问题开展的研究，能够直接为实践服务。

（二）根据研究目的划分，可以分为基础研究、应用研究

1. 基础研究

基础研究的主要目的在于探索和创新知识，扩展和完善理论。通过研究，寻找新的事实，阐明新的理论或重新评价原有理论，它回答的是"为什么"的问题。

基础研究往往与建立教育科学的基本原理有关。例如，关于教育本质、教学过程、德育过程、教育目的论、教育价值论等问题的研究，目的在于探索教育活动过程中隐含的规律性，研究成果多表现为学术论文、学术专著等形式。

2. 应用研究

应用研究的主要目的在于应用基础研究成果或有关理论解决教育实际问题。应用研究具有直接的实际应用价值，它回答的是"是什么"的问题。目前我国教育研究中占很大比重的是应用研究。例如，学生学业负担过重问题研究，农村学生流失、留级状况的分析及对策研究，独生子女家庭教育现状的研究，在市场经济条件下中小学生道德认识、道德情感、道德意识发展状况的研究，等等。研究成果的形式可以是专题研究报告、实验研究报告、调查报告，也可以是新产品（如新的教育软件、新教材）的开发。

基础研究与应用研究的划分有时是相对的，常常互为补充。基础研究提供解决教育实际问题的理论，应用研究提供事实材料去支持和完善理论，有助于理论研究领域的扩展以及促进新理论的产生。在应用研究过程中，往往需要基础理论研究补充现有知识的缺陷,如果应用研究只限于解决当前具体问题,而不努力从基础研究角度探究其基本原理,就可能只是局限于解决某些局部问题,从而影响到研究成果的广泛应用。

(三)根据研究的具体方法划分,可以大致分为历史研究、描述研究、相关与比较研究、实验研究、预测研究等

1. 历史研究

历史研究涉及过去发生事件的分析和评价,它回答的问题是"过去是怎样的"。历史研究的目的在于通过对过去事件的原因、结果或趋向的研究,来帮助解释当前事件和预测未来事件。例如,对中国文化传统、教育传统的考察,进而分析对中国现代教育改革与发展的影响;中国近代义务教育、近代民办教育历史演变、经验与教训的研究;杜威教育思想对中国20世纪20年代教育改革影响的研究;从我国古代的科举考试制度考察教育评价的历史;等等。

2. 描述研究

描述研究是通过问卷、调查、访谈、观察以及测验等手段搜集资料,了解现状,分析、诊断现实存在的问题。例如,对小组合作学习形式的研究,通过一段时间的观察、调查,可以得出这样的结论:将全班学生按学习水平、性别、性格的差异分成小组,全班各小组间同质,小组内异质,每组5人,课桌椅或者按"T"形排列,或者按"U"形排列,效果最好。因为如果小组人数为7人,容易使"T"形小组坐在两侧,学生游离于小组之外,而按偶数组成小组又容易形成仅限于2人之间的交往情况。

3. 相关与比较研究

相关研究是对两个或更多数量的教育对象间是否存在相关以及相关程度进行判定,研究目的在于建立相关或用于预测。比较研究是按一定标准对彼此有联系的事物加以对照分析,以确定它们的共同点和差异点、共同规律和特殊本质,从而得出符合客观实际的结论。例如,学习兴趣、学习能力与学习成绩的相关研究,家庭教育方式与学生个性特点的相关研究,集中识字与分散识字及适应性的比较研究(与学生不同的心理场有关),探究学习与接受学习的比较研究,东西方教育制度、社区文化等的比较研究,等等。

4. 实验研究

实验研究是研究者根据一定的研究假设,在教育活动中创设能验证假设的环境和条件,主动地控制研究对象,排除无关因素的干扰,从而探索事物的因果联系。例如，关于一项培养小学生合作技能的教育实验，其研究假设是：在现代社会学习理论的指导下，通过开设专门课堂以及调整学科教学结构，可以培养学生的合作技能。研究者主动采取以下变革措施：集体教学与分组教学结合，增加学生间交流机会；开设专门课堂，培养学生的合作技能；利用角色游戏法演练，每周评一次"最优合作小组"。两个月后，从实验班和对比班各抽取20名学生，进行日常观察和情境测验来分析实验的结果，观察采取实验措施后学生在合作技能方面的变化。

5. 预测研究

预测研究主要目的在于分析事物未来发展的前景与趋势，回答"将会怎么样"的问题。例如，关于21世纪中国教育体制结构的研究，未来的学习化社会与当今的高师教育改革，21世纪的基础教育课程改革与教材建设的若干问题研究，未来十年教育教学改革政策的展望，等等。

以上这些区分只是根据不同的分类标准对教育研究进行了三个方面的划分。实际上，人们可以从不同的角度和不同的标准对教育研究进行多种不同类型的划分，这些多种不同类型的划分共同构成了教育研究类型的结构体系。这种结构体系既是教育研究的复杂性决定的，也是教育研究客观实在的反映。正确认识和了解教育研究的类型结构，对于我们准确把握教育研究，推动和开展教育研究活动，具有重要作用。

二、教育研究的基本过程

教育研究是有目的、有计划、有步骤的，它在具体的教育活动中逐步形成基本的研究程序，这也是人们基于对教育现象和问题的认识形成的一系列有着逻辑和因果关系的程序系统。虽然具体的研究活动在展开过程中会有一定的差异，但基本的步骤是相似的。因此，对于教育研究者来说，了解和掌握教育研究的基本过程是非常必要的。

一般来说，教育研究的基本过程包括选题、查阅文献资料、制定研究计划、收集研究信息资料、整理和分析资料、形成研究报告或论文六个步骤。

（一）选题

研究始于问题，教育研究也主要试图回答教育领域中未知的问题，教育研究的主要目的就在于通过解决一个个教育理论和实际问题来探索教育的未知世界。问题是研究者在对教育事实和现象分析的基础上发出疑问、发现矛盾时产生的，要从大量的日常现象中提出质疑、发现可能存在的问题，必须善于思考，特别应有问题意识，能够从不疑处有疑。对于教育研究者来说，在自己工作和研究的领域中发现和提出一个有意义的问题，本身就是认识的成果。能否善于提出问题是进行研究的关键，它决定着研究的价值大小，决定着研究的成功与否。而问题一旦提出就离解决它不远了。因此，有人说，"提出问题就等于问题解决了一半"，由此可以说明选题在教育研究中的重要意义。

在教育教学活动中，可以提出的问题很多。对于教育研究来说，并不是所有的问题都是可以直接开展研究的，必须区分出什么是真问题、什么是假问题。对于一个真问题来说，也应区分先后、主次、轻重、缓急。因此，教育研究中需要研究什么样的问题是应该有选择的，不是所有的问题都能够作为研究问题。同时，也不是所有值得研究的问题适合所有的研究者，不同的研究者应根据自己的实际情况来选择研究不同的问题。因此，教育研究中的问题必须经过研究者选择，才能开展研究。

教育研究中的选题是教育研究活动的第一步，是所有研究工作的起点。选题关系到整体研究的方向和结果，关系到整体研究工作的进程，是研究工作能否顺利开展的关键。一项教育研究的价值是高是低，成果是大是小，甚至整体研究可能成功还是失败，都与教育研究的选题有密切的关系。在研究之初，每一个研究者都必须慎重对待选题问题。

（二）查阅文献资料

任何研究都是在前人研究和思考基础上的进一步探索与发展，任何人的研究都可以也必须从他人的研究中获得丰富的信息，作为进一步研究的基础。虽然在研究的全过程中，研究者都需要不断地查阅相关文献资料，丰富和完善研究思路，纠正研究偏差，但相对来说，在课题研究之初，查阅相关文献资料更为重要。

任何研究人员在进行某个问题的研究之初，都应该认真查阅与本课题有关的文献资料，先充分地占有和掌握与所要研究的问题有关的一切资料与事实，了解这个问题的主要研究成果，前人已达到的研究水平，研究的重点，研究的方法、经验和问题。从中了解围绕该研究问题前人已经做过哪些工作，哪些问题已经解决了，哪些问题已经基本解决，哪些问题有待于进一步修正和补充，哪些问题还没有解决，前人在研究这一问题时，使用过什么研究方法，结论的科学性、可靠性如何。以此作为研究的起点。

另外，查阅相关文献资料，不仅能从过去和现在的有关研究成果中受到启发，还可以找到科学回答课题的线索，为科学地论证自己的观点提供有说服力的、丰富的事实和数据资料，使研究结论建立在可靠的材料基础上。

（三）制定研究计划

研究计划的制定是整个研究工作中的重要的一步。研究计划设计是否完善合理，关系到研究预定目标的实现、研究工作的效率以及研究结果的可靠性、科学性。

制定研究计划应回答的问题是：研究的目的、意义是什么，如何安排每一阶段的研究任务，用什么样的方法研究，如何收集所需的资料，研究成果的形式以及如何对研究成果进行评价鉴定，研究人员的组织与分工，所需研究经费，等等。具体分析，主要包括以下内容。

——研究题目。课题名称应简明具体，反映研究问题的实质。

——对研究课题目的及意义的简要说明。课题的目的、意义一般是从两个方面进行论证的：本课题研究的现状和趋势；研究本课题的作用和意义。

——课题研究的基本内容，预计突破那些难题。研究内容的表述可以有不同的思路。有的是按历史研究、现实研究和方法研究三个维度安排研究问题的序列，有的是按理论问题研究和实际问题研究作为表述研究内容的主线。

——课题的研究思路和方法，制定研究工作方案和进度计划。

——研究课题已具备的工作基础和有关条件，主要包括参加人员水平、研究工作的资料准备情况和研究手段。

——预期成果。通过研究，预期可能完成的成果，如研究报告、论文等，以及成果的预计取向和使用范围。

——经费概算和条件保证。经费概算中一般包括图书资料费、调研费、文具费、上机费、成果打印费等内容。

（四）收集研究信息资料

信息资料的收集是开展教育研究的重要的实施途径，从某种意义上说，前面三项活动都是为具体、详尽地收集资料服务的。这里的信息资料与查阅文献资料中收集的资料相比，含义更广，它可以包括通过查阅文献获取的资料。例如，在理论研究中，对文献的分析是一种重要的研究方法，也是获取信息资料的方法之一，因此，文献资料也是教育研究过程中需要收集的信息资料的一部分。

总体来说，信息资料形式的多种多样，决定了教育研究活动中获取信息资料的方法的多元性。大体来说，教育研究的信息资料包括定性和定量两大类资料，收集两类不同的信息资料的方式方法虽然有一定的侧重，但其界限并不非常严格，在具体的收集资料的过程中，有时也有一定的交叉。收集信息资料有多种方法，有观察、问卷、访谈、经验收集、叙事等方法。在收集信息资料过程中，应尽可能做到准确、全面，以便能够真实地反映研究对象的本质特征。只有在掌握大量资料的基础上，才能对研究问题有一个全面、清晰的认识，才可能把教育研究工作推向前进。

（五）整理和分析资料

收集上来的资料并不全是可以直接使用的资料，在分析资料之前，首先需要对收集的资料进行鉴别和整理。

对于所收集到的资料首先应进行鉴别。鉴别资料主要从资料的真实性、可靠性和有用性三个方面来看，把真正对教育研究有用的资料留下来，剔除无用的或无意义的资料。

经过鉴别后的资料可能是散乱的，要从大量的、散乱的资料中获取有助于教育研究的信息，就必须对收集到的资料进行整理。整理主要是通过分门别类，对于不同性质的资料如量化资料或质性资料，分别归类整理，把大量的资料纳入到一个相对完整的系统中，并针对这一系统进行有意义的分析。

分析资料是在整理资料基础上的进一步理性加工的过程。在分析过程中，研究者在掌握基本的分析手段和技术的同时，综合考虑与研究有关的多种证据，定量分析与定性分析相结合，谨慎地得出结论。

（六）形成研究报告或论文

教育研究告一段落后，需要研究者把研究所得用特定的形式呈现出来，并以成果的形式体现出来。教育研究者为了展示研究价值，取得社会承认，在研究结束后，需要利用书面的形式，反映并深化研究的过程和结果，向社会提供科研信息。研究者把研究全过程以及研究结果用文字完整地表达出来，就成为研究报告或论文。研究者通过提供有关研究过程的实际资料及对研究结果的评价分析，对学术交流与合作起到一定的促进作用。同时，研究成果用易于理解的形式向广大教育实践工作者传递信息，使取得的研究成果及时转化为教育实践活动，可以有效地推动教育实践工作的开展。

根据研究者所使用方法的不同，教育研究成果一般有教育观察报告、教育调查报告、教育实验报告、教育经验总结报告以及教育研究论文。每一种教育成果表述形式的撰写都有着不同的规范和要求，后面将有专章介绍。

上述教育研究的六个基本过程并不是相互独立的，而是有机联系为一个整体。一般来说，教育研究是按照时间顺序逐步完成的教育研究过程，但这一过程绝不是僵化教条的，在具体的研究过程中，不同的阶段有时可以并行，也可以交替出现。例如，查阅文献资料的过程就可能贯穿教育研究始终，在选题阶段就可能需要查阅文献，收集资料阶段需要收集相关的文献资料，整理和分析资料过程中有时也需要相关文献的支撑，而研究报告和论文的写作过程中，更需要阅读大量的文献资料。信息资料的收集过程在具体的研究过程中也常常会反复地进行，在资料的整理和分析阶段，为了使信息更完整，有时需要补充新的资料，使研究结果更完整。总的来说，具体的教育研究的过程是非常丰富复杂的，研究并不是一个轮次就能够完成的，有时需要多次反复才能最后形成研究结果。这是教育研究所共有的特点，也是每一个教育研究者必须面对的现实。

第三节 教育研究的基本原则

教育研究的原则是进行教育研究活动中必须遵循的基本要求，它既是教育研究基本规律的反映，也是人们长期教育研究活动经验的概括和总结。它既要遵循一般研究中要遵循的客观依据，同时也要遵循教育研究中的独特的要求。特别是教育研究对象的特殊性，决定了教育研究原则的独特性。

教育研究，与所有科学研究一样，都必须关注两个方面：客观事实与方法技术。客观事实是客观事物本质的外在表现，是教育现象与过程、事件本身。教育研究的对象是教育事实，是实际存在的教育要素、结构及其变化的过程现象，具有客观实在性和自在性。任何研究都要依据特定的方法开展研究，这就意味着教育研究必须运用一定的科学方法，遵循一定的科学研究程序，通过对教育现象的解释、预测和控制，有目的地探索教育规律。教育研究与一般科学研究有一致的地方，也有着区别于其他自然科学、社会科学的独特特点。这主要表现在：①教育研究对象带有很强的为人性、综合性、整体性特征，它决定了教育研究必须考虑多种因素的交互作用，必须围绕人的特点特别是从未成年人的成长与发展的角度来考虑教育问题；②研究的周期较长，影响研究效果的因素复杂，很多教育研究的影响有很强的滞后性；③教育研究者与第一线教育实践工作者积极参与，使之有着广泛的群众基础。

一、客观性原则

教育研究的客观性原则是指在研究中应采取实事求是的态度，尊重客观事实，不能主观臆断和掺杂个人感情。教育研究从一定程度上说是科学性很强的工作，研究工作是否客观，关系到研究结果是否正确，也关系到研究目的能否真正实现。因此，客观性原则是教育研究工作的保证。要贯彻客观性原则，应做到以下三个方面。

第一，在研究的指导思想上应坚持客观性原则。教育研究者首先应在指导思想上坚持客观性，应该有严谨求实、实事求是的态度。教育研究作为科学研究的一部分，研究结论的得出必须有坚实的事实依据，不能主观臆断，更不能编造数据。从一定程度上说，遵循这一原则是对教育研究者首要的、基本的要求。

第二，在研究过程中应坚持客观性原则。在研究过程中保证客观的态度，需要按照教育研究的一般要求和基本规范开展研究，不应为了获得有利于"好"的研究结论的得出而有意识地采取特定的方法开展研究。例如，在教育实验研究中，不应有意识地挑选"尖子"学生组成实验班，选择好教师担任实验教师，在实验过程中对实验班采取特殊的优惠政策，形成实验效果明显的假象。在教育调查过程中，有意识地选择优秀教师和学生作为调查样本，进行问卷和访谈，虽然可以得出较理想的调查结果，但这些都是在研究过程中违背客观性原则的表现。

第三，在得出结论过程中应坚持客观性原则。教育研究一定要根据所收集的资料进行实事求是地整理和分析，不能歪曲事实，更不可弄虚作假。研究结论要以客观事实为基础，当数据不全面时，只能补充收集资料，使结论建立在更全面的资料的基础之上。绝不能根据预定的研究假设，不顾客观事实，任意增减材料，甚至修改研究过程中得出的数据。如果为了验证实验假设成立而刻意编造实验数据，在调查研究中对不符合自己的主观想法、不符合领导口味的资料采取回避的做法，都是违背客观性的表现。在分析结论时，当事实资料与预先假设有冲突与矛盾的时候，更要耐心地分析原因，正确判断。实际上，研究结论的证实与证伪，对于教育研究来说，具有同样意义。当前由于种种原因，部分研究者为了一时的名或利，不惜采用瞒天过海、以假乱真的手段，堆砌自己的科研成果，有些人甚至根据事先确定的结论改造甚至编造数据。这些现象都是对教育研究的严重亵渎，是令所有教育研究者唾弃的行为。因此，能否坚持客观性原则是研究者研究态度的重要表现，也是衡量教育研究者学风的重要尺度。

二、创新性原则

创新性原则指教育研究要有新意。任何研究都是以求新为目的的人类实践活动，通过研究发现新事实、获得新知识、寻找新途径、解决新问题。教育研究工作者的追求就是能发现别人没有发现的问题，探索出别人没有实践过的富有创意的教育内容、方法、手段、措施等，也就是说要在原有认识的基础上有所发展、创造。

教育研究的创新，首先体现在对前人没有研究或研究得较少的问题，在前人的基础上，做进一步扎实、细致的工作，获得前人所没有的成果。其次，教育研究的创新还表现在研究角度的不同。虽然前人已有相关的研究，但研究者从另一个角度来看同一个问题，从另一个角度开展研究，就可能得出不同的研究结果。再次，教育研究的创新还体现在前人虽然有一定的研究，并有一定的研究结果，但如果研究者从研究内容、研究设计、研究方法以及研究技术上独辟蹊径，即使得到的是相近的结果，也是创新的表现形式。另外，对于中小学教育研究者来说，并不一定要求在教育研究中有一些突破性的重要成果，只要围绕自己教学、管理工作中实际存在的问题来展开研究，并通过持续的研究，能够不断地解决工作中的困难，这也是创新的重要表现。

教育研究贵在创新，单纯地靠模仿别人，跟在别人后面亦步亦趋，甚至躺在别人的教育研究成果之上来搞一些诠释、注解，不是真正的教育研究，当然更谈不上创新。教育研究不是为了重复已有的理论和认识，它的目的在于通过研究获取新信息、掌握新特点、发现新规律，丰富和发展现有的教育理论知识宝库。从这个意义上讲，创新是教育研究的生命力之所在。没有创新，不能适应时代发展的需要，科研也就失去了意义。因此，在教育研究中，必须遵循创新性原则，这是衡量一项教育研究有无价值以及价值大小的最重要标准。

三、理论联系实际原则

教育研究是以教育现象、教育事实为基础的活动，具有很强的实践指向性。特别是中小学教育研究的课题主要存在于中小学教育实践中，它的研究结果也多是为教育实践服务，脱离实践的教育研究必然是缺乏生命活力的教育研究。但在研究中，又不能就实践来谈实践。在研究过程中，更需要从教育理论中吸取营养，忽视理论指导、理论分析的纯实践研究常常会产生"粗陋的实践主义"。具体的研究过程也必须在正确的理论指导下才能取得成效，研究的结果必须经过理性分析，上升到理论，并通过大量的实践研究，丰富和发展理论，教育研究才有普遍指导意义。因此，理论联系实际就成为教育研究的重要原则。在教育研究中贯彻理论联系实际原则，需要做到以下两个方面。

第一，每个教育研究者都应有深切的实践关怀。无论是教育理论研究者还是教育实践研究者都应该明确，教育研究只有深深地扎根在教育实践的沃土上，教育研究的生命之树才能常青，并绽放出灿烂的生命之花。理论联系实际对于教育理论研究者来说，同样非常重要。长期以来，教育理论空洞陈旧，严重脱离实践，对于教育现实而言，教育理论常常显得无力和无用。出现这种现象的原因之一就是教育理论研究人员缺乏对于教育实践的关注，教育理论与教育实践形成两张皮。解决这一问题的最佳途径就是教育理论研究人员应经常性地走入教育实践，通过解决教育实践问题，使之上升到理论高度，从而不断丰富、完善、发展教育理论。对教育实践人员来说，虽然在关注实践方面并没有太多的问题，但应该注意的是，教育实践研究人员应更多地关注发生在自己周围的实践问题。教师作为研究者，其研究问题更多的应是教师日常教学活动中出现的问题，以及与此相关的问题，应尽量避免研究脱离实际、大而无当的问题。

第二，教育研究者应注意学习教育理论。理论联系实践原则要求教育研究者应充分认识到教育理论对于教育研究的意义，在研究过程中自觉接受教育理论的指导。为了更好地发挥教育理论在教育研究中的作用，教育研究者特别是教育实践研究者应自觉地学习教育理论，提高教育理论的素养。只有这样，在研究具体的教育问题时，才能更清楚、更透彻、更全面，教育研究结论才更有意义。

四、定量与定性相结合原则

任何客观事物均是质和量的统一体，教育事实与现象也是如此。从方法的角度来看，教育研究方法主要分为两大类：定量研究方法和定性研究方法。这两类不同的教育研究方法分别适用于不同的对象和领域，但由于教育研究对象的复杂性，在具体的研究过程中，单凭一类方法难以把问题妥善解决，应使两者结合起来。教育是一种复杂的社会现象，有些是可以用数量来表示的，对这些现象用定量的方法进行研究，清晰可见，简明易懂。但有些现象是不易用数量来表示的，即使勉强用数量来表示，从表面上看精确性是增加了，实际上却丧失或掩盖了事实的真相。因此，对这类现象就必须用定性方法来研究。要正确处理定量研究与定性研究的关系，贯彻定量与定性相结合原则，需要做到以下两个方面。

第一，要掌握定性研究与定量研究的不同特点。定性研究和定量研究反映客观事物质与量的辩证关系。"质"和"量"都是由事物内在特殊矛盾决定的，把握事物的质与量是人们认识和实践活动的最基本条件。定性研究是根据研究者的认识和经验确定研究对象是否具有某种性质或某一现象变化过程和变化原因，是侧重于研究对象的质的方面的分析评价。定性研究能有效地从总体上把握研究对象质的特征。定量研究是对事物进行数量上的分析，从而判定事物的性质和变化。与定性研究不同，定量研究一般是把被研究对象目标分解为多项因素，并将其数量化，采用一定的数学方法，通过变换来判断诸因素的关联，最后用数值来表示分析研究的结果。

第二，定量研究与定性研究不是对立的关系，而是相辅相成、互为补充的关系。一般来说，定量研究适用于范围较大的宏观研究领域，适用于宏观研究，定性研究较适用于范围较小的微观研究领域。另外，在具体的研究中，二者往往用于研究的不同阶段。可首先通过定性研究确定某一事物与其他事物的区别，在此基础上，采用定量研究以提供定性分析的科学依据。当前计算机技术的广泛应用将为二者相结合展示美好的前景。

五、伦理原则

由于教育研究的对象往往是儿童、青年及其学习等行为，某些性质和方式的研究活动有可能会妨碍他们的生活，伤害他们的身心，侵犯他们的某些权利以及产生其他一些消极影响。因此，研究者应当遵守一些伦理上的准则。

教育研究作为以人为对象的研究领域之一，在其伦理原则中既应反映社会科学研究的普通道德准则，也应考虑自身特殊要求。一般来说，教育研究工作者必须遵循的伦理原则包括以下三个方面。

第一，在教育研究过程中，研究者应充分尊重研究对象的权利。教育研究活动中可能需要多种研究方法，如观察、调查、问卷、实验等，在研究过程中，无论采用什么样的方法，无论是作为直接对象参加到研究过程中还是作为研究对象的一个部分参与研究，无论是儿童、少年、青年还是成人（如教师、家长），作为研究对象的个人都享有法律所赋予的权利。在研究过程中及结束后，不论研究多么急需，对于结论多么重要，我们首先要考虑的是受试者的若干权利。一般来说，研究对象应享有以下主要权利：有知情权；有不公开或保密的权利；有自由署名的权利；有自愿参加研究的权利；有要求研究者承担责任的权利。

应该指出的是，这些权利是研究对象本身所具有的，并不能让研究对象主动要求，这就需要教育研究者应自觉主动地尊重研究对象的权利。特别是对于未成年人来说，他们可能不知道或并不清晰他们具有这些权利。因此，教育研究者在研究活动开始前，就应该充分考虑到这一问题，向研究对象充分说明研究的目的、意义，以及研究过程中可能付出的时间和努力等。

第二，审慎解释研究成果。研究者在获得研究结果后，需要向社会提供研究信息，并通过展示教育研究的结果及价值，得到社会的鉴定、评价和承认，以取得社会效益。在公开研究成果的过程中，需要向社会公众作出合理的解释。

一般来说，社会公众对科研工作者正式产出的科研成果有一种信任感，也乐于成为成果使用者。越是这样，教育研究者就越应本着高度的责任感，审慎地解释研究成果和结论。错误的结论或不真实的成果付诸实践，产生的后果是难以估量的。所以，作为研究人员，应详尽解释成果的有效性条件和范围，不能因为私利或其他原因来曲解研究成果，骗取公众信赖；作为教育行政部门或教师，在推广某项成果前，应以科学的验证为依据；传媒在进行宣传介绍时，也应实事求是，不能为追求新闻效应而夸大其辞。

第三，避免给研究对象造成伤害。大多数教育研究活动都是通过变革教育现状来取得研究结果，因此在研究过程开始前，就应对研究活动对研究对象的可能影响进行分析和判断，看是否对研究对象有负面影响。这是由于研究活动一旦展开，如果对研究对象，特别是对未成年学生造成伤害，将是无法弥补的。因此，在研究活动开展前，一定要通过缜密的分析，避免让研究对象受到人身的、心理的伤害，包括让他们承担不利的心理和社会压力。

有时，在研究过程中，有可能会涉及研究对象的隐私，研究者一定要承诺，只是从研究的角度来收集和处理信息，不会对他们当前以及今后的利益造成不必要的伤害和影响,以免对研究对象造成不必要的心理压力。

思考与练习

1. 什么是教育研究?它有哪些特点?
2. 教育研究主要分为哪些类型?
3. 教育研究的基本过程主要包括几个步骤?
4. 教育研究的基本原则有哪些?

1. 裴娣娜:《教育研究方法导论》,安徽教育出版社1995年出版。

该书第一编对教育研究的基本内涵、分类以及教育研究的历史发展进行了全面介绍,同时对教育研究的基本思路和方法论原则进行了深入细致的分析。

2. 杨小微:《教育研究方法》,人民教育出版社2005年出版。

该书第一编结合实例,具体介绍了教育研究的对象、性质和价值,对中西方教育研究的发展进行了全面的介绍,同时对教育研究的基本范式和基本准则进行了深入的分析。

第二章
教育研究的选题与设计

本章学习要点

- 选定教育研究课题的意义
- 选定教育研究课题的要求
- 课题论证的目的、内容
- 文献检索的含义和意义
- 文献检索的方法
- 课题研究方案的设计

第一节 研究课题的选定

教育活动的复杂性决定了教育研究的复杂特征,教育研究领域的广泛性要求我们在研究教育问题时,必须对我们研究的课题有所选择和定向。我们常说,"题好文一半",只有研究课题的选择适当,才能使教育研究具有真正的价值。

一、选定教育研究课题的意义

课题并不是教育研究的代名词,对中小学的教师,许多随机的、偶发的、情境的、个别的问题都可以成为研究的对象,教师对教育教学一系列具体和特殊的教育问题进行系统的思考和研究,虽然不是课题范围,但同样是重要的有深刻意义的研究。教师作为研究者,既可以研究教育问题,又可以研究教育课题,那么,我们首先就要弄清楚教育问题和教育研究课题。

(一) 教育问题与教育研究课题

在教育改革和发展的过程中,出现了不少的热点问题和前沿问题。教育问题是教育这一社会现象在发展的过程中,教育内部各要素之间存在的矛盾和教育与社会其他要素之间存在的矛盾在人们头脑中的反映。在教育自身的发展过程中,在深入认识教育现象的过程中,教育问题是必然要出现的,也是我们无法回避的。有了问题才可能有解决问题的要求,没有教育问题也就不可能产生研究的需要，当然也就不会有研究教育的行动。有了教育问题，我们才会对教育活动进行思考，并希望解决思考中产生的疑问和困惑。教育问题涉及教育的方方面面，例如，教育公平问题、教育均衡化发展问题、薄弱学校改进与提升问题、教育质量评价问题、考试方法内容改革问题、学生发展问题、教学方法问题、学生创新精神培养问题、教师素质提高问题、课程改革问题……不论在理论上还是在实践中，在涉及的这些方面中又会遇到更多更具体的问题。但是，我们面临的大大小小的教育问题并不都是具有课题研究价值的。例如，"如何使学生掌握某个数学题的多种解法"，这样的问题在教学中我们经常碰到，但是，虽然它涉及教学方法的问题，却还不能说是教育研究的课题，因为它仅是一个解题的方法问题。又例如，"如何使学生得到全面发展"，作为教师的确很关心这样的问题，但这个问题所涉及的范围很大很广，也难以成为教育研究的合适课题。再例如，"怎样提高某某学生的语文成绩"，这个问题虽然与教育质量有关，但仅是教师对个别学生应有的工作任务和工作责任，同样也难以成为教育研究的课题。而像"校园文化建设与学生素质发展"这样的问题，则可以成为教育研究的课题，因为它具有一定的普遍性，涉及学生素质发展的因果关系，这有待于我们去研究和实践，而且这一问题的研究范围和研究任务也十分明确和集中。

从上面的分析我们可以认识到，教育问题和教育研究课题是有关系的，教育问题是教育研究课题的来源基础，但并不是每个教育问题都能成为教育研究的课题。教育研究课题有其特定的表现。

第一，从教育研究课题的要求看，教育研究课题是针对教育现象和教育活动中具有普遍意义的特定问题，有明确的研究范围、目的、任务、方法、步骤和成果。除此以外的，尽管也是教育问题，却无法成为教育研究的课题。比如，"怎样帮助学生理解课文中的句子""素质教育的困惑与思考"等就是教育中遇到的问题，它只能作为问题来研究。

第二，从教育研究课题的特征看，教育问题是教育课题的来源，但教育问题并不是都能成为教育研究的课题。能成为研究课题的问题应具有两个特征。(1) 是否能揭示相关性。相关性问题主要是揭示要素之间相互关系的密切程度，例如，"学生智力水平与学生学业成绩关系"的研究、"学生家长文化程度与学生行为表现优劣"的研究、"提高小学生艺术素质，促进学生整体发展"的研究。(2) 是否能揭示因果性。因果性问题主要是揭示要素之间的因果关系或规律性，例如，"小班化教学与学生探究能力提高"的研究、"开

展校本培训,培养研究型教师"的研究。

了解了教育问题和教育研究课题两者的异同,我们就能认识到在教育活动中哪些可以作为课题进行研究,哪些只能作为问题来进行思考和解决。选定课题是研究过程中很关键、很重要的一环,因此,我们应学会从教育问题中选择研究课题。那么,选定研究课题对教师有什么作用和意义呢?

(二) 选定教育研究课题的意义

1. 提高教师的研究能力

在不少中小学教师眼里,好像只有大学和研究单位才能开展教育研究活动,而实际上,只要是教师都要面临"何为教育""教育为何""如何教育"这三大基本问题,要解决它们就要研究它们,而选题过程也就是一个研究过程。如果一位教师对教育研究的意义缺乏足够的认识,不结合教育实际进行研究课题的思考和选择,只埋头于日常的具体事务之中,那么,他就不会善于发现、辨析和探索自己在教育中遇到的新情况、新问题,也不可能创新和开拓。他只会停留在零碎的经验上,难以对教育问题进行系统的研究,事业上也难以有所发展和有所成就,很可能成为一辈子辛辛苦苦的"教书匠",这和我们当前所提出的"研究型教师""专家型教师"有很大的差距。因此,要成为一名新型教师,就必须要提高自己的研究能力。为了选择有研究价值的课题,需要从大量的教育问题中进行筛选,发现最需要解决的问题;需要对所面临的教育现象进行思考、分析;需要学习有关的教育理论和教育实例;等等。这个过程既是选题的过程,也是教师自我提高的过程。有了这一过程,我们就能选出教育实践中迫切需要解决的问题,就能选出我们在教育实践中感到困惑的问题。例如,有一所小学学生的发展水平总处在中下等级,那么到底是什么影响了学生的整体发展呢?学校教师通过学习、观察、思考、调查、分析,发现这一现象主要是由学生的负担过重所导致。那么,如何解决这一问题?教师们根据自己学校的具体情况,选定了研究课题:"如何减轻小学生过重学习负担,促进他们主动积极地发展。"在这个选题的过程中,教师们的研究意识和研究能力也得到了提高。

2. 促使教师形成系统的研究方向

在实际工作中,教师对教育中出现的诸多问题,一般都是依据自己的兴趣、强项、专业进行短期的、没有具体方向的思考和研究。这种方法虽然研究面广,却难以深入,而且它一方面分散了教师的时间和精力,另一方面也使得他们难以有所积累。而如果教师能够选定一个有价值的研究课题,结果

第二章 教育研究的选题与设计

就会大不一样。因为课题研究是不可能在短期内完成的，至少也需 2~3 年的时间。更重要的是，在长期的实践中，能对课题进行不断的深入研究和思考，围绕一个主要的研究方向找到解决问题的方法策略，就能形成自己关于教育某领域系统的理性认识。例如，某地承担的中国教育学会"九五"课题"发挥课堂教学在素质教育中的主渠道作用"，就是在素质教育的改革大潮中，几所中小学共同选定的研究课题，他们不仅进行了"课堂教学在实施素质教育中的地位和作用"及其"课堂教学实施素质教育的方法（原则、模式、策略）"的理论研究，而且重视实践研究，对参加此课题的几所协作学校和课题组教师，要求他们围绕课堂教学进行改革，并要体现出本校的研究特色。在承担课题的几年中，他们对课堂教学的模式、教法、学法和评价进行了深入的研究和实践，总结出一些具有规律性的、示范性的经验。因为有了长期的系统的研究方向，他们取得的成果得到了专家们的认可和肯定。

3. 使研究成果能真正具有一定的价值

课题就是研究方向，课题的选择决定着研究的目的、内容、对象、步骤及研究可能会取得什么样的成果，在某种程度上也决定着课题研究的理论意义和实践意义。所以，课题的选定是否恰当，对于教育研究能否取得成功，具有很大的影响。例如，近年来，基础教育课程改革在我国受到很大的关注，新一轮课改对广大教师提出了全新的要求，需要教师不断更新观念，提高专业素养，改善教学行为。在这样的背景下，如何促进教师的专业发展，是当前课程改革必须解决好的重要课题。某市一小学考虑到这一点，选定了"通过校本培训，提高教师专业化水平的研究"这一课题。他们确立了提高教师教学能力、教研能力的校本培训理念，规划了教师专业发展的校本培训三年计划，构建了学校工作整合的校本培训机制，探索了研训一体化的校本培训模式，实施了激励性的校本培训管理。短短的三年时间，这所小学的教师专业化水平得到很大提高，为新课改顺利进行打下了坚实的教师队伍基础。

4. 使教师能找到教育改革的突破口

教育是一种复杂的社会现象，教育研究领域值得研究的问题很多，我们不可能去研究所有的问题，解决所有的矛盾，但我们可以通过一个方面的研究而逐步带动整个教育的变化，这就是我们所说的"滚雪球效应"。一个小小的雪球，通过滚动会变得越来越大，也可以说是"牵一发而动全身"。这也是我们研究的着手点和突破口，通过选定的具体课题能促使我们的研究逐步深入，逐步扩展，使我们对教育改革的认识越来越深刻和全面。由于"学而优则仕"观念的影响，不少小学也追求单纯的分数教育，学生被扭曲成"考试型人才"，他们的兴趣、特长、个性被压抑，这样的教育剥夺了儿童的天性，阻碍了他们的智慧和潜力的开发。某所小学的教师对这种现象进行了思考，他们选定了"开展艺术活动，提高学生全面素质"的研究课题。校级、班级的各项艺术活动蓬勃开展，多样的艺术形式吸引了学生的积极参与，在活动中，学生的艺术素养不仅得到很大的提高，而且他们的思想素质、文化素质、心理素质也得到了很好的发展，学校也因此充满了生机和活力。

进行教育研究，首先就要从大量的教育问题中选定课题。万事开头难，有了一个好的研究课题，我们的研究工作也就能够切合教育教学的需要。那么，怎样才能选好研究课题呢？

二、如何选定教育研究课题

（一）选定课题的要求

教育研究的目的在于揭示教育变化发展的规律。作为教育活动，由于其自身的复杂性、动态性，使得人们在教育活动面前一时还难以判断其正确与否。但教育发展的总趋势是：教育的功能不断扩大化；教育培养人才的规格多样化；教育对社会的改造作用日益明显化；教育的内容逐步现代化。因此，教育研究应考虑到教育的发展趋势，并从中发现教育问题。那么，选择研究的问题就有一定的要求和条件。

1. 价值性——研究的目的要明确

我们研究课题不仅是为了完成论文报告，不仅是为了获奖评比，更重要的是要通过研究解决教育实际中存在的问题，提高我们的理论认识，以改进教育活动，提高教育质量，促进学生素质的全面发展。所以，教育研究课题应根据教育理论和教育实践的需要，选择有理论价值和实践价值的课题，最终使研究具有一定的指导意义、启发意义和推广意义。例如，当前的新课程改革，提出了新的学习方式，强调探究式的学习，这样一种新的学习方式到底有什么好处呢？一位教师对传统的讲解传授方式和当前的探究发现方式做了优劣对比的研究，并以此作为研究课题。通过四个学期的研究，他得出了自己的结论：探究发现式学习对学生的智力和非智力发展都起到了很大的促进作用。这一研究为新课程的实施和评价作出了理论贡献和实践贡献。

2. 创新性——研究要在借鉴的基础上解放思想，大胆创新

教育研究的选题应该是还没有解决或者没有完全解决的问题，而目前我们不少学校、教师的选题在某种意义上说还是大同小异，很难体现出完全的独创性，这就需要我们能站在新的高度或换个角度来思考，尽量使课题在理论方法和研究思想上具有一定的新颖性。在创新性方面，课题有以下几种选择。

（1）开拓性课题。"见人所未见，发人所未发"，这样的研究课题可以说是独一无二，填补空白，研究结论可能成为一家之言。

（2）延伸性课题。研究内容他人已有论及，但还可以挖掘加深，或补差纠误，从而达到一个新的认识水平。

（3）争鸣性课题。以对他说、旧说、通说商榷的思路，对某个问题进行研究。

（4）翻新性课题。对大家经常研究的问题，对一些老问题再进行研究，老调弹新意，发表自己独特的见解和结论。

总结起来说，可以用16个字来表示："人无我有，人有我新，人新我实，人实我深。"教育研究的创新意识，首先应在选题中体现出来。

3. 实践性——不要研究不熟悉的课题

教师最大的优势是身处教育第一线，他们最了解学生，最了解教育教学的问题，最有教育经验的积累，这就是教师的优势。我们应很好地发挥这种优势，也就是说，尽可能去研究自己实践的、熟悉的问题。因为熟悉的实践和一定的经验是教育研究的出发点，没有这一条件，研究就只能在主观印象中、在感受和推测中进行，甚至只能靠"借用"他人成果，这样的研究是没多大意义的。某所小学选择"小班化教学与创新品质的培养"这一研究课题，因为他们已经办了多年的小班教学，有了小班教学的丰富经验，因而他们的研究思想就很成熟：①通过对现行以书本知识为本位、教师为中心以及以传授灌输为主要特征的教学模式的根本性变革，逐步减少教学的强制性和划一性，增强教学的选择性和开放性；②构建以学习者为中心、以学生自主活动为基础的新型教学模式，大力推进教学活动由教向学的转变，使教学活动真正建立在学生自主活动、主动探索的基础上，进而形成有利于学生主体精神、创新意识、创造能力发展的教学体系；③创造适宜于学生主动参与、主动学习的新的教学环境；④加快教学手段现代化进程，引进先进的教学媒体手段，注重网络、多媒体在课堂教学中的运用；⑤提供创造活动的内容和

条件，使学生在课外得到更多的锻炼。

所以，教师应研究自己所熟悉的内容，应研究已积累和占有了大量材料的课题。

4. 可行性——课题应可以研究并有一定的条件实施

我们选择的课题应该是可以研究的，并有解决的可能性和条件。否则，仅仅为了出成绩、造影响，贪大求全，很可能使自己"骑虎难下"，最后不了了之，浪费了时间、精力和经费。所以，课题的选定就要注意好几个问题。

（1）大和小的问题。大课题固然影响大，价值高，但系统复杂，还涉及一些具体的子课题，不好控制，且需要多方力量共同协作。例如，"儿童青少年心理卫生咨询研究"就涉及小学、中学、大学的学生，还要体现心理健康、心理卫生、心理咨询不同方面的研究。而小课题任务单一，目标集中，只要能解决实际问题，有一定深度，仍然有价值。

（2）难和易的问题。中国的教育确实有不少难题需要我们攻克。例如，德育的针对性和实效性问题、竞争与合作问题、教育公平问题、片面追求升学率问题，等等，这样的问题难度大，对研究者的要求高，还涉及政治、文化、经济、国情等方面的内容。因此，对教师来说，一般还是宜选具体一点的、容易把握的问题。例如，选"我市中小学生健康状况的研究"，就不如选"我校学生心理健康状况的研究"，因为后者更有研究的条件，也较容易进行。对于一些重大课题，则需要有关部门牵头组织协作攻关。

（二）研究课题的选定

教育活动极其复杂，教育问题也非常多，那么，如何选择和发现合适的研究课题呢？根据很多教师的经验，可以从以下几个方面来考虑。

1. 从自己的工作实际中发现问题

要研究的教育问题如此之多，我们可以从不同类型的研究中来选定课题，给自己的课题定位。但是，第一线的教师常常认为自己发现不了什么问题，平时的工作无外乎就是备课、上课、改作业，没问题也就谈不上研究。其实不然，只要我们平时能联系自己的工作实际，勤于思考，就一定能发现可以研究的问题，进而确定研究的方向和课题。

（1）从教育教学面临的具体困难中发现课题。在教育教学中，我们肯定会遇到一些普遍存在的、和学生的发展紧密相关的具体困难，而这些困难又是教育理论工作者难以接触到和体会到的，这正可以发挥一线教师的优势，

第二章 教育研究的选题与设计

在具体的困难中发现问题。第三次全国教育工作会议提出了深化教育改革、全面推进素质教育的重大任务，并明确指出素质教育的重点是培养学生的创新精神和实践能力，提高国民素质，为加快我国社会主义建设事业服务。有一所小学根据这一要求，对学生培养目标作了一些调整，强调实践能力的培养。但是，如何培养实践能力，这是他们遇到的新问题，因而他们就把这一点作为研究课题。经过研究，他们认识到，创新精神和实践能力是不可分割的联合体。培养学生创新精神的基点是让学生通过实践活动，动手动脑，接触实际、接触社会、接触问题，为学生思考、探究、发现和创新提供最大的空间，发掘学生的创新潜能，弘扬学生的主体精神，促进学生的个性和谐发展，培养他们的创造个性。因此，他们着重改革课堂教学，在教学目标中增加了培养实践能力这一项，在教学过程中要求培养实践能力，在学法指导上重视培养实践能力。平时重视丰富学生实践内容，如参观考察、劳动服务、体验生活、组织管理、创造发明等。同时，也加强对培养学生实践能力条件的研究，比如，如何提升教师素质、如何完善评价标准和评价方法等。总之，通过实践能力的培养，为学生学会做人、学会求知、学会劳动、学会生活、学会健体、学会审美、学会创造打下了扎实的基础，使学生在德、智、体、美等方面得到了全面协调的发展，这也就是本课题研究的最终目的。

（2）从教育教学的困惑中提出课题。"学起于思，思源于疑。""学贵知疑，小疑则小进，大疑则大进。"这是前人总结出的学习方法和经验，也可以作为选择课题的一种思维策略。在教育实际中，我们不仅会碰到难点，也会遇到疑点，疑点就是我们感到困惑的问题，是问题就能作为研究的对象。当前的教育改革强调教学方法的创新，但是对教学方法的认识，不少教材界定为教学的一种手段和措施，具体表现是讲授法、谈话法、讨论法、实验法、演示法、读书法、练习法等。不少教师对此感到怀疑，因为这些只能从静态的角度来看教学方法，而无法从教学的设计思路、动态过程等角度来看教学方法，于是一些教师据此提出研究课题："加大教法改革的力度，提高教学的质量。"他们从课例入手，先大量听课，从不同的课例中发现教师的教学流程、设计和师生的互动。在课题研究过程中，他们感到好的教法能使学生愿学、能学、会学、学会，而且好的教法能遵循教学的原则，具有与众不同的设计思想和具体策略，如引趣、启智、应变、呵护、唤醒、欣赏……最后得出结论：教学方法的改革与创新可以从教学模式的角度、教学设计思想的角度、教学策略的角度三个方面进行。这样的结论一改以往的静态方法观，从教学的动态来考察和研究教学方法的改革，也使我们真正理解了"教学有法，教无定法"的思想。

（3）从教育教学的成功经验中选出课题。作为教师，在自己的教育教学实践中一般都积累了较丰富的成功经验，这是一笔十分宝贵的财富，我们应从中挖掘出更闪光的金子。有的教师很会管理班级，有的教师启发性教学很有成效，有的教师善于训练学生的思维能力，有的教师在提高学生的写作水平上有方法有策略……那么，我们就可以把这些好的经验进行提升，把它们作为一个研究课题来探讨其中的规律，分析成功的原因，发现实践和效果之间的必然联系。例如，一位数学教师根据自己成功的经验，选定了"小学数学教学与学生创造思维的培养"这一课题。他把自己对学生进行发散思维和直觉思维的培养经验作为课题研究的重点，组织了部分数学教师共同研究。他们相互观摩、相互学习，把以往的不系统的经验理论化、系统化，通过研究，他们得出了自己的结论。

（4）从教育教学的借鉴启发中形成课题。由于素质教育的实施以及新课程改革的深入，我国教育出现了百花齐放的大好形势，这启迪了我们的思路，开阔了我们的视野。教育是培养人的活动，是完全动态的活动过程，任何形而上学的机械照搬都是要失败的。教育发展和改革贵在借鉴和创新，要创新、要改革就要有借鉴，我们只有了解别人的成就，剖析他们的得失，博采众家之长，从中得到启发，才能形成自己的研究。一所学校引进了美国的《生物》教材，教师们读后感到耳目一新。这本教材以生态为中心，融入现代知识，特别在教法上采用问题法、实验法、讨论法、研究法，不再是听、记、背，这使教师们受到很大的启发。于是该学校据此选定了研究课题"课堂教学中改变学习方式的研究"。

2. 从各级课题指南中选择研究问题

从根本上说，教育研究的问题来源于实践，离开教育实践，我们就无法真正提出问题，所以，我们要十分重视从实践中发现和提出问题，进而去研究。当然，我们可以是第一实践者，也可以是第二实践者。也就是说，他人通过实践发现的问题，也能成为我们的研究方向。从这个意义上说，有些部门的课题指南也能成为选定课题的参考。例如，各级教育行政部门、各级教科所、各级教育学会的课题指南，还有学校自己的课题指南，等等。但是值得注意的是，课题指南并非是课题本身，它只是选题的方向和参考。我们必须根据自己的具体实际情况,从某一角度把研究方向具体化。例如,本章"附录一"是江汉大学实验师范学院的部分课题指南,可供参考。

这些研究内容和项目虽然能成为具体拟定课题的依据,但是并不能成为一个课题的题目。这是因为课题的题目有其自身的特定表述要求,那么,怎样拟定具体的课题并使课题的题目表述得规范和科学呢?

(三)规范地表述研究课题

我们从不同的选题方法和思路中,选出了准备研究的问题,而且这一研究也有一定的价值性、创新性和可行性,但是问题不能算是课题,要把问题转变成研究课题,题目的拟定就很重要。例如,把"课堂教学艺术的研究"作为课题题目,大家就不清楚研究的具体内容是什么?因为教学艺术的范围太广泛了。所以,有了研究问题,还要有规范的课题题目。在课题题目的拟定上,我们要注意以下几点。

1. 课题的表述应清晰、具体

课题的题目表述要非常明确,要能清楚表明自己想要研究什么样的课题。例如,题目为"钟家村小学生语文阅读式教学与学生语文素养相关的研究",就能使我们了解到,研究的范围是钟家村小学,研究的对象是小学生,研究的内容是阅读式教学这种教学艺术和学生的语文素养,研究的方法是一种相关研究。

研究的课题有时会涉及两个变量,此时变量之间的关系也要清晰,只有这样,研究的内容才具体,目标才明确。如上例"钟家村小学生语文阅读式教学与学生语文素养相关的研究",变量关系就很清晰,阅读式教学和语文素养就是两个变量关系,研究的目的也很明确。当然,课题题目也可以是一个变量,在这种情况下,课题往往是理论性的,或者是发散性的。例如,"小学语文教学美育渗透策略的研究",这里只有一个变量:美育渗透的策略。通过策略的研究可以提高教师的美育意识、美学水平;可以与新课程改革同步,建立开放而有活力的语文课程;可以提高学生的人文精神,发现课文里所蕴涵的美的因素;可以使小学生懂得美、热爱美、创造美。这些体现出了发散性的指向。

2. 课题的表述应避免价值判断

所谓价值判断,是对某一事物和现象表示肯定或者否定的态度。教育研究的结果需要对某种教育行为作出价值判断,但题目不能事先作出价值取向。例如,有这样一个课题题目:"对小学生德育低效性原因的调查",这一题目就容易使人们感到此课题是对学校德育成绩否定性的价值判断。如果我们把它改为"学校德育的有效性及其影响因素的调查",就避免了这一问题。

3. 课题的表述应用陈述句

教育问题是教育研究课题的来源,虽然研究的是问题,却不能用问句的形式来表达课题。例如,我们不能用"如何培养研究型教师?"作为课题的题目,因为这种表达方式使人感到这是一个要回答的问题,而不是要研究的课题。课题应用陈述句的形式来表达,如把题目改为"通过校本培训提高我校教师教研水平的研究",这样,研究的范围、对象和内容就清楚了。

第二节 课题论证与文献检索

课题一经选定,接下来要考虑的就是:这个课题有创新意义吗?它在理论或实践上能有所突破吗?它对教育实践有没有真正的指导价值?课题的实施在各方面的条件能否有一定的保证?为了避免人力、财力和物力的无效投入,为了使课题研究能得到各方面的支持,课题选定以后,需要对它进行全面的论证。

一、课题论证的目的

什么是课题论证?课题论证就是有组织地对所选定课题的研究思想、设计思路、资源条件等进行分析和评价,看其是否有价值、有新意、有可行性。同时,也对课题提出有关的修改意见,为顺利进行研究做好思想准备、理论准备、方法准备和资源准备。有些学校和个人往往忽视这一重要环节,以为定下课题,就可以直接开展研究工作了,没有经过论证这一环节,最终导致研究达不到理想的水平。所以,我们要充分认识到课题论证的重要性。一般来说,课题论证应实现以下目的。

(一) 使课题研究具有更大的可行性

教育研究是一项探索性、实践性很强的工作,不是一个人在短时期就能完成的,而是需要一定的条件保证才可顺利进行。这些条件包括:时间条件,课题开展在时间方面能不能有保证;人员条件,参加课题的人员的数量、研究人员的兴趣、学识水平、研究能力;物力条件,课题实施在经费和有关设备方面能否得以保证；等等。这些条件如能落实，大家才能够投入到课题研究之中。

(二) 提炼课题研究的价值

教育研究课题主要是针对某个教育问题，提出假设，然后在实践中通过一定的方法、措施进行研究，验证假设是否成立，最后得出结论。假设只是一种预见、一种理想。假设如能实现，说明课题研究有效有用，能解决问题。假设既是我们研究的起点，又是我们研究的归宿，它是整个研究的焦点。因此，课题论证要对这一假设的意义及其价值进行分析和评价，以避免重复研究。

(三) 增强课题研究的科学性

教育研究实质上是一种科学性活动，也就是说，研究要求实、严谨、符合教育规律，不能把学生当试验品，用"试误法"在学生身上开展实验研究。科学的研究应该是，即使实验没有获得圆满的结果，也不会给学生带来不可弥补的损失，或加重学生的负担。因此，对课题论证要进行认真的分析，比如，"加大运动量，促进小学生体育成绩的提高的研究""增加阅读量，提高学生的读写能力的研究"这类课题，就有可能违背儿童身心发展的规律。这样的研究缺少科学性，如不经过论证，很有可能出现教育事故。

二、课题论证的途径、内容和形式

(一) 课题论证的途径

1. 学校管理者论证

学校管理者有着多年的管理经历，对办学理念、教育思想、教育方向、教育政策有深刻的理性认识和丰富的实践经验，因此，通过他们对课题的论证，可以在思想上、方向上对课题研究的实际意义和价值取向提出具体的意见和要求。同时，在人、财、物等方面有多大的使用空间，他们也能给出一个具体的量化指标。课题研究离不开学校管理者在思想上、时间上、物质上的支持。

2. 学校教师论证

教师是办学的主导力量，他们也最了解学校的整体状况和教师水平，能对课题研究提出实践性、操作性、可行性方面的意见。所以，有了课题，还应到教师中广泛征求意见和看法。例如，一所学校选定的研究课题是"学习态度的培养与学习水平的提高"，通过本校教师对课题的论证，他们感到，

态度一词涵盖面很广,它可包含非智力因素、心理素质、学习习惯、行为方式、个性特征,等等,研究者不易把握,因此可以把课题改为"学习习惯与学习水平的提高",使研究的焦点更加集中,也便于操作,而且良好习惯的养成对小学生今后的发展有着极大的影响。通过研究,他们得出这样的结论:遇事积极的心态、重要的任务要先完成、双赢的思维方式、协作才能增效的行为、换位思考的心理活动、学习要有自己的目标、不断超越自己等七种学习习惯是比学习成绩更重要的品质。

3. 教育专家论证

教育研究课题最关键的是需要教育专家的论证,这是因为他们有广博的教育理论基础,有很高的教育研究能力,有开阔的教育信息视野。通过他们对课题的论证,我们可以得到高层次的理论指导和智力支撑,可以使课题的理论依据更加正确和丰富,可以使研究的构想和思路得到修正和完善,使课题研究真正具有创新性和科学性。例如,有一所小学的研究课题是"小学生偏常行为的鉴别、预防和矫治研究",在专家论证会上,专家们肯定了这个课题的现实意义,认为本课题是属于心理健康教育方面的研究,当前我们正在强调对学生的心理健康教育,教育部在1999年也专门发出通知要求各地学校重视和加强对学生的心理健康教育。此课题可以说是一项经常性、永久性的研究。因此,这一课题是具有现实意义的。

在研究的对象界定上,专家们认为:偏常行为应是表现否定意义(智力超常也是偏常,但这是具有肯定意义的),所以,偏常行为实际上是心理障碍的外化,我们在研究中应对偏常行为进行必要的分类,根据不同的类别有针对性地进行教育。

在研究内容上,专家们建议把原来的鉴别、预防、矫治三项内容中的"鉴别"改为"发现",因为"鉴别"涉及一些科学程序、规范,对于学校来说有一定的难度。而在"发现"这一研究内容中,应考虑是否突出类别和原因。另外,"矫治"应考虑改为"教育",因为"矫治"涉及医学,而"教育"则主要体现学校的作用。这样,研究就较为方便和实际。

在研究计划和成果中,专家建议应有个案研究。

在课题现状和突破中,专家认为,这一研究还不能如本课题中所说是填补国内空白,因为这方面的研究成果是不少的。而且就目前的情况来讲,课题也不可能有重大突破,因此应该从学校的特殊性考虑,通过研究和实验来改善偏常学生的心理和行为,尽可能地提高他们的学业水平。

经过论证后,课题组做了相应的调整,使课题体现了教育性、针对性和特殊性,从而使之具有了实施和研究的价值。

(二) 课题论证的内容

一般来说,一个规范的课题必须考虑到研究的目的、研究的价值、研究的内容、研究的方法步骤和研究的资源等方面。论证也就是要看课题的意义是否重要,课题的目的是否能实现,课题的思路是否清晰,课题的方法是否科学,课题的资源是否合理。

1. 课题研究的目的和意义

研究的目的是指课题研究的预定结果或者假设最终的成立。研究的意义是指课题研究的结果能产生的价值影响。两者有时也放在课题研究方案的第一项里,作为"问题的提出"来进行概述。例如,某校的"小主持人活动的开展与小学生良好个性素质培养"这一课题,研究的目的和意义就十分清楚,顺利地通过了专家论证。这里仅把课题材料中的部分内容作为附件提供给大家参考(参见本章附录二)。

2. 课题研究的主要内容

研究的内容是指促进教育现象变化,实现研究目的的主要研究活动,也就是说我们要研究什么,要进行哪方面的研究工作和活动,有哪些研究任务。研究内容是为实现研究目的服务的,所以,对内容的论证很重要。在实践中,我们发现,一些课题目的十分清楚,也有一定的价值和意义,但就是很难看到具体的研究内容,从而导致目的和内容分离,最终目的也难以实现。我们仍以上述"小主持人活动的开展与小学生良好个性素质培养"为例,此课题的研究内容是:①学生良好个性素质特征的研究;②特色班级活动的内容和方法的研究;③班级特色活动如何培养学生的"三种意识"(竞争意识、实践意识、关心意识)的研究。

我们可以发现,他们研究的内容是为实现目的服务的,课题研究人员也知道应具体研究什么,他们就可以对任务作出进一步的分解。所以,研究内容的陈述应针对目的,简明扼要,提纲挈领,使大家了解课题研究的是什么。

3. 课题研究的方法

研究的方法是指达到研究目的的手段。在论证课题时,我们常常可以看到,研究者提出了许多研究方法,如观察法、调查法、实验法、行动研究法、专家咨询法等。可是在论证时,专家们一提问,研究者就说不出具体的设想和操作。所以,在方法上,我们一定要说清楚。假如运用了教育实验法,就要简要陈述取样的方法、范围、选用的量表、有关的常模;假如运用了问卷调查法,就要说明调查问卷的情况;等等。

4. 课题的已有成果信息

这是为了考察课题研究的起点或基点。自己的教育研究课题有没有研究的价值,在研究思路、策略、方法、结果上能否有一定的突破,在研究前都要心中有数,这就需要研究者对同类研究的信息进行收集、归纳、梳理和评价,明确同类研究的水平、已取得的成果等。论证时,就可以以客观、丰富、翔实的事实材料为依据,向专家介绍。我们只有了解了同类课题研究的信息,才有可能在某方面有所突破,体现出自己研究的特色。例如,"小班化教学与学生探究能力的提高"这一课题,研究者了解到,在新课程改革中,类似的研究很多,那么是否放弃自己的研究呢?经过进一步的信息收集和分析,他们感到可以在以往研究不很深入的具体策略上下工夫。论证会上,专家们对此思路表示了支持。后来,在研究中,通过大量的课例,他们总结出了自己的策略。例如,针对如何进行开放性、挑战性问题的设计,他们设计了以下问题:①不定性问题;②多元性问题;③超越教材问题;④批判性问题;⑤创新性问题;⑥多种方法途径可解决的问题。针对如何挖掘教材内容,创设有探究意义的问题情境,他们设计了以下情境:①生活情境;②两难情境;③故事情境;④疑难情境;⑤想象情境;⑥纠错情境;等等。最后,他们的研究成果获得了很高的评价。所以,要使研究有新意,在某方面能有所突破,就要进行文献检索,了解同类课题的有关信息。

5. 课题研究的条件

课题研究需要团队合作,需要一定的资源。所以,课题能否顺利实施,还要对研究的条件进行论证。如果这一课题在目的上、内容上、方法上都很有价值,但是如果没有实施的条件或条件不够,那么,研究就只是纸上谈兵。因此,课题论证时要重点分析研究人员的知识能力结构、年龄结构、专业分布、经费来源、时间保证、咨询力量,人员组合上尽可能体现"有权之士、有志之士、有识之士"三结合,咨询力量上尽可能有专家指导,物质基础上尽可能有研究经费。通过论证,才能使研究的条件得以改善和加强,才能使研究得到一定的重视,才能为自己的课题创造出研究条件。

(三) 课题论证的形式

1. 课题论证会

课题论证会也称为开题报告会，一般由学校科研部门或课题负责人邀请有关专家和有关教师、领导对课题研究方案进行讨论和可行性分析。论证专家们在开题会上相互研究讨论，对课题中各种可能出现的问题提出质疑，同时，也提出自己的设想和意见，促使课题进一步完善和规范。

2. 通讯论证

通讯论证一般是在专家评委难以集中的情况下，由课题负责人把课题的有关材料寄发到专家手中，由专家对课题的建议和看法写成书面材料后，寄回课题负责人，再由课题组成员和学校领导对专家们的意见进行综合分析，修改完善后制定出新的课题实施计划。

三、文献检索

（一）文献检索的意义

文献是具有历史价值和资料价值并通过各种媒体形式保存下来的资料信息，这些信息大多是通过文字记载存留下来的。文献检索就是从众多的文献资料中查找并获取所需资料的过程。文献检索是研究工作不可缺少的步骤，也是研究人员从事研究工作的一项重要基本功。文献检索在选定课题时要运用；在研究过程中，在分析研究结果和撰写研究报告时，也要运用。尤其是在研究的准备阶段，也就是在选定课题时，它的运用更加频繁。

文献检索的意义具体可表述如下。

1. 学习他人的研究设计，并使自己的研究有所创新

"研究"作为一种系统化的探究和认识活动，它以发现事物的规律、解决新问题和改进现实状况为目的。因此，一般来说研究活动具有独创性。但是，任何一种研究活动不可能从头开始，在研究过程中必须借鉴他人的成果。我们在进行教育研究活动之前，必须了解同类的课题，他人已经做了哪些工作，解决了哪些问题，有什么样的结论和认识，他人是如何设计研究方案的，等等。只有这样，我们才能以现有的研究水平为出发点，使自己的研究有所创新。中国教育学会"十五"课题"小学语文教学美育渗透策略的研究"，之所以选定策略研究，其原因就在于研究者通过文献检索，发现类似的研究不少，如美育的思路、方法、模式等，这对本课题的研究者有很大的启发。他们通过对小学语文教学美育的策略问题进行研究，归纳和总结了18条语文教学美育的策略，这些策略既是研究的成果，又是今后教学的指导，它使得语文教学的人文性、开放性、愉悦性得到了体现。

2. 减少重复研究和无效研究，提高研究效益

由于教育研究的课题很多，同类的研究不可能排除，为了避免走别人的老路，为了尽可能避免研究别人运用同样的思路已研究过的问题，文献检索是十分必要的。通过文献检索才能了解到，有没有和自己同样的研究设计，有没有和自己一样的预期结果。如果发现有此现象，唯一的办法就是忍痛割爱，重新选定课题，否则，即使研究下去，也不会有多大的效益。当然，我们的研究"求大同，存小异"也是可以的，前提是仍要进行文献检索，在"大同"的范围里，努力体现出自己的"小异"。

3. 发现更多的研究信息，开拓自己的学术视野

教育研究信息是通过符号、信号等具体形式表现出来的对教育有用的消息和情报，也就是有意义和有目的的"数据"。

现在是知识社会、信息社会，信息的交流、共享形成了无形的生产力。教育改革和创新必须依靠教育信息资源的全面支持，有了信息才能思考问题，有了信息才能研究教育。现代教师需要一定的研究能力，而这种能力的基础应是教育研究信息，这样才能开拓自己的学术视野。

(二) 文献检索的方法

1. 文献检索的来源

文献主要来源于教育文献资料的交流系统，如教育图书、教科书、教育专著、教育期刊等，这些交流系统通过图书馆、研究部门、学校和互联网构成了一个庞大的信息源，我们通过人工检索和计算机搜索，就能查找到需要的文献资料。

2. 文献检索的要求

文献检索是一项复杂繁重的脑力劳动，需要我们的细心和耐心。为了提高检索工作的效率，在检索时，我们需要注意以下几方面。

(1) 文献检索的指向性。在进行文献检索时，要体现出明确具体的方向，依据教育研究的目的、范围去搜索查找所需的文献资料。例如，我们可以从学校德育、班主任工作、教学改革、心理健康、创新教育等方面集中查找所需要的文献资料。

(2) 文献检索的全面性。在指向性这一前提下，我们还要围绕课题研究的方向，进行全面的查找，从纵向和横向两方面搜寻资料和信息。例如，"小学语文教学美育渗透的策略"这一研究课题，在纵向上，研究者从近年来小学语文教学美育渗透的方法、模式等方面查找有关的研究课题和论文。

横向上，研究者从美育与小学古诗词教学、美育与形象思维、美育与美感等方面进行查找。只有通过文献检索，才能体现自己课题的研究个性和特色。

3. 文献检索的过程

（1）明确文献检索的方向。面对浩如烟海的文献资料，我们如何进行检索呢？首先，在目标上要明确我们到底要检索什么信息。依据课题的研究主题，可以把检索目标定得很具体。例如，"小学生艺术素质培养的研究"，研究者就可以把美育、艺术教育与提高学生的艺术素质、艺术素质的构成、学生的艺术素质如何提高等确定为检索主方向和主内容。

（2）确定检索的信息范围。有了检索的方向，下一步要考虑的是：在什么地方检索到这些信息，要到哪些信息源去检索。研究者要根据自己研究的主题，通过与研究主题有关联的检索工具，如书目、期刊、文摘、网络等来查找文献。现在互联网络给我们带来了快捷、准确的检索条件，一般情况下，我们可以通过互联网进行搜索，查找我们所需要的文献资料。有一所小学的"十五"课题是"改变学习方式，提高学生的研究性学习能力"，研究者通过《教育研究》《课程·教材·教法》《人民教育》《小学教学研究》《中小学教材教学》《教育文摘》等刊物，还有互联网，查找到了许多与研究性学习有关的研究论文、研究成果。在这一基础上，他们把课题研究定位在：①不是目的而是手段，这一课题不可能对研究性学习进行实质性的研究，而主要研究学习方式的转变，研究不同的学习方式对学生的影响；②不是模式而是方式，课题的研究内容不是放在模式的建立上，而是从学习方式的改变来体现以学生为中心的思想。因此，课题研究的重点是：教师的角色转变问题、对学生学习结果和教学质量的评价问题、教学策略的选择问题。

（3）对检索的文献进行加工处理。现代社会要求我们不但要收集信息，还要会处理信息，只收集不处理的信息只是杂乱无章的资料。对文献的加工处理表现在两个方面。

一是对理论研究文献的分析评价。我们可以从这些方面进行：文献的主要论点是什么？是依据什么材料作为论据的？文献提出了哪些新的观点？在继承性和发展性上有什么贡献？新的观点你是否接受？你有什么样的认识？等等。

二是对课题研究文献的分析评价。我们可以从以下方面考虑：课题的目的、意义是否具有时代价值和启发性？课题的理论依据和事实依据是什么？

课题的自变量和因变量的关系是否陈述清楚？自变量的可操作性和因变量的可测性如何？课题解决了哪些主要问题，验证了假设的哪些内容？课题提出了哪些新观点和新理论？有无现实意义和借鉴价值？等等。

经过这样的分析处理，一些开始时可能还找不到头绪的研究课题，就能够系统化和条理化；原来抓不住关键和问题的核心，不知从哪里下手，现在就能明确研究方向，找到解决问题的方法。这样，我们既可以吸取他人的成功经验，又能在创造的基础上体现自己的研究特色。

第三节 课题研究方案的形成

由于教育研究本身的复杂性、不可预定性，我们确定课题和经过严密的论证以后，必须对研究的全过程进行周密思考和统筹安排，把课题研究具体化、条理化、程序化。所以，制定课题研究方案是教育研究过程中一个十分重要的环节，它关系到课题研究是否能顺利进行，是否能有成效。方案的形成从程序上说，要预先设计，在此基础上再进行方案的制定，当然也可以同步进行。为了叙述方便，我们从设计和制定两个方面来加以说明。

一、课题研究方案的设计

研究方案的设计是研究方案形成的第一步，是对整个研究的一些关键性问题进行事先的确定，它是课题研究工作的起点。对大多数的教育研究来说（纯粹是运用个案研究的方法、叙事研究的方法除外），一个完整的设计应包括：选择研究的课题（此问题在第一节已叙述）、选择研究的对象、确定研究的变量、提出研究的假设。因此，我们要运用确切明晰、可操作化的语言说明研究的对象范围、有关的变量关系、研究结果的预测。我们首先要设计好研究范围、研究变量和研究假设。有关方案制定的主要内容，我们将在后面第二个问题中说明。

（一）选择研究的对象范围

教育研究都会有具体的研究对象，如人、事、物等。我们应考虑某项教育研究要选择多少数量的对象进行研究，才可达到研究的可靠性、有效性、可行性。不同特点和性质的课题，在研究对象的数量要求上不一样，在对象

第二章　教育研究的选题与设计

选择的方法上也不同，因此，选择研究对象的范围是不可忽视的工作。

我们要根据研究的目的、方法和要求来确定研究对象的范围的选择方式，一般来说有总体研究和抽样研究两大类。

1. 总体研究

（1）什么是总体研究。在统计学上，总体指的是在规定范围内所有具有特定特征的人或行为反映的集合体。因此，总体是指一定范围内的全体，总体研究就是对一定范围内的全体进行研究。例如，"通过校本培训，提高教师研究能力"的研究课题，这里的总体就是某学校（规定范围）的全体教师（特定特征）；"改变小班教学的学习方式，提高学生的探究能力"的研究课题，总体就是某学校的（规定范围）小班学生（特定特征）。一般来说，总体研究的范围和数量是较大的，但也有例外，如对某市（规定范围）的十大名师（特定特征）进行心理素质方面的调查研究，以了解他们的心理素质对事业发展和事业成就的影响，那么，这里的总体人数就有限，仅10人。一般来说，要求取得全面、可靠而精确的研究数据和结果的课题，要尽可能采用总体研究。例如，有一所小学的研究课题是"在小学生智力发展的关键期，培养他们的逻辑思维能力"，他们以三年级全体学生为研究对象，而没有在三年级中挑选部分学生为研究对象，三年级学生就是课题的研究总体，由于人数具有不漏性，最终的研究数据就有说服力。

（2）总体研究的特点。从上面的简单事例中我们也可发现，总体研究可以得到较全面的研究结果资料，结论可靠真实，而且还能对总体内部的各部分进行深入的研究。如上例，对"在小学生智力发展的关键期，培养他们的逻辑思维能力"这个研究课题，我们还可以按性别、家庭背景等各部分进行深入研究，以了解在同等学习条件下，不同性别、不同家庭背景的三年级学生，在逻辑思维能力上的差别。

当然，总体研究也有其不足之处，当研究对象的范围、数量很大时，研究的难度就会加大，可行性就较低，统计资料就十分烦琐复杂，影响研究的进度。而且，由于数量众多，总体研究不大适宜进行追踪研究和实验研究。因此，为了解决这个问题，我们还常常运用抽样研究的方法。

2. 抽样研究

（1）什么是抽样研究。某区实施主体教育的教改实验，一个周期下来，学生主体性的表现怎样，如主动性方面：成就意识、竞争意识、兴趣性、参与性等；独立性方面：自尊性、自信性、自觉性、自理性等；创造性方面：

动手实践能力、创造思维能力、创新精神等，在这些方面学生有没有变化和提高呢？假如想对全区小学生进行这些方面的考察和研究，人数多、数量大，操作起来将会十分复杂。因此，研究者就运用抽样的方法，从总体中选择出部分能代表总体的样本作为研究的直接对象。抽样研究就是通过对能代表总体的样本进行研究，运用统计学原理，得到能说明总体的可靠资料，从而认识总体的特征或规律。上例中的研究者就采用一定的抽样方法，对全区各小学分年级进行随机抽样，组成一个样本，进而对此样本进行研究，然后根据研究的结果去推断总体的一般情况。这种推断会有一定的误差，我们需要进行统计学检验，分析样本和总体的误差到底有多大，误差越小，说明样本的研究结果代表总体的可能性越大。

（2）抽样研究的特点。因为抽样研究是通过对能代表总体的样本进行研究，那么它面对的对象就会少得多，因此，节省了人力、财力、物力和时间，具有较大的可行性，提高了研究的效率。但是，抽样研究最大的不足，主要是存在抽样误差，这就要根据一定的要求和原则进行抽样，尽可能减少抽样的误差。抽样的方法在下面有关章节里将会涉及，这里不做详述。

（二）确定研究变量

有些课题中常涉及一些变量，特别是我们需要运用较广泛的实验研究的方法、行动研究的方法等综合性方法来研究的课题，都必然涉及有关变量。如"改变教学策略，提高学生学习水平"这样一个研究课题，这里的"策略"就是一个变量，"学习水平"也是一个变量。当然，有的课题不涉及明显的变量，如武汉市晴川阁小学的校本课程研究"走进晴川角"，就只是校本课程开发性的研究。又如某小学的"对小学生学习心态调查的研究"，虽只是调查性课题，但也涉及有关的变量——学生的心态，假如要进一步深入研究，那么学生的学业水平也是一个变量，通过调查，使研究者能发现学生的学习心态和学业之间的关系。其实，大多数研究课题都存在一定的变量关系，我们在设计课题研究方案时，就要考虑到这一点。

1. 课题研究的变量

（1）什么是研究变量。变量是指在质上和量上变化的概念和属性。变量是研究者所要研究的、随条件变化而变化的因素，具有不确定性和可变性。如"小学四年级数学课两种不同教学方法的效果比较"的研究课题，在这个研究中，小学四年级是一个常量，因为每个被试者都是四年级学生，四年级对每个个体来说具有相同的价值,它是不变的条件。这里的"不同教学方法",具有不同的操作要求和程序,因此它是一个变量。"学习效果"也是一个变量,因为对于每一个被试者,学习效果有好有差,有不同的等级水平。我们就是要研究不同的教法会产生什么样的结果。

在教育研究中,研究者要探讨的是变量之间的相互关系。因此,我们必须确定要研究的主要变量,并理清变量之间的关系。如上海市教育科学研究院顾泠沅教授主持的"以课例为载体引领教师发展"的关于教师教育模式的研究课题,① 其成果在全国有较大的影响,他们的研究体现出以课例、研究者与教师合作以及课例讨论与行为自省相结合的全过程反思的特点。这一课题想解决的就是这样的教师教育模式行为(一种变量)是如何影响教师理念和行动(另一种变量)变化的,以及研究模式是否有价值这一问题。

(2) 研究变量的类型。教育研究中,最常见的和应用最广泛的变量是自变量、因变量、无关变量。

自变量是研究者能操纵的,使其能够控制的因素。当两个变量存在一定的联系,其中一个变量对另一个变量有影响作用,我们就称具有影响作用的变量为自变量。所以,自变量也是引起另一个变量产生变化的原因。如上例:"改变教学策略,提高学生学习水平"的研究课题,这里的"策略"就是研究者能操纵的自变量,是引起学生学习水平变化的原因。

因变量就是教育研究的效果,是受自变量作用和影响的变量,是研究者要了解和发现的结果变量。上例中的"学习水平"就是因变量。

无关变量也称控制变量,是自变量以外的与研究无关但又能影响研究结果的因素,也是我们需要加以控制的变量,否则就会影响研究的可靠性。例如,学生学习水平的提高,我们的研究意图是想证明新的教学策略的价值性,假如学习水平确实有所提高,那么这种新的教学策略就真正具有教改价值。但是,学生的学习水平不仅受教学策略的影响,还会受到学生的学习时间、家教辅导、学习态度等的影响,这就使得研究者难以对新的教学策略的价值性加以定论。如果研究者能够有效地控制这些因素,研究的结果就能更科学地说明研究的意图。

---

① 参见顾泠沅、王洁:《以课例为载体引领教师发展》,《人民教育》2003 年第 6 期。

(3) 研究变量的关系。很多的教育研究要探讨自变量和因变量的对应关系。自变量的安排和操作能引起或影响因变量的变化,而因变量的变化又受到自变量的影响。从这个意义上说,自变量和因变量之间的关系可以看成是一种因果关系,自变量是一种假定的原因,因变量是一种假定的结果。但是在实际的研究中,我们不能把它们两者的关系过于简单化和绝对化,以为凡是存在变量关系的教育研究,都一定有必然的因果关系,这样就会造成一种错觉,好像只要能设计出一定的变量关系,就会有研究的结果价值,其实不然。因此,在设计变量时,我们就要考虑好它们之间的关系。一方面尽可能设计好有关的变量关系,对无关变量设法加以控制,使被研究的对象在自然状况下,在一种不知晓的状况下接受研究;另一方面还要正确地看待两者的关系,以免造成不可信的结局。例如,研究社会实践活动能否提高文化学习成绩,研究者选定两个平行班进行比较,对实验班开展了两个月的社会实践活动,控制班则不进行,然后对两个班进行文化课的语、数测验,看实验班成绩是否比控制班高,从而说明社会实践活动是否能提高文化成绩。这一研究就把自变量和因变量的关系看得太简单、机械、牵强了。因此,课题研究方案的设计一定先要考虑到研究变量的关系,像"开展社会实践活动,提高文化学习成绩"这样的课题,因为变量关系牵强,就应避免。

要设计好变量关系,就要考虑到以下几个条件:第一,是否具有共变关系,即自变量和因变量要共同变化,自变量变化了,因变量也要随之而变化;第二,是否具有时间顺序关系,即自变量的变化必须在因变量变化之前,因变量的变化取决于自变量的变化;第三,是否具有纯化关系,即尽可能没有无关变量对自变量和因变量的干扰影响。

2. 定义研究变量

教育课题研究中的变量一般都是以抽象性定义出现的,如何理解这些定义,特别是在课题研究中如何理解它们尤为重要。假如我们对课题中的变量给出了一个可观测、可检验、可操作的定义,那么,大家在同一层面使用同一个概念,就能避免误解和歧义,避免许多无谓的争论,也便于对外交流。如果对课题中的一些基本变量没有界定清楚,就很可能会导致大家用不同的定义来研究同一个问题,这样,研究就很难深入,也难有一致的结果。如上例"改变教学策略,提高学生学习水平"的研究课题中,教学策略就是一个关键的自变量。怎样才能把这一抽象定义转换成可观测、可检验、可操作的定义呢?如果能对教学策略进行一定的描述,使他人能理解这个变量的含

第二章 教育研究的选题与设计

义,并知道该如何去操纵、测量,那么就是较好的操作性定义。上例课题的研究者对教学策略是这样进行描述的:教学策略是教师对某节课的全盘考虑,是在一定的教育观念指导下,以教学任务和目标为导向,有针对性和创造性地设计教法、安排活动方式、选择学习方式、组织教学互动。教学策略表现在以下三个方面:①激励学生情意的策略:教学气氛和谐、民主,教学活动具有趣味性、启发性;②引导学生学习的策略:教学方法多样化,教学活动自主化,教学内容结构化;③促使学生发展的策略:激发学生认知的内驱力,激发学生的成就动机,激发学生参与竞争。通过这样的描述,我们不仅能从抽象性定义了解教学策略的基本特征,也能从操作性定义了解操作程序和测量指标。

(三) 提出研究假设

很多的教育研究都需要有假设,在解决问题的过程中,凡涉及验证性的研究、定量性的研究、存在两个变量相互关系的研究,总是需要假设作为研究活动的基础。假设不同于事实和真理,但是教育研究又不能没有假设。任何教育研究都是有限的,因为教育研究是在"非实验环境"的学校或教室里进行,而且研究的对象主要又是学生——人。人的身心条件可能受到其他因素的干扰和影响,在不断地变化,教育研究的时间又比较长,这就使许多无关变量难以控制。为了使教育研究能够定向,能够突出变量间的本质联系,我们就需要借用一种假设,通过假设把还未发现的本质联系先提出来。

1. 什么是研究假设

假设是研究者对不能直接了解到或未能了解到的变量之间的联系的一种事先猜测,也就是研究者根据教育经验和教育理论对研究的问题预先赋予的某种答案,是研究结果的预测,是对课题中主要变量之间相互关系的设想。例如,"在信息技术条件下,小学生自主学习能力的培养"这一研究课题,研究者提出的假设是:学校通过加强信息技术教育,能有效地提高小学生的自主学习能力。

很明显,在教育研究中,假设往往是不得已而为之的暂时规定。有了假设,我们才能清楚地知道课题研究的方向是什么,才能使得整个研究能围绕验证假设而展开。从上例课题我们就能发现其研究的主要方向就是:如何在教学中加强和改进信息技术环境,使学生自主获取信息、处理信息、利用信息的自主学习能力得到提高。

很多教育研究课题需要提出假设，但它不是日常生活中的随意猜想，提出假设必须考虑以下几个条件。

第一，假设的提出必须有一定的根据，我们不能随心所欲地想出所谓的假设。例如，"只要提高学生的学科分数，就一定能促进学生智力的发展"这一假设就没有一定的理论根据。在不少地方，"应试教育"仍然很严重，书多、课程多、考试多、补习多、作业多，学生被学业重负压得喘不过气，心理上出现厌学、焦虑，在如此强记硬背的教学方式下，出现虚高的分数也不足为奇，但是关键的分析能力、运用能力、创造能力等这些智力的核心则不可能得到发展。

第二，假设要尽可能不与当前公认的事实相矛盾，如果它和公认的事实相冲突，就很难加以证实。例如，现代教育对分数和智力关系公认的事实是：学科分数不能决定智力的发展，智力要在运动、游戏、操作、设计、动手、思维、活动中才能得到提高。如果我们提出"只要提高学生的学科分数，就一定能促进学生智力的发展"这样的假设，就和公认的事实相冲突，这样的研究大多无意义，假设也难以证实。

第三，假设提出后，应该有一定的预测功能，能够很好地解释新的教育现象和活动。在研究中我们提出了假设，就一定要考虑到这种假设有没有实现的可能性，能否达到研究的目的，也就是说，这种假设有无实际价值。比如"只要提高学生的学科分数，就一定能促进学生智力的发展"这样的假设，就没有多大的预测功能，因为学生学科分数的提高并不能直接带来智力的提高。所以，这种假设就没有提出的必要。

2. 表达假设的要求

在教育研究中，有的课题能直接提出假设，有的课题不需要假设或者不适宜提出假设。例如，"新课程与新的学习方式的理论和实践的研究"这个课题，当大家对新课程在理论上和如何操作上还比较陌生的时候，这一课题针对此现状提出了他们的研究思路，把重点放在如何学习新课程思想、如何进行新课程的实践上，这种情况下就不适合提出假设，但研究者应该有一个预测的结果或者解决问题的方案。对需要提出假设的课题，在表达方式上应注意以下几点要求。

（1）在表达方式上的要求。假设应以叙述的方式加以说明。这种叙述应明确表示研究者设想在两个变量之间是否有关系，因此不能用提问的方式表述假设。例如，"古诗词学习与小学生审美能力的提高"这一课题，研究者提出的假设是："改变古诗词的教学方法，加大字词美、形象美、情感美、意境美的审美力度，能提高小学生的审美意识、审美情趣、审美能力。"这里的假设就不能表述为："改变古诗词教学的方法与提高学生的审美能力有没有关系？"

(2) 在说明变量关系上的要求。假设应说明两个或两个以上变量之间的关系，但在一个假设中，只能叙述两个变量之间的关系，假如出现了两个以上的变量，那就要用一组假设来说明。例如，"学生学习能力与家庭收入水平及家长文化程度关系的调查研究"这一课题，我们至少要提出两组假设：以"学习能力"与"家庭收入水平"为一组变量，"学习能力"与"家长文化程度"为另一组变量。而不能笼统地说"学习能力和家庭收入水平与家长文化程度有一定的关系"这样的假设表达。

明确了课题的题目、研究的对象范围、变量的关系和研究的假设后，我们就要制定课题研究方案。

二、课题研究方案的制定

课题研究方案也就是课题的研究计划，是研究工作进行之初所做的书面规划，是如何进行研究的具体设想，是研究的实施蓝图。计划也包括了前面所谈到的设计。教育研究一定要事先制定研究的方案，它在整个研究过程中有着重要的作用。

（一）课题研究方案的作用

1. 课题研究方案是课题研究的蓝图

在研究过程中，研究计划是研究实施的指南。在研究计划中，我们必须制定详细的研究程序和步骤，知道研究什么、为什么要研究、怎样进行研究、有什么样的研究成果。这样的研究才有目的和范围，有条件和方向。

2. 课题研究方案是课题检查的依据

由于课题研究进行的时间比较长，为了督促和了解研究的进展情况，在研究过程中期，课题主管部门往往要对课题进行中期阶段检查。在研究结束后，还要对课题进行结题和鉴定。而检查和鉴定的重要依据之一就是课题计划。有了书面计划，在检查时才能得到专家的指导和建议，使研究方案进一步完善；在结题时，才有成果和方案的对照和比较，从而发现方案的实际价值。

3、课题研究方案是课题申报的材料

教师对一些教育问题进行个人研究，一般不需要申报。但凡是课题研究，都必须向主管部门申报，申报的主要材料就是课题研究方案。课题研究方案能显示出研究的新意、研究的价值，具有一定的客观性、科学性、可行性、合理性，才能得到批准。

（二）课题研究方案的制定

1. 课题研究方案的内容

完成一份课题研究方案，总的制定要求是方案要体现客观性、科学性、可行性、合理性。一般来说，课题研究方案制定的基本内容，概括起来包括以下四个问题。

（1）研究什么。在研究方案里，研究者应明确地表述课题要研究什么，使课题组成员和有关人员能清楚地知道这个重要问题。因此，在方案中要有合适的题目，要有明确的研究问题，对有些课题还要有研究的假设和研究重点，要有研究的变量和关键术语。从本章"附录三：'小学语文教学美育渗透与学生审美素质的发展'课题研究方案"中，我们就能知道，此课题研究的问题是：如何实施小学语文教学美育渗透，促使学生审美素质的发展。在此方案里，从研究内容一项，我们能了解到此课题具体要研究什么。这一课题对有关变量的关系在假设上也做了说明，使我们知道研究者准备通过研究来验证这一假设。

（2）为什么研究。在解决研究什么的问题之后，还必须说明研究的理由。所以，方案中还要涉及研究的动机、研究的重要性和必要性、研究的目的。从本章附录三提供的方案里，我们可以看到，在"问题的提出"中，对研究的动机和价值意义表述得十分全面，主要表现在：实施素质教育的需要、体现"尽快改变学校美育工作薄弱的状况，将美育融入学校教育全过程"的思想、实现语文教学审美的价值。而且在"研究的目的"中，对研究的理由也表述得十分具体。

（3）如何研究。我们清楚了研究什么、为什么研究，接下来如何进行研究也要在方案中表述出来，要说明研究的方法和程序，如研究采用的具体方法、研究的对象范围、如何抽样、研究的进程步骤、研究的工具量表如何选择和编制、研究人员的构成等。有的课题还要说明研究的经费来源和预算。

（4）研究结果。课题研究方案要说明研究的预期成效，例如，学生将会有怎样的变化和提高、教师将会有怎样的变化和提高等。有的也可以通过课题假设来说明预期成效,如果是没有假设的课题,如纯调查性的、叙事性的则可以对研究目的加以深化,或提出改进性意见,从而实现预期成效。同时,方案中还要说明成果表现的形式,如专著、研究报告、论文、案例、录像光盘、课例等。本章附录三中的课题研究方案对研究假设、研究目的、成果形式这几项,表述得也很明白。

无论是什么样的课题,在方案里都必须要涉及这四个方面的内容,只有这样,课题方案计划中才不会遗漏信息,才是一份完整的研究方案。

2. 课题研究方案的结构

教育研究的课题是多种多样的,有的需要假设,有的不需要;有的应有变量关系,有的可以不要;有的用单一的研究方法就能完成,有的需要运用多种方法才能完成;有的是一种定量的研究,有的仅是定性的研究,有的需要定量和定性结合起来;等等。那么,制定课题研究方案就不会有统一、固定的结构,课题研究方案在结构上有多种,但方案的基本内容则大同小异,含有上述四个方面的内容是方案制定的基本要求。有了这个前提,虽然结构上没有统一的规定,但大体要包括以下几个方面:①课题名称;②问题的提出;③研究的依据与假设;④研究的对象与方法;⑤研究的目的;⑥研究的内容;⑦研究的进度步骤;⑧研究的条件(保证措施);⑨研究的成果形式。

思考与练习

1. 试比较教育问题和教育研究课题的异同。
2. 教师为什么要参与对研究课题的选择?
3. 教育研究课题为什么需要论证?
4. 在教育课题研究准备阶段,进行文献检索的作用有哪些?
5. 课题研究方案的设计包括哪些内容?
6. 课题研究方案的作用是什么?
7. 课题研究方案制定的基本内容有哪些?

1. 王洪林、杨鸿清：《实践中的智慧——校本研究案例集》，黑龙江教育出版社2005年出版。

该书主要介绍青岛市教师在教育课题研究和教育问题研究中的思考和案例，在大量的研究经验和研究过程中，我们可以发现教师是如何对教育研究进行选题和设计的。

2. 郑金洲、陶保平、孔企平：《学校教育研究方法》，教育科学出版社2003年出版。

该书力图突出学校教育研究的针对性和可操作性，对如何进行教育研究的设计、方法和方案的制定做了具体和详细的论述。

3. 陆树林：《基础教育科研探新》，湖北教育出版社1997年出版。

该书选用了38项教育科研成果，这些课题研究涉及基础教育的各个领域，反映了基础教育研究的深度、广度和水平，从中能感受到教育研究是如何进行选题、如何进行方案设计的。

4. 黄黎明：《一体化德育实验探新》，浙江科学技术出版社2001年出版。

该书从一体化德育模式的思考、构建、设计到策略和成果，全面具体地记录了此课题的整个研究活动和过程，能使我们对教育研究特别是在选题与方案设计方面，有一个十分形象的了解和认识。

附录一：江汉大学实验师范学院部分课题指南

1. 学科课堂教学策略研究
2. 课件设计有效性和实用性研究
3. 教学活动与学生创新能力培养研究
4. 探究研讨式教学研究
5. 优化课堂教学结构研究
6. 学科教学与学生能力培养研究
7. 学科教学与学生思维品质培养研究
8. 课堂教学方法改革研究
9. 案例教学法研究
10. 欣赏教学法研究
11. 教学中的师范性体现研究
12. 学科学法指导研究
13. 提高班主任德育实效性研究
14. 对当前师范生思想心理状况的调查及对策研究
15. 艺术学科教学如何体现美育研究
16. 学生学习品质的研究
17. 教育信息的网络开发和高效运用的研究
18. 学生技能素质（口语、听力、声乐、器乐等）培养研究
19. 班主任管理模式研究
20. 问题性教学研究
21. 教师运用和处理教材体现教学个性的研究
22. 课堂教学艺术的研究
23. 学生心理个案的研究
24. 培养学生能在实习中上出高水平课的研究
25. 本学科教学现状及改进研究
26. 学生实验能力提高的研究
27. 环境育人的研究
28. 语文教学审美化研究
29. 班级活动设计与效果研究
30. 师范院校学科教学如何适应当前小学教学改革研究

31. 如何提高大学课堂教学"讲课"水平研究
32. 如何指导学生见习听课研究
33. 班级优生和差生比较研究
34. 女学生学习体育的心理障碍及对策研究
35. 提升学生音乐素养研究
36. 发挥教研组教学管理作用研究
37. 教师自身师德素质与业务水平互促的研究
38. 新形势下教师教育的办学理念、人才观、质量观、发展观的研究
39. 创新教育理论与实践的研究
40. 骨干教师培训研究
41. 新课程标准实践的研究
42. 学校后勤社会化研究
43. 后勤管理改革研究

附录二："小主持人活动的开展与小学生良好个性素质培养"研究课题的提出

切实减轻学生课业负担，是当前教育的焦点。过重的课业负担，影响了学生的全面发展，我们应从减轻学生的课业负担入手，但这还不是根本目的。我们要在减轻课业负担的大环境下，努力开展班级特色活动，培养学生的创新精神和创新能力。

个性教育已成为当前重要的教育思想。个性实际上指的是人在观察、思考和解决问题过程中表现出来的自主性、独立性和创造性。而应试、划一的教育模式忽视了学生的个性发展，学生没有展现自己的机会，也没有对外界审视和思考的习惯、能力，他们只会埋头读书，缺少了儿童特有的个性品质，而班级特色活动的开展可以极大地扭转这一现状。

心理素质教育是学校教育的新内容，如何培养儿童良好的心理素质也成为学校教育研究的新课题。如今的学生都是独生子女，中国儿童活动中心曾对我国当前的独生子女做过调查，得出的结论是：他们普遍存在依赖、任性、懒惰、自私、自制差、脾气大、胆小、不爱惜财物等问题。国家教育部也在1999年颁布了《加强中小学校对学生心理教育的通知》。针对以上情况，我们认为，班级活动不失为一种很好的心理教育方式和途径。

通过课题研究要实现以下目的：尊重和保护学生独立自主的愿望和需要，发现和培养学生的特殊爱好，培养学生的创造志向和创新能力，培养学生自主、自立、自强的良好个性品质，使学生能够更好地发挥自己的才干和能力。

附录三："小学语文教学美育渗透与学生审美素质的发展"课题研究方案

一、问题的提出

美育是我国教育方针的重要内容。尽管当前对美育的界定还有争议，但我们从小学语文教学的特点要求上考虑，认为美育应是一种以精神愉悦为需要的感性教育，应是一种潜移默化的情感教育，因而小学语文教学与美育的联系是十分紧密的。课题组承担的中国教育学会"十五"科研课题"小学语文教学美育渗透与学生审美素质的发展"，目的在于通过研究，使语文教学不仅要体现思想、文化的价值，也要体现审美的价值，促使学生走向美的自由天地，探寻美的奥秘，从文字中感悟自然美、社会美、艺术美的形象和魅力，提高审美能力，丰富想象能力，促使美、德结合，培养学生健康的情感世界。

二、研究依据和假设

（一）理论依据

为了开展素质教育，基础教育正在从各个方面进行探索，小学语文教学中美育渗透的探索在一定程度上体现了素质教育的思想。

美育内容的全面化源于美的事物所含信息内容的多样化和美的形式的多样化，小学语文教材具有这些特点。

（二）理论假设

小学生对语言文学的审美素质是由若干因素相互联系、相互作用而构成的有机整体（语言审美、形象审美、思想审美、情感审美、意境审美、习作审美）。我们通过对原有教育教学方法的改革，研究和探讨小学语文教学渗透美育的策略和思路，形成优化的整体结构，使得小学生的语文审美素质能得以全面的提高，探索出一条提高教育质量的方法途径。

三、研究目的

1. 提高教师的教改意识,在教学中有目的地渗透美育,提高对各类课文中有关审美因素的观察力、思考力和表现力。

2. 使小学语文教学与审美阅读、直观音画结合起来,使教学更有感染力,使学生对语言文学的学习更有兴趣。

3. 提高小学生在语文学习中对美的敏锐感受力,知道课文中美的表现、美的特征、美的性格、美的思想情感、美的意境。

4. 使美育和德育结合起来,以美促德,使小学生能表现出美的语言、美的思想、美的行为。

5. 使小学生在自己的习作中能自觉地描绘美、表达美,使习作富有美的语言、美的描写、美的感受,使习作具有感染力。

四、研究对象和方法

本课题组由武汉汉阳区西大街小学、武汉小学、武汉武昌区傅家坡小学、武汉洪山区街道口小学组成,各校按本校具体情况,选定若干班开展本课题研究。

在研究的方法上,我们采取调查法、行动研究法、经验总结法,使定性分析与定量分析、理性分析与实证分析相结合。

五、研究内容

1. 开发对教师进行美育理论学习和教育科研指导的学习材料。

2. 结合具体语文教学,运用多媒体加大学生审美感受的力度,品味文字美、形象美、意境美。

3. 实现小学语文教学的诗化、美化、情感化、意境化、数字化(课件),在课题研究中,把"五化"结合起来。

4. 研究渗透美育的途径,找到小学语文教材中的美育因素,如表现美的不同特征、美的不同风格的课文,描写自然美、人格美、社会美、语言美的课文,使学生能感受到不同的美的魅力。

5. 建立小学语文教学渗透美育的基本策略,一节课一节课地进行实践研究,使教学策略更实际和实用,具有指导价值和普遍意义。

六、研究步骤（时间安排）

1. 准备阶段（2001年9月～2002年7月），完成课题研究方案的设计，成立课题组，明确各自的任务。

2. 学习阶段（2002年9月～2002年10月），课题组全体成员学习研讨，做好理论准备，对课题研究形成一个基本思路，明确课题开展的要求。有关教师进行个人研究计划设计，准备有关音像材料。

3. 实施阶段（2002年11月～2004年12月），开展实验、教学交流观摩、资料收集整理、教师个人论文完成、研讨活动、录像和具体研究问题的解决（有关具体任务由各校拿出方案）。

4. 结题验收阶段（2005年2～6月），视具体情况到2005年6月以前完成结题工作。

七、成果形式

1. 完成研究报告。
2. 印制《小学语文教学渗透美育》教师研究论文和教案专集。
3. 争取武汉市教育学会的支持，在市或区举行小学语文教学渗透美育观摩研讨课。
4. 制作有关部分课堂教学实况录像带，制作有关教学课件。

八、课题组组成

略。

"小学语文教学美育渗透与学生审美素质的发展"课题组
2001年9月7日

第三章

教育观察研究

第三章 教育观察研究

本章学习要点

- 教育观察研究的含义
- 教育观察研究的作用与局限性
- 教育观察研究的特征与分类
- 教育观察研究中的描述记录方法
- 教育观察研究中的抽样记录方法
- 教育观察研究的实施步骤

第一节 教育观察研究概述

观察有日常生活中的观察和作为科学研究手段的观察。作为教育科学研究手段的教育观察法是教育研究中运用最广泛、最经常、最直接的一种研究方法。它特别适用于幼儿教育和基础教育的研究。它既可以单独设计运用，也可以配合其他研究方法运用。它是调查研究法、行动研究法、经验总结研究法、追踪研究法、实验研究法的基础方法，离开了教育观察，以上种种研究法都难以进行。

一、教育观察研究的含义及作用

（一）含义

观察，是指人们对周围事物的现象和过程的认识。"观"即看，"察"就是分析研究。它是一种有目的、有意识的感性认识活动。观察的重要特点就在于强调研究者在"自然发生"的条件下，对观察对象不加任何干预控制，只是对观察对象做更加广泛、深入的了解。

所谓观察法，是指人们有目的、有计划地运用感官或辅助仪器，对自然状态下的客观事物进行系统考察，从而获取对事物的认识和理解的一种研究方法。任何科学研究活动都必须首先获得第一手原始材料，然后才能进一步认识事物的本质和规律。恩格斯正是运用观察法，详尽了解并分析了英国伦敦市区及其居民的社会经济状况和具体生活条件，完成了《英国工人阶级状况》一书。他在这本书中，不仅全面地描述了当时英国工人阶级作为一个社会阶级的状况，而且揭示了资本主义经济发展、社会发展和社会意识之间的关系。观察法是人们最早采用也是最基本的一种研究方法。随着现代科学技术的发展，观察手段的现代化水平不断提高，观察法的应用范围也愈加广泛并取得了很好的成效。

观察法分为两种。一种是一般日常观察，即研究者在日常活动中，通过感官的直接感受，获得有关研究对象的感性材料。它具有一定的自发性、偶然性，是科学观察的基础和初级形式。另一种是科学观察，即研究者按照预定的计划，对于观察对象的范围、条件和方法做明确选择，有目的地直接观察处于自然条件下的研究对象，搜集有关的事实材料并予以分析研究，从而获得对问题的深入认识。

教育观察法是在教育研究中运用科学观察对教育现象进行研究的一种基本方法。

（二）教育观察研究的作用

作为一种最基本的科研方法，教育观察法一方面在其他方法的辅助下独立使用，另一方面它辅助其他教育研究方法贯穿在教育科学研究的全过程。它在教育研究中起着十分重要的作用。

第一，通过有目的、有计划地对教育领域某一现象及变化过程进行全面、细致和深入的观察，从而获得认识该事物的比较充实、比较客观的事实材料。在此基础上，确定某种教育现象得以发展的条件，科学地分析和说明所研究的教育现象及其演变过程。通过观察，获得对事物的最直接的认识，它有利于教育科学理论的提出，也是总结研究教育经验的基本方法之一。

第二，教育观察研究是检验教育科学理论观点是否正确的重要途径。教育研究中，由假设所推导出来的关于未知事实的结论，只有通过观察到的科学事实予以检验才是科学的，有价值的。正如爱因斯坦所说："理论之所以能够成立，其根源就在于它同大量的单个观察关联着，而理论的'真理性'也正在此。"[①]

第三，教育观察有助于教育研究课题的选择和形成。通过教育观察，可

[①] [德] 爱因斯坦著，许良英、范岱年编译：《爱因斯坦文集》（第一卷），商务印书馆1976年版，第115页。

以直接发现新问题，导出新课题，确立新假设，形成新观点，为教育研究开拓新的方向和领域。

观察方便易行，不必使用特殊设计的复杂仪器设备，不需要特殊条件，适用于广大的研究范围。观察法不妨碍被观察者的日常学习、生活和正常发展，因此不会产生不良后果。广大教育工作者在教育教学实践中，通过对学生的兴趣、动机、个性以及认识能力的研究性观察，更客观地了解学生的各个方面及个别差异，才能正确评价学生的行为，并有的放矢地提出教育设想和方案，真正收到成效。

（三）教育观察研究的局限性

教育观察研究法具有许多优点，如运用方便，可以随时随地采用，可以保持观察对象的自然状态，可以直接取得第一手材料，等等。但是，教育观察研究法同时也有它的局限性。

1. 研究的深入程度有限

观察法是通过人的感官对事物表面现象的感知，不能直接深入到事物的本质。正如恩格斯所说："单凭观察所得的经验，是决不能充分证明必然性的。""必然性的证明是在人类活动中，在实验中，在劳动中。"① 观察研究法的本质规定了它不能判断"为什么"这一类因果关系的问题，只能说明"有什么"和"是什么"这一类问题。

2. 研究过程的客观性有限

观察研究是主观对客观现象的感知，观察者在观察过程中，其个人的意识形态、价值观念、情感色彩都可能影响到观察对象的态度和行为。同时，研究者的思想观念、感情色彩还会影响对观察现象的记录和资料整理，而研究的偏差又不易被察觉。这就使观察研究过程的客观性下降。

3. 研究结论的信度有限

观察是在自然条件下进行的，它必然会受到错综复杂的各种各样偶然因素的干扰，而且研究者在观察时原则上不能支配和控制研究对象及其发展过程。因此，观察到的现象的真实性和经常性值得怀疑。同时，观察研究往往取样小，观察的资料琐碎，不易系统化，其普遍性程度不高。所以，观察研究所得出的结论如果推论性过多，就会降低信度。

为此，教育研究者在运用观察研究法时，首先要有科学的态度和严谨的·

---

① 恩格斯著：《自然辩证法》，人民出版社 1984 年版，第 207 页。

工作作风。其次，要采取多种方式，如移动观察位置、转换观察背景、延长观察时间、增加观察次数等，来提高观察研究法的效能。当然，更好的办法是将观察研究法与其他研究方法结合使用，使其互相补充，相辅相成。

二、教育观察研究的特征

教育观察研究是教育研究者有目的、有计划地考察学生或教育现象的一种研究方法，它有以下基本特征。

（一）直接性

直接性即教育研究者与观察对象的直接联系。由于观察的直接性，研究者所获得的资料真实可信，准确有效。人们之所以说"百闻不如一见"，就是因为观察法具有直接性这一基本特征。

（二）客观性

客观性即教育观察者通过观察所获得的材料是客观事实真实的反映。观察，是在自然状态条件下，不改变对象的自然条件和发展过程，直接观察某一教育现象发生发展过程，综合运用各种途径和方式，对观察结果做明确、详细、周密的记录。由于研究人员不干预研究对象的活动，从而能客观真实地收集第一手材料。

（三）情感性

由于教育观察的对象是人，教育研究者与观察对象之间的关系，是一种人与人之间的关系。特别是当教师具有双重角色时，即教师既是教育工作者又是教育研究者，教育研究者与观察对象之间的关系，实际上是师生之间的互动关系。师生之间的互动，除了认知上的互动之外，还有情感上的互动。这时，作为教育工作者的教师，在观察学生的行为表现时，往往带有个人主观上的感情色彩。观察的情感性特征，容易影响教育观察的客观性。

（四）能动性

作为研究手段的教育观察是按事先制定的提纲和程序进行的，并且它设定了观察的时间和内容。它从大量的教育现象中选择典型对象，在典型条件下予以观察，力求全面地把握研究对象的各种属性并以科学理论去分析、判断和理解观察结果，因此，它具有能动性。应该看到，科学的研究性观察，远远高于日常观察，是有目的性、选择性的主动的自我实践过程。

三、教育观察研究的分类

教育观察法从不同的角度可以分为不同的类型，有的按观察的参与程度划分，有的按观察的结构程度划分。实际上，大多数观察都不是一种单一的形式，而是几种形式的综合使用。了解教育观察法的种类及其特点，可以在实际研究中根据实际情况灵活予以运用。

（一）自然观察与控制观察

这是按照观察的情境条件来划分的。

如果观察研究是在自然发生的条件下，在对观察对象不加变革和控制的状态下进行的，如实地观察法，就称为自然观察。它包括自然行为的偶然现象观察和系统现象观察，能收集到客观真实的材料，但材料往往是观察对象的外部行为表现。如果观察研究是在控制情形下进行的，如实验室观察研究法，就称为控制观察。这种观察有严密的计划，有利于探讨事物内在的因果联系，但在实验室环境下，观察对象的表现不一定真实可信。

（二）直接观察与间接观察

这是按照观察的方式来划分的。

直接观察是通过感官，在现场直接对观察对象进行感知和描述。这种观察方法更为直观具体。间接观察是利用一定的仪器或其他技术手段作为中介对观察对象进行考察。这种观察突破了直接观察受人的主观能力影响的局限，扩展了观察的深度和广度，提高了观察的效率，使获得的材料更为精确。不过，教育观察研究大多使用直接观察。

（三）系统观察与随机观察

这是按照观察对象的整体性来划分的。

系统观察是把观察对象作为一个整体，这个整体是一个有一定的边界范围和逐级阶梯体系的系统。这种观察是一种系统地观察客体构成的要素、结构功能以及发展过程的立体式观察研究。它要求运用系统思想，从总系统出发对各子系统进行分解观察研究，即对子系统诸要素、层次、功能、环境条件、相互关系进行观察研究，然后又回到总系统的综合观察研究。在整个观察过程中，系统思想是贯穿始终的。简言之，系统观察研究是以立体观察研究取代平面观察研究的一种方法。

随机观察是按照随机抽样的基本原则，从观察对象的总体单位中科学地抽取部分单位进行观察研究，搜集资料并以此推断整个观察总体的一种方法。它与系统观察的主要区别在于观察对象的确定和范围的选择。在随机观察过程中，对确定的部分研究对象也可以应用系统观察的方法进行更深入的观察研究。

（四）参与性观察与非参与性观察

这是按照观察者是否参与观察对象所从事的活动来划分的。

参与性观察是研究者直接进入所观察对象的群体中，在不暴露研究者身份的前提下，在参与观察对象的活动过程中，进行隐蔽性观察研究的一种方法。它又可分为完全参与性观察和部分参与性观察。完全参与是指研究者完全置身于观察对象之中，与观察对象同吃、同住、同工作；部分参与是指研究者部分地介入观察对象之中，有些活动与观察对象一同参与，有些活动则独立行动。参与性观察能较深层地观察到观察对象的原有结构和内部关系，但由于研究者主观因素的影响，如果处理不当就会影响观察的客观性。因而，观察者在参与性观察过程中，必须保持清醒的头脑，保持敏锐的观察视角，以防止被观察对象同化。同时，在观察中还应注意科研道德，不能观察或过问个人不愿公开的隐私。

非参与性观察是指研究者作为局外人，公开或者秘密地旁观研究对象的活动的一种方法。它可以在自然情景下进行，也可以在实验情形下进行。例如，在教室门口有意抛洒一些垃圾纸，然后观察学生走进教室时对地面垃圾纸的反应。非参与性观察所得出的结论比较客观，但容易表面化，不易获得深层次的材料。

（五）结构式观察与非结构式观察

这是按照观察实施的方法来划分的。

结构式观察是有明确的目标、选定的问题、确定的范围，有详细的观察计划，预先合理设计的可控性观察。它包括实地观察和实验室观察。结构式观察能获得翔实的材料，并能对观察资料进行定量分析和对比研究。它常用于对研究对象有较充分了解的情况。

非结构式观察则是对研究问题的范围、目标持弹性态度，观察内容项目与观察步骤不预先确定，也无具体记录要求的非控制性观察。它又可分为两种，一种是非结构式现场观察，即观察者对时间上突发的、地点环境上不确定的偶发事件的观察，其目的仅限于在较短时间内得到最基本的资料。比如，对中小学生结伙逃课上网行为的观察就是非结构式现场观察。另一种是非结构式实地观察，它是在观察地点比较确定，时间比较稳定，并有一定的目的性,在自然状态下所进行的观察研究。比如,教育行政部门检查工作就是非结构式实地观察。非结构式观察简便易行,但获取的材料不系统、不完整,它多用于探索性研究,用于对观察对象不甚了解的情况。

上述各种观察研究方法有各自的基本特性、适用条件和各自的局限性,而它们之间又是互相联系、互相补充、互相渗透的。教育科学研究中,由于教育现象是复杂的,各种因素相互影响和制约,常常需要运用多种方法进行综合观察。根据具体情况将几种观察方法有机结合使用,才能获得最有价值的观察材料。

第二节 教育观察研究的方法

在教育观察研究过程中,观察是核心,而观察所得的记录也是至关重要的,它既是对观察的保持,又是对观察的整理和提升,还是对观察现象进行分析探讨、形成观点和对策的依据。当然,在教育观察研究过程中,观察与记录是密不可分的。观察什么,怎样观察,决定了记录什么,怎样记录。因此,记录的方式方法也就表明了观察的方式方法。

一、描述记录法

描述记录法是对观察对象的整体作全面的或者某一方面的观察记录。

(一)日记描述法

日记描述法是以日记的方式记录观察对象的行为表现或者教育现象的一种观察方法。它可分为两种方式:一种是综合性日记描述,即把观察对象的各个方面如实记录下来,为全面研究观察对象所用;另一种是主题日记描述,即只记录观察对象某一方面或某几方面的情况,为专项研究观察对象或某种特征所用。

日记描述法是一种传统的观察研究方法。最早运用这种方法的是瑞士教育家裴斯泰洛齐(J. h. Pestalzzi)。他用此方法跟踪观察其子三年,于1774年出版了《一个父亲的日记》,在日记中记录了自己孩子生长、发展的情况,同时对母亲在早期教育中的作用以及其他对儿童生活有重要影响的因素进行

了分析。达尔文（C. Darwin）发表的《一个婴儿的传略》，用日记的方式描述了他儿子的成长和发展。德国心理学家普莱尔（W. Preyer）在三年时间里，对自己的孩子从出生到三岁进行了连续的日记描述，并以此为基础，于1882年写成了《儿童心理》一书。现代儿童心理学家皮亚杰（J. Piaget）也用日记描述法搜集观察资料，撰写了《儿童心理学》一书。我国教育家陈鹤琴在国内率先使用日记描述法，他对自己的孩子进行跟踪观察，写下了详细的观察日记，并拍摄了几百幅照片，以此为素材，他于1925年写成了《儿童心理之研究》一书。一般认为，这种记录有关儿童成长和发展的儿童传记形式的日记描述法，是研究儿童的一种主要方法。

日记描述法比较适用于长期跟踪观察研究和个案研究，有利于研究儿童发展的顺序性和连续性，记录的材料真实可靠，方法简便易行。

（二）轶事记录法

轶事记录法又称记事法，是着重记录某种有价值的行为或者独特事件的一种观察记录方法。这种方法以记事为主，即将研究者认为有价值、有意义、感兴趣的事件完整地记录下来。所记录的事件可以是有主题的，也可以是没有主题的。它不受任何时间、地点的限制，事先也不需要做特别的编码分类，随时随地记录感兴趣的事情。它与日记描述法不同，它不是连续记录某一特定儿童（个案）的行为及其发展，而是着重记录有研究价值的事件或信息。

轶事记录法要求从事件刚刚发生到事件结束，全过程都要完整地按顺序记录下来。其观察记录的内容可以是典型事件，也可以是反映个体身心发展某一方面的行为事件。例如，对一个三岁幼儿推理思维发展情况的观察。某一天，小凡凡给爷爷糖吃，爷爷说："凡凡吃，爷爷不吃糖。"凡凡说："爷爷不吃糖，等爷爷长小了才吃。"对该轶事分析如下：该幼儿一是使用了归纳推理：家里的大人都不吃糖，只有小孩吃糖；二是使用了演绎推理：大人不吃糖，爷爷是大人，所以爷爷不吃糖；三是使用了类比推理：人能够"长大"，当然也能够"长小"。其错误在类比推理上，对"长"的概念理解错了。类似这种事例常常能为我们的研究提供宝贵的资料。值得注意的是，所记录的事件都应是研究者亲自观察到的，而不是道听途说或从其他资料转抄过来的。

轶事记录法要求记录资料具体、详细、完整、客观、准确，不仅要记录有关行为、言谈，还要记录事件发生的背景以及与之相关联的其他情况。由于轶事记录法常常是事件发生之后的回忆记录,所以记录一定要及时。例如,教师带学生外出郊游,路上碰到一件事:一辆摩托车撞倒了一位路人,摩托车手不管不问,扬长而去。路边围过来一些人,但都是只说不做,没有人出手相救。一位出租车司机驾车路过,看见被撞倒的路人,急忙停车,将受伤的路人送往医院。学生议论纷纷,评价不一,观点不尽相同,有的还相互争论。如果教师有意研究学生的道德判断及其相关问题,就可将该事件,尤其是学生的讨论记在脑中,回校后立刻用文字把当时的情景及学生的各种观点客观地、详细地记录下来。又如,教师在家访过程中,观察到学生在家中的行为表现的典型事例,或观察到反映学生家庭成员教育观念和教育方法的典型言行,在家访后就要及时记录下来。

轶事记录法所获得的资料真实、可靠而且典型,有长期保留和反复研究利用的价值。它运用简单、方便,不必编制观察记录表格。因此,它是教师常用的一种观察研究方法。但是,由于它不是现场记录,而是事后回忆记录,所以,回忆记录的内容有时不一定完全准确。

(三) **连续记录法**

连续记录法是指在一段较长的时间内,研究者持续不断地、详细地把观察对象在自然状态下的行为表现记录下来的一种观察记录方法。它比日记描述法在内容上更全面,在时间上更长久,在记录上更详细。例如,苏联苏霍姆林斯基在三十多年的教育工作中持续不断地进行观察记录,追踪研究了1 000多名学生,积累了大量的素材。以此为基础,他撰写了四十多本教育专著、600多篇论文、1 000多篇供学生阅读的文艺作品。他的著作中大量生动活泼的事例均来自于观察所得。因而其著作被誉为"活的教育学""学校生活的百科全书"。

连续记录法要求研究者要根据观察的目的确定观察的地点和时间。学生的活动是多样的,活动时间不同、地点不同,有校内的也有校外的,有教室内的也有教室外的。研究者不可能也没必要整天盯着学生进行观察。一般而言,研究者应根据观察的目的来确定观察的时间和地点。例如,要观察研究学生的注意力分散情况,就可选定上午第三节课和下午第一节课到教室进行观察记录;如果要观察研究学生的交往情况,则可选择课间和课外活动时间在学生活动场所进行观察记录。

连续记录法要求记录要客观、全面、详细。在有条件的情况下,要善于借助摄像机、录音机等现代化记录工具,把某一段时间内的现场实况摄录下来,以供回放研究。在摄录过程中,要尽可能多角度拍摄记录,反映全貌,使获得的资料真实、详细、全面。如果没有现代化摄录工具,在进行人工书面记录时,要先忠实地观察记录、客观地描述事实,记录完后,再对描述的事实进行解释和评价。客观描述和主观解释评价一定要严格区分。

连续记录法能够为研究者提供详尽的事件经过及其发生的背景资料,实录的资料系统、完整,并可做长久保留,供反复观察研究使用。但是,它用人工记录难度较大,用现代化的工具记录代价昂贵,而且记录和整理资料费时多。

二、取样记录法

取样记录法是一种以一定的行为样本,专门观察记录特定行为的观察记录方法,于 20 世纪 20 年代后期兴起。它较之描述记录法具有更好的客观性、可控性和有效性。它既可获得可靠的观察资料,又可减少记录所需的时间,节省统计数据、整理资料时的人力、物力。

(一)时间取样法

时间取样法以时间作为选择标准,是指研究者在特定的时间内,观察记录所发生的特定的行为,主要观察记录特定行为呈现与否、呈现的频率及其持续时间的一种观察记录方法。例如,下面是对小学低年级学生上课时注意力集中时间和程度的观察记录。①

一次 20 分钟的语文字词抄写作业行为表现记录

时间	学生行为表现	百分比(%)
0~5 分钟	全班学生认真书写,没有任何声音动作	100
5 分钟后	3 人开始看别人的作业,并提出别人的书写毛病	7.89
6~10 分钟	7 人开始有小动作,或开始发愣,有的玩铅笔、橡皮等学习用具	18.42
13 分钟时	6 人完成作业	15.79

---

① 参见裴娣娜编著,《教育研究方法导论》,安徽教育出版社 1995 年版,第 191 页。

15 分钟后	20 人开始有小动作、发愣、发出声音	52.63
20 分钟时	14 人完成作业（24 人未完成作业）	36.84
延续 5 分钟后	34 人完成作业（4 人未完成作业）	89.47

初步分析：一年级学生在完成一些重复性记忆作业（如字词抄写、生字书写等）时，最佳时间段为 10～15 分钟。这段时间内，学生有较强的注意力，能认真完成作业。按照这一特点布置作业，能达到较理想的效果。

使用时间取样法要确定观察的总时间（如持续观察 4 周），还要确定若干观察时段（如每天上午 10～11 时、下午 3～4 时）。要对所要观察的行为或现象做明确的界定，记录要准确、及时，既要有概念界定，又要有补充描述，努力保证记录的客观、准确、完整。

（二）活动取样法

活动取样法以活动作为选择标准，是指研究者根据观察的目的，对所要观察的活动做明确的分类，然后观察记录各种活动的时间和次数的一种观察记录方法。

活动取样法要求研究者对所要观察的活动要尽可能列举穷尽，避免记录、统计、分析上出现遗漏；要对各种活动做明确的操作性定义（如表 3-1），以便对实际活动中的各种情形做准确归类；还要制作观察记录表格（如表 3-2），使实际观察过程中的记录完整、科学。

表 3-1 社会参与性活动类型操作定义[①]

时间	儿童代号	活 动 类 型					
		无所事事	旁 观	单独游戏	平行游戏	联合游戏	合作游戏

[①] 王坚红编：《学前儿童发展与教育科学研究方法》，人民教育出版社 1991 年版，第 83 页。

表 3-2　儿童社会参与性活动观察记录表①

(1) 无所事事：幼儿未参与任何游戏活动或社会交往，只是随意观望感兴趣的情景。如没有可观望的，便走来走去，或四处张望。

(2) 旁观：幼儿基本上是观看别的孩子游戏。可能与那些孩子说几句话、问个问题，或提供某种建议，但不参与其游戏。与无所事事幼儿的区别是：旁观幼儿对某一组（或几组）同伴的活动有固定的兴趣，无所事事幼儿对各组的活动均无兴趣，一直处于游离状态。

(3) 单独游戏：幼儿独自游戏。虽然旁边有幼儿在用不同玩具游戏，但该幼儿不做任何努力设法接受他人或与别人说话，只专注于自己的活动，不受别人的影响。

(4) 平行游戏：尽管有别的幼儿在旁边用同样的玩具游戏，幼儿仍独自玩，不影响别人，也不受别人影响。他们偶尔有交流，但只是各自玩而不是一起玩。

(5) 联合游戏：幼儿与其他孩子一起，分享玩具与设备，相互追随，有控制别人的企图，但并不强烈。幼儿从事相似的活动，但无组织与分工，每人做自己想做的事，而不是把兴趣放在小组活动上。

(6) 合作游戏：幼儿在为某种目的而组织起来的小组里游戏，具有"我们"的概念，知道谁属于哪个组。有 1～2 个领头者左右着小组活动的方向，故有角色分工，并相互帮助，支持这种分工角色的执行。

（三）事件取样法

事件取样法以特定的行为或事件的发生为取样标准，是研究者根据研究的目的，确定所要观察的行为表现或事件，然后在观察过程中观察记录预定的行为表现或事件发生发展过程的一种观察记录方法。它与轶事记录法相似，但又有明确的不同：事件取样法在观察前对所要观察的行为或事件有明确的界定，它是在实施正式观察时使用而不是事后追忆记录。

研究者在运用事件取样法时，首先要明确所要观察的行为或事件，确定所需记录的资料种类和记录形式，制作相应的记录表格（如表 3-3、表3-4）；然后在观察过程中等待所确定的行为或事件的出现，进行及时、持续的记录。这种方法只记录预先确定的行为表现或事件的过程。

---

① 王坚红编：《学前儿童发展与教育科学研究方法》，人民教育出版社 1991 年版，第 83 页。

第三章 教育观察研究

表3-3 学生争执事件记录表①

学生姓名	年龄	性别	争执时间	发生背景	行为性质	做什么、说什么	结果	影响

事件取样法可以使研究者在有准备的情况下获取有代表性的样本，收集资料所用时间比较经济。但是，要在特定的时间里等待特定的行为或事件的发生，这具有不确定性，而且研究者对导致这种行为或事件发生的条件和背景等信息难以充分了解。

表3-4 学生专断事件记录表②

事件第_____号　日期_____　时间_____　观察者_____

场景_____

专断儿童姓名_____　年龄_____　性别_____

专断对象姓名_____　年龄_____　性别_____

情景描述：	专断行为： C _____ PL _____ ID _____ 行为结果： COMP _____ REF _____ +C/N _____ －C/N _____ IG _____
专断行为表现描述：	

表中编码符号的含义：C——命令；PL——身体指导；ID——暗示指令；COMP——服从；REF——拒绝；+C/N——协调而达积极结果；－C/N——协调而达消极结果；IG——不予理睬。

---

① 陶保平编著：《学前教育科研方法》，华东师范大学出版社1999年版，第100页。
② 张燕、邢利娅编著：《学前教育科学研究方法》，北京师范大学出版社1999年版，第94页。

使用取样记录法，观察者在观察开始前要先确定观察目的，选定观察的范围和观察的具体对象，安排观察的时间，特别是要对观察的行为进行分类。如果分类的概念不统一，就会影响效度。正式观察时，要根据预先区分的行为类别，将不同类别的行为所发生的次数、时间分别记录，当然还得做必要的描述。

三、行为检核法

行为检核法也称查核清单法。它是指研究者将要观察的行为项目排列成清单式的表格，并在每一行为项目旁边提供是否出现的选项，然后在现场观察时，检查核对这些行为是否出现的一种观察记录方法。它只是判断一定的行为出现与否，不提供行为性质的材料。

使用行为检核法必须预先制作观察表格（即观察清单），列出观察的具体项目，在一定的现场和规定的时间内进行，所以，它具有诊断和测量的功能。有时，在观察过程中，为了使儿童对某些项目作出反应，研究者可以对这些项目予以提示，这与智力测验有些相似。

行为检核法的实施，关键在于行为检核表的编制。行为检核表所列的行为项目必须符合观察目的，概念的层次必须一致，所列行为项目应尽可能穷尽该类行为，行为项目的排列应有一定的逻辑性。

行为检核表的编制方法如下。

首先，列出观察的主要内容。研究者根据研究的目的和研究内容，列出所要观察的主要内容。例如，研究内容为"儿童对形状及数概念的理解"，那么，要观察的主要内容可列为"对几何形体的认识""对几何形体大小的比较""对几何形体数量的认识""对几何形体数量多少的比较"等。

其次，将主要内容分解为具体项目。研究者将要观察的主要内容分解为可观察的具体行为项目。例如，"对几何形体的认识"就可分解为"能否按要求正确指出下列几何图形：圆形、椭圆形、长方形、正方形、菱形、三角形"等。

最后，按一定逻辑顺序排列项目，制作行为检核表，像按难易程度排序、按字母顺序排序。

例如，对5岁儿童对形状及数概念的理解力的观察研究（见表3-5）。

表 3-5 5 岁儿童对形状及数概念的理解行为检核表①

儿童姓名_____ 性别____	记录者_____		
观测内容	能	不能	日期
数数：从 1 数到 100	___	___	___
从 10 倒数到 1	___	___	___
数偶数到 20	___	___	___
数奇数到 19	___	___	___
数 5 的倍数到 50	___	___	___
10 以内的加减法运算	___	___	___
……			
按名称指出图形：圆形	___	___	___
菱形	___	___	___
三角形	___	___	___
正方形	___	___	___
长方性	___	___	___
椭圆形	___	___	___
……			
对应数目数物件：2 个	___	___	___
3 个	___	___	___
5 个	___	___	___
10 个	___	___	___
16 个	___	___	___
……			
用物件表示相对概念：大些	___	___	___
小些	___	___	___
多些	___	___	___
少些	___	___	___
长些	___	___	___
短些	___	___	___
……			

---

① 裴娣娜编著：《教育研究方法导论》，安徽教育出版社 1995 年版，第 192～193 页。

行为检核法可与调查法、测验法、时间取样法等并用。其观察目标明确、省时、简便易行，教师可根据研究目的和本校、本班的具体情况自制行为检核表，进行参照测查；也可以采用已有的标准化行为检核表对学生进行观测，然后将观测结果与常模比较。这种方法也有其缺点：无法保留原始实况，包括所观察行为的详细情况和背景资料。

无论使用哪一种观察记录方法，记录时都要力求真实，对记录的事实材料要做比较，便于核对事实，交流情况和意见。对同一现象应从不同的方面和角度进行观察，防止观察的片面性。通过观察记录法获得的资料，应通过其他方法，如调查法、文献法等进行对比分析和检验。

第三节 教育观察研究的实施

教育研究工作者运用教育观察研究方法开展教育研究，要有计划、有步骤地进行。要以基本原则为指导，处理好观察过程中的一些基本关系，保证教育观察研究的有效实施。

一、教育观察研究实施的基本原则

为了确保教育观察研究有效、有序地进行，增强研究结果的信度和效度，教育观察研究的实施必须遵守以下基本原则。

（一）观察的目的性

科学观察与一般感知活动相区别的根本标志就在于观察的目的性。科学观察必须以明确的目的性为基点，使观察的整个过程有目的、有计划、有步骤地进行。实践证明，观察者对观察的目的、任务越明确，对观察对象的反映就越清晰、越完整，观察的效果就越好。

（二）观察的客观性

客观性原则要求观察者以实事求是的科学态度和严肃、严格、严密的科学精神开展观察研究，切忌在观察研究过程中掺杂个人的主观倾向性，以保证观察所得事实材料的真实性和结果分析的科学性。

（三）观察的全面性

全面性原则要求观察者对研究对象进行周密、全面、系统的观察和分析：在空间分布上，全方位观察研究对象的各个方面；在时间演化上，系统地观察研究对象变化发展的各个阶段和发展的全过程；在内部结构和外部关系上，动态地观察研究它的整体特征和它在周围环境或更大系统中的表现。

（四）观察的典型性

教育现象是复杂多样的。研究者不可能对某一类事物或现象的全体逐一进行详细观察。因此，研究者要从该类事物或现象中选取最能代表其一般情况的典型作为观察研究的对象。选取的典型一定要有代表性，符合该类事物或现象的整体情况，切忌以偏概全。

二、教育观察研究的实施步骤

运用教育观察研究方法开展教育研究，一般来说，可分为观察前的准备、实际观察、观察资料的整理与分析、观察报告的撰写四个步骤。

（一）观察前的准备

做好观察前的准备工作，是进行科学观察的基础。准备工作的好坏是观察研究成败的关键之一。准备工作包括以下四项内容。

1. 明确观察目的和观察范围。

观察目的是根据科研任务和观察对象的特点而确定的。为了明确观察目的，应做大略的调查和试探性观察，目的不在于系统收集研究资料，而是了解基本情况，以便确定观察的目的，也就是确定通过观察需要获得什么材料、弄清楚什么问题。在此基础上，才能确定观察范围、选定观察重点、制定实施计划。

例如，进行中小学班主任有关政策的可行性研究，就需要对班主任的工作情况进行了解。在初步调查和试探性观察的基础上，确定观察的目的是弄清楚班主任的工作时间量和复杂程度，那么，观察的范围就包括不同年级段、不同年龄段、不同性别、不同工作风格等各类具有代表性的班主任每天的工作时间量和班主任工作的复杂程度。

2. 制定观察计划与观察提纲

（1）观察计划的制定。确定了观察目的，又收集了有关观察对象的材料，并进行了试探性的观察后，就应深思熟虑地制定出观察计划。观察计划是教育观察研究实施的蓝图，是确保教育观察有目的、有计划、有步骤地进行的指导性文件。因此，必须从实际出发，深入思考，制定出切实可行的观察计划。在制定观察计划时，要根据观察目的和观察范围确定在何时何地观察、采用何种方式观察、通过何种途径观察、使用什么技术手段记录观察结果等一系列问题。观察计划的具体内容应包括以下几方面：①观察的目的及任务；②观察的对象和范围；③观察的内容及重点（一般来说，重点不能多，范围不能太广）；④观察的途径（是通过访谈还是听课，或是实地参观考察，或是参与有关活动进行观察）；⑤观察的方法及地点；⑥观察的步骤及时间安排（观察如何进行，包括观察的次数、程序、间隔时间、每次观察持续的时间等）；⑦观察的注意事项（根据观察的特点，列出为保持观察对象常态的有关规定）；⑧观察的辅助工具（包括记录表格的设计、速记符号的编制、有关的参照标准的统一、观察仪器的准备等）；⑨观察人员的组织分工；⑩观察中的应变措施。

制定的观察计划应符合实际情况，条理要清楚，表述要明确具体，要有指导性和可行性。观察计划的执行也不是绝对不变的，有时在观察过程中发现了新情况、新问题，或者是原定的观察计划与实际情况不相符合，就要根据需要，对原定的观察计划做适当的调整与补充。因此，制定观察计划应留有余地。

（2）观察提纲的拟订。为了有效地搜集资料，必须草拟观察提纲。观察提纲以纲要的形式将观察的项目内容具体化。观察提纲既可放在观察计划中，作为其中的一部分；也可以从观察计划中分离出来，作为一个相对独立的文本。

研究者在拟订观察提纲时，要先查阅有关资料，弄清有关变量的内涵，掌握相关的理论知识，然后结合观察对象的基本特征和具体情况进行分析，制定出观察提纲。

拟订观察提纲时，要将观察的具体内容分类列入观察提纲。观察提纲一般应包括以下内容：①谁：行为者与行为对象；②什么地方：行为或事件发生的场景、地点；③什么时候：日期和具体起止时间；④什么事：行为或事件的性质及类型；⑤怎么样：行为或事件的具体经过及表现；⑥为什么：思考判断行为或事件的原因。

3. 准备观察所用的辅助工具

（1）观察仪器。如果观察要借助仪器，就必须事先对仪器进行检查、安装、试用，以及使用的安排。

（2）记录表格。为了便于迅速、有条理地记录所观察到的情况，以便日后整理和运用，在准备工作阶段就要制定有关的观察记录表格。

观察记录表因研究目的、观察方式、记录内容不同应有所不同。观察记录表的设计要使观察记录简约化、精确化、条理化和便利化，减少记录时间，以确保观察者把注意力始终集中在观察对象上。同时还要使观察记录得来的资料具有数量化特征，使观察结果清晰明确，便于整理和分析。

（3）记录方法。目前常用的记录方法有以下几种。①等级式。观察者对所观察的现象评定等级，并在事先编制的表格上按级记录。②频率式。观察者将规定的观察对象的表现编制在记录表上，凡出现某种表现就在这种表现所对应的空格中画一次符号，例如，5次即为"正"。③实录式。用笔记的方法在现场做连续记录，也可运用录音机、摄影机将现场摄录下来。④是非式。在表格相应的栏目中画上"√"表示"是"，画上"×"表示"否"。⑤代码式。所谓代码就是在一定的行为或现象与符号之间建立对应关系。常用的代码符号有数字型和符号型两种，也就是用一些数字、字母、符号等表示一定的现象和行为单位。例如，数字代码：1——听讲；2——笔记；3——提问；4——回答；5——练习；6——讨论。符号代码：○——表情丰富；◎——有些表情；●——无表情；△——思维敏锐；◇——主动思考；▽——思维迟钝；☆——做游戏；♀——跳绳；□——跳远；×——错误行为。

4. 训练观察人员

在观察过程中，任何未经严格训练的观察人员有可能在观察、记录的过程中产生错误，所以，有必要在搜集观察资料之前对观察人员进行挑选、训练。培训主要包括：准确理解观察研究目的，熟悉所用的观察方法和观察技巧，对观察过程中发生的意外事件能够处理，学会快速、准确地记录观察结果等。在必要情况下，应在知识培训的基础上进行实践培训。

（二）实际观察

1. 获准进入观察对象群体

这是观察研究十分重要的一步。因为无论是参与观察还是非参与观察，都有一个得到观察对象群体接纳的问题。如果观察对象群体对研究人员抱着拒绝、敌视的态度，那么观察活动就无法正常进行。通常在这一环节，研究者要做好如下三件事：①备有可信的证明文件，使观察对象相信研究者具有合法的身份与合理的研究目的；②了解观察对象的风俗、习惯等文化背景，使研究者消除"陌生感"；③建立友善的关系，使观察对象接纳观察者，乐于为观察者提供必要的研究条件。在这方面最便利的办法是寻找一个与观察对象有良好关系的"中间人",通过他的介绍安排,使双方关系融洽起来,达到很好的合作。

2. 按计划进行观察

实际观察应尽量按计划进行,不要轻易更换观察的重点、超出原定的范围,否则容易导致偏离原定的观察目的。如果原定计划确实不妥,或观察现象有所变更,则应按计划中的应变措施或实际的变化情况随机应变,但目的只有一个,即力求圆满地完成原定任务,尽可能取得最好的成果。

3. 因人、因事而异地通过各种途径进行有效的观察

一般的途径有以下几个方面:①参观,这是常用的观察形式;②听课,这是最经常、最基本的一种教育观察形式;③参加活动,包括各种内容、各种范围、各种形式、各种层次的集体活动,这是最丰富、最广阔的观察形式;④列席会议;⑤结合个别谈话、召开座谈会等形式的调查方法进行观察。

4. 做好观察记录

在观察的同时,应做好必要的记录。

5. 进行实际观察时必须注意的事项

(1) 选择最佳观察位置。位置的选择包括两个因素:方位和距离。方位是指观察者从什么角度面对被观察者;距离是指观察者和被观察者之间的远近。最佳位置标准是:第一,保证被观察的现象能够清晰地落在观察者的视野内;第二,保证被观察者保持常态,不受干扰。

(2) 善于辨别重要的和无关的因素。根据科研任务,把注意力集中到能获得有价值材料的重要因素上去,不为无关的、次要的因素所纠缠,提高观察效率。

(3) 善于抓住引起各种现象的原因。每一种现象的出现,都要能找到引起现象出现的原因,使获得的观察材料具有科研的价值。

(4) 善于抓住观察对象的偶然的或特殊的反应。虽然能说明本质问题的是一贯性的东西,但是全面正确地了解问题,偶然的或特殊的东西不是无足轻重的,它对于研究问题的动向,更具启示意义。

(5) 善于与观察对象建立良好的关系。在教育科研中,观察对象往往是人,因此在观察中观察对象的陌生感容易改变其常态,良好的关系有利于保持观察对象的正常状态。

(6) 善于在观察中进行思考与自我反思。研究者应该积极思考,运用一

定的理论对观察到的现象进行初步的分析，发现各种现象之间的联系。此外，还要对观察活动进行自我反思。反思的主要内容是：反省自己的思维方式；分析自己的观察角度、记录时使用的语言；反省观察中出现的伦理道德问题；反省自己对研究问题的假设、个人的生活经历、宗教信仰、性别、社会地位、受教育程度等对观察可能产生的影响等。反省的重点是：第一，观察者的推论；第二，观察者的心情；第三，观察者的叙述。

（三）观察资料的整理与分析

1. 对记录的整理

在实际观察结束后，研究者要对观察记录进行整理，使观察记录完整、清楚、准确。具体任务是对记录进行修补。例如，改掉明显错误的地方、补充遗漏的资料等，以确保记录的准确性和完整性。

2. 编码与分类

编码是用分析的概念或者数字、符号对记录的文字进行标注。编码要根据研究的课题来设计。常见的编码有：①过程编码，指对事物过程和状态的编码，其编码名称主要是时期、阶段、步骤等；②活动编码，即对经常发生的活动或者行为按照一定的种类进行的编码；③策略编码，是对人们完成一定任务所用方法、策略的编码，比如对学生的学习策略可以用"浅层次策略""深层次策略"来标注。

分类是在编码的基础上，把同一类编码的资料归拢在一起，装在文件夹里，然后在每一个编码题目的下面，标出资料所在的页码、行数等，并把各处的资料编上序号。

3. 检验核实

研究者亲自观察得来的资料一般比较真实可靠，但有时也有人为的虚假成分。例如，有的学校出于某种考虑做出一些假象来掩饰事实真相，导致观察者观察得来的资料并不准确。因此，研究者要对观察资料进行分析检验。首先，要检查观察资料是不是严格遵循科学方法的程序而获得的。其次，如果资料是用多种方法收集的，则应将不同方法获得的资料进行比较，发现问题可去核实。再次，如果观察是由多人共同完成的，则可将观察者之间所获得的资料进行比较，如有差异，则核实验证。最后，对于较重要的问题要多次反复观察检验，要尽可能保证观察资料的真实性。

4. 分析研究

对观察资料可以进行定性分析和定量分析。定量分析一般在观察之后进行，对经过编码分类的资料，运用统计方法进行处理——求平均、求百分比、进行差异检验等。通过数学运算、比较，得出一定的结果。而定性分析则是对研究对象"质"的方面的分析，侧重于分析对象的性质、特点。任何事物都是质和量的统一，事物的质和量是相互制约的。质是由一定量构成的质，量是具有一定质的量。因此，研究者对观察资料既要做定量分析，又要做定性分析，要将二者协调统一起来。

5. 建立扎根理论

所谓扎根理论，是指在经验的基础上建立理论。扎根理论的操作程序是：第一，对资料进行逐级登录，从资料中产生概念；第二，不断对资料和概念进行比较；第三，发展理论性概念，建立概念和概念之间的联系；第四，理论性抽样，研究者不断地就资料的内容建立假设，通过资料和假设之间的轮回比较产生理论，然后使用这些理论对资料进行编码；第五，建构理论，使理论中的概念本身得到充分发展。

（四）观察报告的撰写

在实际观察结束后，通过对观察资料的整理、分析以及理论建构，研究者最后要撰写观察报告。观察报告既是对观察研究全过程的概括总结，又是研究成果的展示，还可对有关工作或人员起到提示、警示、指导等作用。

教育观察报告主要有两方面的特点。一是以对事实直接研究所得的第一手材料为基础，事实材料是报告的主要内容。二是报告必须详细说明研究方法与研究过程：研究者是以什么样的设计思路、针对什么样的研究对象、使用什么研究工具和手段、采用何种具体方法和操作步骤、采集了哪些事实材料、由这些事实材料形成了什么样的认识。这样，既可展示研究的逻辑性、严谨性和结论的科学性，同时也有利于他人作验证性研究。总之，观察研究报告是以确凿的事实和科学的操作方法作为其研究结论的基础的。

三、运用教育观察研究应注意的问题

（一）观察者与观察对象的关系

在观察过程中，当观察对象意识到自己处于被观察状况时，就有可能预先考虑给予观察者以一定的反应，这无疑会影响观察的结果，因此，要求观察者必须与观察对象建立良好的关系。

第一，消除观察对象的疑虑。向观察对象说明观察只是出于研究的目的，没有任何其他目的和动机，同时要说明这是一项自愿参与的工作。

第二，掌握与观察对象沟通的工具与资源。例如，了解并尊重他们的生活习惯与生活背景，学会用他们的语言与他们交谈，从而了解他们的思想、感情及行为。

第三，参与观察对象的各种活动，尽可能为他们提供服务。

第四，尊重观察对象的个人隐私，避免对观察对象的心理伤害。

（二）观察与分析的结合

科学的观察不仅仅是被动地搜集事实材料，更重要的是对事实进行分析研究，找出各种教育现象间的相互联系。因此，在观察过程中，一定要与分析研究紧密结合，也就是要一边观察一边思考。

第一，要摒弃一切先入之见，通过分析研究把观察引向更深的层次。如此循环往复，才能得到高质量的观察结果。

第二，要深思细察，善疑多问，不断提出为什么，在缜密的分析、比较、思考、研究中，提出结论或观点。

第三，要见机行事，及时、敏锐地捕捉观察对象的各种细微变化，从中找出联系，引出新的研究课题和新的成果。

（三）观察能力的训练与培养

要取得满意的观察研究结果，选择好课题、制定周密的计划等固然重要，但更为重要的是观察者必须具有相当的观察能力和观察水平。因此，必须注意观察能力的训练与培养。

1. 培养良好的观察习惯

要勤于观察，乐于观察，精于观察，思想集中，态度认真，作风严谨。要坚持长期、系统、多方面地观察一个或一类对象，或者在日常生活中随时随地观察多种多样的对象，逐步形成良好的观察习惯。在观察中，要注意学会使用各种观察方法，掌握不同类型观察方法的程序、步骤和操作要领，随手做记录。经过长期的观察实践，就会不断增强观察能力。

2. 掌握必备知识，不断积累观察经验

观察能力的培养，必须建立在一定的科学知识基础上。观察者不仅要具备本专业学科的知识，而且要掌握一些相关的学科知识。富有观察经验的"内行"能从一个现象中看出"门道"，而一个"外行"却只能看看"热闹"；"识广"必须以"见多"为前提，但"见多"未必一定"识广"，关键是要不断总结和自觉地积累观察经验。

（四）科研精神的培养

教育观察研究作为一种科学研究实践活动，同样要求研究者必须具有科研精神。不具有科研精神的观察研究者是不可能取得社会认可的研究成果的。

1. 勇于奉献，不畏劳苦

科学的观察研究需要研究者具有忘我献身、不图名利、刻苦耐劳的精神。要求研究者从高度的社会责任感和强烈的事业心出发，由兴趣发展为热爱，全身心地投入到观察研究之中，甘心情愿地把整个身心都献给教育科学研究工作。

2. 坚持不懈，锲而不舍

科学的观察研究不是一次或一时就能取得成果的，观察研究遭到失败，或者出现谬误，或者一无所获，是常有的事。为此，只有坚持不懈，锲而不舍，穷追到底，才能有所发现，有所前进，有所成就。

3. 大胆质疑，实事求是

创造性的科学观察发端于质疑，从这个意义上讲，科学观察就是为释"疑"提供事实的。然而，大胆质疑决非胡乱猜疑，而是要尊重事实，正确反映事实，从事实中引出正确的结论。

4. 虚怀若谷，精细入微

科学观察的大敌是孤芳自赏、自以为是、粗枝大叶、漫不经心。随着时代的进步，教育科学研究的要求将越来越高，观察研究者在观察中更要处处留心、全神贯注，才能明察秋毫，取得成功。

精确、敏锐的观察力以及与科学观察研究相适应的科研精神和其他优良品质，不是生来就有的。天才来自勤奋，才干来自实干。只有不断地实践，才能提高观察能力和水平，形成科学研究的优良品质，获得有价值的观察研究成果。

思考与练习

1. 教育观察研究的主要特点是什么？它有何作用和局限性？
2. 试比较描述记录方法与抽样记录方法的异同。
3. 教育观察研究的设计步骤有哪些？
4. 请根据实际情况设计一次教育观察活动，要求有充分的观察记录工具。

拓展性阅读导航

1. 陈向明：《质的研究方法与社会科学研究》，教育科学出版社2000年出版。

该书对质的研究方法进行了较全面的介绍。其中用两章内容对观察法的分类、作用以及不同流派对观察的理解进行了全面介绍。在此基础上，对观察法的实施以及实施过程中的一些技术要求和注意事项进行了全面的分析和介绍。

2. 杨小微：《小学教育科学研究》，北京师范大学出版社1998年出版。

该书介绍了小学教育研究中涉及的各类主要的研究方法。其中教育观察法一章介绍了教育观察法的含义、特点和功能，并详细解释了教育观察法的步骤，最后介绍了小学教育教学实践中观察法的综合实施策略和典型案例。

第四章
教育调查研究

第四章 教育调查研究

本章学习要点

- 教育调查研究的意义、特点与步骤
- 问卷编制的一般程序及设计问题时应注意的问题
- 访谈调查研究程序与应用技巧
- 测量调查研究的基本要求

第一节 教育调查研究概述

一、教育调查研究的意义

（一）教育调查研究的概念

教育调查研究是指教育研究者围绕一定的教育问题或教育现状，运用问卷、访谈、测量等方法，有目的、有计划、有系统地搜集有关事实材料，并进行整理分析，从中弄清事实现状、趋势与规律的教育实践活动。

教育调查研究既要调查——搜集资料，又要研究——整理分析资料，得出结论。同时，二者又是有机联系的。研究要以调查为基础，通过调查获得的大量第一手资料是研究问题、解决问题的前提和基础，否则，研究就成了无源之水、无本之木；调查要以研究为指导，任何一项成功的教育调查，只有事先对教育现象进行认真研究，提出假设，做出方案，才能进行调查，否则，调查必然是盲目而无益的。

随着我国教育事业的发展和改革的不断深入，教育调查研究显得日趋重要，并广泛地运用在教育科学研究中。它不仅为教育科学研究提供既定研究课题的第一手资料和数据；而且为各级教育行政部门制定教育政策、教育法规和教育发展规划提供重要的事实依据；还有利于教育实际工作者明了教育现状，总结先进的教育经验或发现教育上存在的问题，提出解决问题的新见解、新理论，更好地改进工作，提高教育质量。开展调查研究，不仅是研究的需要，也是了解教育工作对象情况的有效手段。

（二）教育调查研究的特点

教育调查研究是教育科学研究中一种重要的搜集资料的方法，与其他研究方法相比，有自身突出的特点。

1. 调查对象的广泛性

与教育观察研究和教育实验研究不同，在进行教育调查研究时，调查对象的选择可以不受样本容量大小和地理空间的限制，它可以是某个人、某班级或某学校，也可以是某市、某省或某国家教育情况的调查，甚至是跨国的大型调查。另一方面，调查对象的广泛性还表现在，教育调查研究是以活动形态或现实存在形态的教育问题、教育现状为研究内容的，它们广泛存在于教育的各个领域之中。因此，从理论上说，一切教育现象都可以作为教育调查研究的对象来研究。

2. 调查手段的多样性

在进行教育调查研究时，可以采用多种多样的调查手段和方法，如问卷、访谈、列表、测量等。其中每种方法，在不同的情况下可以表现出不同的方式。在具体研究过程中，研究者可以根据课题的大小、性质以及研究者自身的情况选择适当的方法。例如，研究样本较小，可以采用座谈或个别访谈的方式进行；对于规模较大的样本，研究者可以采用邮寄问卷或委托问卷调查的方式进行。如果想调查某单位的各方面情况，可以采用调查表和深入访谈相结合的方式进行。

3. 调查方法的可操作性和实用性

在进行教育调查研究时，要设计出详细、具体的调查方案。在调查方案中，有各种研究变量的操作指标，有根据各种调查方法设计出的调查工具，如问卷、访谈提纲、测验量表及试卷，也有供分析资料用的整理信息和统计的方法，等等。这样在开展调查研究时，调查者就可以依据调查方案进行具体操作，且具有较强的可操作性。另外，教育调查研究在设备条件和控制环境上没有太多的要求。特别是对于数据资料的收集，可以在较大的范围内使用，可以在较短的时间内收集到大量的数据资料，因此有较大的实用性。

基于上述特点，调查研究适用于研究范围较广、涉及面较大、时间较长的教育现象，例如，研究教师或学生心理健康问题、研究学生学习兴趣和效果问题、研究学生的职业取向和价值观问题等。

二、教育调查研究的类型

教育调查研究的分类很多，根据不同的标准，便会有不同的类型。

（一）根据调查目的分类

根据调查目的的不同，可以把调查研究分为现状调查研究、相关调查研究、发展调查研究、预测调查研究等。

1. 现状调查研究

现状调查研究是对目前正在发生、存在或进行的教育现象进行调查并做具体描述，以便了解情况、发现问题、改进工作，如素质教育实施情况调查研究、当代家庭教育情况调查研究、中学生网络生活情况调查研究等。

2. 相关调查研究

相关调查研究是调查研究不同教育现象或教育对象的特点和规律，考察它们是不是有联系和联系的程度如何。例如学习成绩与智力水平关系调查研究、学生学习兴趣与教师教学态度关系调查研究、互联网与品德教育关系的调查研究等。

3. 发展调查研究

发展调查研究是调查对象在不同时间阶段的变化和差异情况。例如学生思维模式随年龄增长而变化的调查研究、中小学生自我意识发展调查研究等。

4. 预测调查研究

预测调查研究是对未来某一时期教育发展趋势和动向做推断和估计的调查研究，如我国办学体制的发展前景调查研究、21世纪素质教育展望等。

（二）根据调查对象的取样范围分类

根据调查对象的取样范围不同，调查研究可以分为普遍调查研究、抽样调查研究、个案调查研究。

1. 普遍调查研究

普遍调查研究是对调查对象总体中的每个个体进行全面调查，如我国普及九年义务教育的调查。这种调查可以全面、准确地了解情况，但往往费时、费力。因此，一般性的教育研究不宜采用。

2. 抽样调查研究

抽样调查研究是从研究对象总体中抽取具有代表性的一部分作为样本进行调查研究，并由样本推断总体的调查研究。例如，全国少年儿童体质状况调查研究，这种调查既节省了人力、物力、财力，又能借样本了解总体特性，因而成为教育调查研究最常用的一种类型。

3. 个案调查研究

个案调查研究是在研究对象总体中只选取一个具有代表性、典型性的个体或群体，进行深入细致的调查和分析。例如关于孤独症儿童的调查研究、"王小刚为什么不上学了——一位辍学学生的个案调查研究"等。

（三）根据调查时搜集资料的方式分类

根据调查时搜集资料的方式不同，调查研究可分为开会调查研究、填表调查研究、问卷调查研究、访谈调查研究、测量调查研究、书面材料分析调查研究、网络调查研究等。在具体调查研究中，这些方式一般要综合运用，往往是以一种调查研究方式为主，其他一种或几种方式为辅。

本章第二、三、四节将分别详细介绍问卷调查研究、访谈调查研究、测量调查研究，这里简单谈谈其他几种方法。

1. 开会调查研究

开会调查研究是通过召开座谈会的方式，在很短时间内，较容易、方便地了解情况，搜集资料的方法。它在调查研究中的使用最为普遍。运用时，要注意以下几方面：①与会者必须是与调查研究课题有关的人员，且代表性要广；②人数不宜过多，每次三五个或七八个左右；③事先要拟好较详细的调查研究提纲，会前发给每一位参会者，并指定专人记录；④要提供一切可能的便利条件，解除参会者的一切顾虑，使座谈会形成舒畅、自然、友好亲切的气氛。

2. 填表调查研究

填表调查研究是由调查者根据调查目的、内容而设计一系列调查项目的表格，以供调查对象如实填写的一种研究方法。填表调查研究和问卷调查研究一样都是调查研究人员用书信或通讯形式收集资料的一种方式。前者偏重于具体事实及数字材料的收集，而后者则偏重于意见的征询。

3. 书面材料分析调查研究

书面材料分析调查研究是通过查阅能正确反映研究对象的书面材料来进行分析研究的一种调查方法。在研究中，通常包括以下几方面的材料：①反映一个地区或一所学校的教育工作情况材料，如工作计划、工作报告、会议记录、规章制度等；②反映教师教育教学工作的材料，如教学计划、教案、教学日记、听课笔记、有关教学经验的文章和材料等；③反映学生学习情况、知识水平、思想品质、心理状态等方面的材料,如各种作业、练习本、试卷、日记、笔记等。

4. 网络调查研究

网络调查研究是利用互联网实施的教育调查研究。随着互联网的普及,网络调查以其独特的优势,逐渐成为一种高效、简便的调查研究方法。与传统调查研究方式相比,它有以下优势:①打破了空间对调查形式的限制,最大限度地节省了人力、物力、财力和时间;②由于网络的多媒体性,调查者完全可以在网上充分调动声音、图画、动画甚至影视手段,使得调查生动活泼、多姿多彩,令被调查者饶有兴致地作答;③调查者可以在网上开发对问卷的自动统计功能,免除了研究者整理问卷的劳累,并保证了统计结果的准确性。

三、教育调查研究的步骤

教育调查研究是一种有目的、有计划的活动。不管是哪种类型的调查研究,都需要有严格的程序。一般情况下,一个调查研究大致有以下几个步骤。

(一) 确定调查研究课题

根据研究目的,确定切实可行、科学明确的调查课题是调查研究的第一步。在确定课题时,由于研究的角度不同,形成的课题也不同。例如,有关儿童的营养问题,可以采用不同的方法从不同的视角去进行研究。如果你想研究目前学生的营养状况,可以对学生的营养水平进行测查,分析学生营养的基本状况,从而了解问题在哪里、如何解决,那么课题便是"学生营养的现状调查",所用的方法便是现状调查研究法;如果你想研究学生营养水平与某些因素的关系,诸如营养和智力的关系,营养与适应能力、体质的关系等,课题便是"学生营养发展与其他因素关系的研究",采用的方法便是相关调查研究法;如果你想研究营养好的学生的形成原因是什么,就可以用因果关系比较研究方法对不同营养发展水平的学生进行比较,课题就是"营养发展水平高的学生的形成原因研究";如果你想研究学生营养水平是否随年龄上升而变化一类问题,那么可以用发展调查研究法,对不同年龄阶段的学生进行纵向比较,课题便是"不同年龄阶段学生营养水平的比较研究"。① 一般情况下，课题的选择不要太大，涉及的范围不要太广，要根据自己的需要和能力确定课题，同时考虑课题本身的科学价值和实际意义。

（二）选取调查研究对象

在调查研究中，调查研究对象的选取是否恰当将直接影响到调查研究结果。选取调查研究对象有两层含义：一是要确定调查研究对象的总体范围，即调查研究哪一类人，是调查研究教师还是学生或家长，所调查研究人群是正常人群还是特殊群体，是哪个地区范围、哪个年龄阶段的人群等；二是调查研究时是采用全体法、抽样法还是个案法，即明确是这一类人中的哪部分人。

（三）制定调查研究计划

制定调查研究计划是调查研究准备阶段的中心环节，其目的是事先对如何实施调查研究做全盘考虑，以便调查研究能顺利进行。调查研究计划通常包括以下内容：课题和目的；对象及范围；时间和地点；方式方法和主要内容；日程安排和实施步骤；各个阶段的注意事项；资料的整理和结果处理方法；报告完成的日期；研究时所用的表格、提纲和资料统计表等。

（四）收集调查研究资料

调查研究中，调查研究者要运用各种方式了解情况，及时记录，资料的收集力求全面、系统、典型、客观、真实。调查研究人员不能违反设计时的意图任意变动调查内容和操作程序，例如，不能挑选自己心目中所希望的学生参加调查，不能随意删改指导语和做一些暗示引导性的解释等。

（五）整理调查研究资料

用各种方式收集来的资料必须加以整理，使之系统化。整理资料的方法应根据资料的性质而定，对叙述性的资料要用明白流畅的文字加以整理；对于数字化的资料要用统计法、列表法、图表法等进行整理。

（六）撰写调查研究报告

资料整理完以后，应当对调查的事实加以分析，探究其特点及原因，在此基础上做出结论，提出意见、建议。结论要准确，突出概括性；建议要切实可行。最后，写成书面的调查研究报告。关于调查研究报告的撰写，将在第十章中作详细阐述。

---

① 参见张民生、金宝成主编：《现代教师：走近教育科研》，教育科学出版社2002年版，第68页。

第二节 问卷调查研究

一、问卷调查研究的特点

问卷调查研究是调查研究者把课题分解为若干具体问题，按一定规则，编成统一的问题表格即问卷，发给所有调查对象填答，然后及时回收整理、分析，得出结论的一种研究方法。它是教育调查研究中最基本的研究方法，与其他方法相比具有以下特点：

（一）面广、信息量大

问卷调查研究是一种以问卷为工具，要求书面回答的形式。它能同时面对众多调查对象，可以在较短的时间内收集到大量的资料；不仅简便易行，省时省力，而且研究的内容几乎不受限制，既可以是内隐的思想、观点、看法，还可以是外显的行为举止。

（二）程序标准化

问卷调查研究一般是标准化调查研究，即按照事先严格编制好的、有一定结构的问卷进行调查研究。一般来说，同一份问卷对不同性别、地区、文化水平的调查对象提出问题的形式都是相同的；调查双方无须通过正面的语言交流，调查对象可以按照统一要求做答，不受调查者主观意识左右；问卷结果也可以用预先准备好的统计分析方法做标准化处理。

（三）对象的匿名性

问卷调查研究往往不以面对面的形式出现，调查对象也常常能以无记名方式填写问卷。由于匿名，调查对象就减少了种种顾虑和障碍，对于某些敏感性的问题也敢于真实回答，充分地表达自己的意见，保证所得材料的客观性和真实性。

由于问卷调查研究的这些特点，所以它在调查研究中被广泛使用，但它也有其不足之处，如回收率低；研究者无法控制调查对象填答的环境，有可能会出现代填或商量填写及弄虚作假、随意敷衍等情况，使所得资料的质量难以保证。

要充分发挥问卷调查研究的特点，避免其不足，就必须精心编制问卷，科学实施和分析问卷。

二、问卷的编制

（一）问卷的格式

问卷的格式，通常有两个层次上的理解：一是指问卷的整体格式；二是指问题格式。问卷的整体格式，是指问卷的整体结构及其各部分间的组合方式。一份完整的问卷，一般包括标题、指导语、问题与选择答案四部分。

1. 标题

它是对调查内容简要概括的反映。

2. 指导语

主要说明调查的目的与意义，被调查对象回答问题的重要性，关于匿名的保证和调查者的组织名称或个人身份。目的是争取被调查者的积极参与和合作。另外，指导语还需要对问卷的回答做出说明，是问卷中用来说明回答的方法、要求、注意事项和解释某些调查项目的含义的部分。目的是指导被调查者正确填写问卷，以保证调查结果的信度和效度。

3. 问题与选择答案

问题与选择答案是问卷的主要组成部分。它是根据调查内容和调查项目设计的所有问题。问卷中的所有问题要切合主题、针对主题，不管是开放式问题还是封闭式问题，都要具体、清晰、客观、通俗易懂。它是获得所需材料的关键部分。

（二）问卷编制的一般程序

问卷的编制是研究者根据调查研究目的和需要编写问题、形成问卷的过程，大致有以下步骤。

1. 根据调查目的，建立理论框架，即确立总体目标体系

例如，我国学者所进行的中小学生需要的调查研究。研究者在明确"需要"内涵的基础上，根据中小学生实际情况，把需要分解为生理和物质生活需要、安全与保障需要、交往与友谊需要、尊重与自尊需要、课外活动与精神生活需要、学习与成才需要、奉献与创造需要，从这七个方面的需要建立起该问卷的理论框架。

2. 围绕目标体系把研究问题具体化

即把大问题逐层分解为一个个小问题。

3. 征求有关人员、专家的意见

进行小范围试测，以检查问题内容是否合理，表述是否能得到对象理解，问卷的难度、分量、顺序是否合适，然后再加以改进。

问卷的编制工作完成后，就可以按计划发放问卷，进行正式调查研究。

三、问题的设计

问题是问卷的中心，问题的设计关系到问卷的科学水平。因此，在设计问卷的问题时必须考虑以下几方面。

（一）问题的内容

问卷中的问题可以分为事实性问题和态度性问题两大类。

1. 事实性问题

事实性问题包括两部分。一是有关个人的基本资料，如性别、职业、教育程度。二是实际行为事实，它是已发生的或经过的行为或事件，如"老师是否经常向你提问？""作业是否按时完成？"等。这些行为或事件，有的是调查对象本人的，有的是他人的。总之，调查对象是知情人，要求他实事求是地回答清楚，以便了解事实。

2. 态度性问题

态度性问题有两个层次。一种是有关意见、看法、体会之类的问题，如"你认为上课讨论是有效的方法吗？"一种是有关人生价值或人格方面的问题，如道德观念、信仰、世界观以及为人处世的特点这类问题。"意见"是人们对事物暂时性的看法，"价值"或"人格"则属于人们对某一事物深层而持久的认识。

不论事实性问题还是态度性问题，问题的内容要符合调查研究的目的和假设。所列项目对调查研究应有较好的覆盖面，供选择的答案要比较全面地反映所要研究问题的主要方面，而且不交叉、不重叠。

（二）问题的形式

根据调查内容及调查研究的需要，问题可分为三种形式，即开放式、封闭式和综合式。

1. 开放式

开放式问题只提出问题，不提供答案，答案由调查对象自由做答。例如，"孩子犯了错误后，你怎么办？""你为什么选择现在的专业？"开放式问题设计比较容易，允许调查对象自由发挥，能较完全暴露其真实想法，适用于研究较深层次的问题。但由于答案复杂多样，答案之间可比性较低，不易进行统计分析。问卷中开放式问题数量不宜过多。

2. 封闭式

封闭式问题是研究者提出问题的同时，提供与该问题相应的若干可供选择的答案或者对填答方式做出规定、限制，要求对象选择填答或做出记号。这类问题答案标准化，调查对象回答简便快捷，易于统计处理。在问卷中，封闭式问题一般为多数，但设计难度大，缺乏灵活性和深入性。

设计封闭式问题可以采用多种方式。

（1）是否式。在问题后面提供是或否、正或误等两个答案，要求从中择一。

例如：你认为学生必须服从老师吗？（　　）

A. 是　　　　B. 否

（2）选择式。从提供的多种答案中选择一个或几个答案。

例如：双休日你用去时间最多的是（　　）

A. 看电视　　　　B. 做作业　　　　C. 上网

D. 参加文化补习　　E. 外出活动　　F. 参加其他培训

（3）排序式。在每个问题后面列出多种答案，要求按一定标准填写其先后顺序。

例如：请将下列电视节目，依你喜欢程度，由1到8排列：

（　　）人与自然　　　　　　（　　）今日说法
（　　）百家讲坛　　　　　　（　　）当代教育
（　　）新闻调查　　　　　　（　　）音画时尚
（　　）同一首歌　　　　　　（　　）经济半小时

（4）等级式。备选答案是由具有等级意义的词汇或数字形式构成的问题，要求对象在提供的等级中做出选择。

例如：你认为家长的文化程度对孩子学习成绩的影响：

A. 非常重要　B. 比较重要　C. 一般　D. 不太重要　E. 不重要

（5）表格式。适用于一连串问题的问答。

例如：下表是对学校教学工作满意程度的问卷。

等级 项目	①很满意	②满意	③不满意	④很不满意
①学校的办学方向				
②学校的常规管理				
③学校的教学质量				
④教学的设备、设施				

3. 综合式

又称半封闭式,它是前两种形式的组合。综合式问卷以封闭式问题为主,根据需要加若干开放式问题。它可以充分发挥开放式问题和封闭式问题的优点,尽可能克服它们存在的问题,所以在问卷设计中被普遍采用。

例如:在义务教育阶段,培养学生的数学素质涉及的内容应包括:

A. 学习基本知识　　B. 训练基本技能　　C. 培养基本能力

D. 培养学习态度　　E. 其他_____（请自己填写）

(三) 问题的表述

问题表述不当,往往会影响问卷的质量。为了使调查对象正确理解问题,问题表述必须符合以下一些基本要求。

1. 简明扼要,通俗易懂

问题表述力求简单明了、具体,易于调查对象理解。首先,要避免使用笼统、抽象的概念和专业术语。例如,"你赞成中学会考采用标准分数吗?"在这个例子中,"标准分数"是教育统计学专用词,不是所有人都懂的,应尽量少用。再如,"你的学习习惯好吗?"这里的"学习习惯"欠具体,过于笼统,不如分解为"你预习课文吗?""你做笔记吗?""你的作业当天完成吗?""你不懂就与同学、老师商量吗?"其次,一个问题只能问一件事,不应包含两种以上内容的提问。例如,"你的家庭关系和睦、气氛活跃吗?"这样会使对象无法选择。再次,避免使用双重否定。例如,"你是否认为儿童没有不想学好的?"由于双重否定题意隐含,易造成误解。因此,设计问题时最好能把题意直接显示出来。

2. 保持中立

提问时要客观、谨慎、立场中立,问题不带倾向性和诱导性。例如,"大多数教育工作者认为体罚有碍于儿童身心发展,你同意吗?""大多数教育工作者"是一个权威群体,无疑会使问题带有诱导性和倾向性。

3. 措辞委婉

在问题设计中，常常不可避免地要涉及一些与社会规范、道德品格或与个人利害有关的敏感性和窘迫的问题。对这类问题尽量不要问得直截了当，要讲求礼貌、委婉，可以采用间接、假设提问等方式，消除调查对象本能的自我防卫心理或厌倦反感情绪，激发其回答问题的兴趣和热情。例如，要调查学生参与"赌博""酗酒"等情况，这些词就不宜在问题中出现，对于"你是否赌博"可改为"现在一些同学中间流行用扑克、纸牌等定输赢，你是否也喜欢玩这些扑克、纸牌？"再如，"假如你期末考试成绩不理想，你会怎么看待这个问题？"

（四）问题的排列

问卷是由问题组成的，一份问卷往往有几十个问题，这就必然涉及如何安排这些问题的次序问题。问题排列的基本原则是先易后难，由浅入深，具体要考虑以下几方面。

——容易回答的问题、人们感兴趣的问题放在前面，不易回答的或生疏的问题放在后面。

——事实性问题放在前面，知识性、意见性问题放在后面。

——封闭性问题放在前面，开放性问题放在后面。

——带有时序性问题应按时间顺序来排列。

——同类性质或内容的问题应尽量排列在一起。

总之，问题的内容要合理、全面、适宜，问题的表述要简洁、易懂，问题的排列分类要清楚、层次要分明，前后一致、彼此衔接。另外，问题的数量要适度，一份问卷做答时间一般以30~40分钟为宜。问题太多，回答者易产生厌倦情绪，不予回答；问题太少，又得不到完整的材料，以致影响到研究结论。

四、问卷的使用和分析

（一）问卷的使用

问卷的使用主要体现在问卷的发放和回收上。问卷的发放和回收有三种形式：当面发放、邮寄发放、有组织发放。

1. 当面发放

这种方式有情感交流，易取得调查对象的合作，不明白的地方也可以当面解释清楚，回收率高，但取样范围数量有限。

2. 邮寄发放

邮寄发放简便易行、省时省力。采用邮寄方式普遍存在的问题是回收率低。要解决这一问题，除了在问卷编制和问题设计上下工夫外，还需在问卷寄出后打催促电话或发催促信，问卷回收后要当即回信表示感谢。

3. 有组织发放

通过一定渠道把问卷有组织地分发给调查对象，这种发放方式迅速、回收率高。随着互联网的发展和普及，网上公布调查问卷也成为问卷发放和回收的一种新形式，它简便快捷，便于统计，应用也将会越来越广。

（二）问卷的统计分析

问卷回收后，要做的工作就是统计分析。

首先，要统计问卷的回收率和有效率。一般来说，回收率如果仅为30%左右，资料只能作参考；50%以上，可以采纳建议；当回收率达到70%或以上时，方可作为研究结论的依据。因此，回收率一般不少于70%。① 统计公式如下。

$$回收率 = \frac{回收问卷的数量}{发放问卷的数量} \times 100\%。$$

$$有效率 = \frac{有效回收问卷的数量}{回收问卷的数量} \times 100\%。$$

其次，要对问卷中所有问题的回答分类统计。

最后，根据统计结果，对资料进行定性和定量分析。这是问卷调查研究中除问卷设计外最关键的一步。对资料的分类整理和分析，可参见本书第九章：教育研究资料的整理与分析。

第三节 访谈调查研究

一、访谈调查研究的概念和特点

（一）访谈调查研究的概念

访谈调查研究是以谈话为主要方式来了解某人、某事、某种行为或态度

---

① 参见裴娣娜编著：《教育研究方法导论》，安徽教育出版社1995年版，第176页。

的一种调查研究方法。访谈不同于日常谈话，它是有明确的目的、有一定的规则的研究性交谈，而日常谈话则较为随意松散。但是，在研究中往往是从日常谈话入手逐渐导入访谈的。访谈可以采用"一问一答式"，即事先准备好一定顺序的题目，逐个提出问题请对象回答；也可以采用"自由提问式"，即访谈双方在自然、亲切的日常接触中进行谈话。

访谈调查研究广泛应用于教育调查、求职、心理咨询等领域，更多用于个别化研究。它既可以对事实进行调查，也可以对意见进行征询。访谈可以作为一种独立的研究方法，也可以作为其他研究方法收集资料的辅助。

（二）访谈调查研究的特点

与其他研究方法相比，访谈调查研究具有自己独特的特点。

1. 信息来源直接、可靠

访谈通常是访谈双方进行直接的口头语言交流。通过对访谈对象的言语、语调、表情、姿态等综合信息进行分析判断，可以了解对象的内心活动和思想观念，并且可以直接弄清对象表达不明确的地方，保证访谈信息的客观性和可靠性。

2. 操作过程灵活、深入，有整体感

在整个访谈过程中，访谈双方自始至终都是双向互动的。访谈过程不仅是一种信息交流过程，同时也是一种情感交流过程。访谈者可以根据访谈过程的具体情况，以不同的方式问同样的问题；也可以对访谈者不清楚的问题做详细的解释，还可以随时补充调查内容；对不真实的回答或受访者误解的问题，可以进行追问或引导等。这就使访谈调查较其他方法更具有灵活性、深入性。另外，访谈通常要把事情的来龙去脉搞清楚，它是一个完整的过程，而不像其他方法只能把握片段，难于把片段有机地整合起来。

3. 适用对象范围广

访谈不受书面语言文字的限制，除聋哑、口吃等有语言障碍的人外，无论受访者年龄大小、受教育程度如何，访谈者都能获得所需信息。特别是向儿童或文化程度低的人做调查时，访谈调查甚至是主要的手段。

4. 成功率较高

由于访谈是面对面的交谈，人情味浓，拘束少，容易谈得深入，拒绝回答者较少，所以只要能找到访谈对象，耐心地与之交谈，几乎都能得到所需资料，其回收率要高于问卷调查。

尽管如此，访谈调查也有它的不足，如样本小、耗时多、标准化程度低，难以统计分析等。有时如果受访者不积极合作，或存在"戒备"心理，或说话留有余地，就会影响信息的真实程度。

二、访谈调查研究的类型

根据不同的标准，访谈调查研究可以划分为不同的类型。根据访谈是否有严格计划可分为：结构型访谈和非结构型访谈；根据访谈双方接触方式的不同可分为：直接访谈和间接访谈；根据每次访谈对象人数的不同可分为：个别访谈和集体访谈。

（一）结构型访谈和非结构型访谈

结构型访谈也称标准化访谈，是严格按事先拟定的访谈提纲提问，并要求受访者按规定标准进行回答的一种方式。这种方式最显著的特点是采用共同的标准程序，即选择被试者的标准和方法、访谈中提出的问题、提问的顺序以及记录方式都是统一的。因此，它能够对整个过程加以控制，所得资料便于统计，但不利于充分发挥双方的积极性、主动性。这种类型的访谈，常用于正式的较大范围的社会调查。

非结构型访谈也称自由式访谈，是按一个粗线条的访谈提纲或某一主题，由访谈者与受访者自由交谈来获得信息的一种方式。这种方式弹性大，答案不限范围，能灵活地转换话题，变换提问顺序，便于开拓问题的深度和广度。在心理咨询和治疗中常用这种类型。

（二）直接访谈和间接访谈

直接访谈是访谈者与受访者面对面的直接交谈。访谈者不但可以收集到受访者的言语信息，还可以观察到他的表情、神态、动作等非语言行为，便于掌握更详细的资料。

间接访谈是访谈者借助书面问卷、电话、网络等工具或媒介进行的访谈。这种访谈跨越时空，省时、省力、费用小、保密性强，回答较真实，但访谈范围受到限制。例如，网络访谈对象目前多为年轻人和中年人。

（三）个别访谈和集体访谈

个别访谈是访谈者与受访者一对一的面谈，这种方式双方有更多的交流、沟通机会，利于受访者畅所欲言，深入表达。它是访谈调查中最常见的形式，常用于个案调查中。

集体访谈即通常讲的开调查会、座谈，是研究者召集一定数量的调查对象就调查主题征求意见的交谈。集体访谈过程不仅是访谈者与被访者之间相互作用的过程，也是受访者之间的彼此启发、相互影响的互动过程。这种访谈收集到的资料更全面可靠，它是教育调查研究中一种常用的方法，但对于涉及个人情况或敏感性的问题不宜采用。

除上述分类外，访谈调查还可根据对同一访谈对象进行访谈的次数分为一次性访谈和重复性访谈；还有特殊类型的访谈，如儿童访谈、电话访谈、网络访谈等。总之，访谈的类型多种多样，要根据研究的需要灵活运用。

三、访谈调查研究的程序与技巧

访谈调查研究是有目的、有计划、有规则的研究性交谈，其过程一般有四个步骤，即访谈准备、预访、正式访谈、访谈后工作。

（一）访谈准备

1. 选择访谈方法

运用哪种方法进行访谈要根据访谈目的、内容而定。如果要对某一问题进行系统调查，应选标准化访谈；如果是为了进行探究性研究，则可选非标准化访谈；若要对某问题进行深入细致的调查，宜采用个别访谈；若要迅速了解多数人对某一问题的看法，则宜采用集体访谈。

2. 选择访谈对象

访谈对象作为访谈资料的提供者，会直接影响访谈的质量，因此，选择访谈对象必须慎重。首先，访谈对象应是对所访问题最了解、最具有发言权的人。其次，要尽可能地了解访谈对象。不同的访谈对象，其兴趣、爱好、知识结构、语言表达方式等都可能不同。对访谈对象的基本情况，了解越清楚，选择时就越有针对性，对访谈者也会有很大帮助。

3. 拟订访谈提纲

访谈提纲是访谈者根据研究课题确定的准备交谈的问题，它是粗线条的，列出要了解的问题要点和内容范围。它规范着访谈过程，在具体操作时可以灵活使用，进行适当修改和调整。

4. 与访谈对象协商相关事宜

成功的访谈建立在双方事先就有关事宜已经达成共识的基础上。访谈前要定好访谈时间、地点，尽量以对方方便为主。同时要准备好相关材料和证件，如访谈提纲、记录本和笔，有时还需要录音机、摄像机等。另外，单位的证件和个人的证件也是访谈时经常要用的，特别是对对象不熟时更不可少。

（二）预访

预访是双方直接接触后、在正式访谈前用来融洽二者关系的谈话。双方能否建立良好的人际关系，会直接影响到访谈的进程和质量。作为访谈的主动方——访谈者，应自然亲切地称呼受访者，诚实表明自己的真实身份，直接说明访谈的目的、意义、内容及受访者意见的重要性，争取受访者的支持和合作。如果见面后对方正在做事（如做作业、看电视）或存有戒备时，访谈者可寻找与被访者的共同点或从对方熟悉的事情、关心的社会问题等谈起，从题外到题内，等到谈话投机，再转入正题。

例如：访谈者在约定的时间走进中学生强强的家，强强刚看完电视。

访谈者：噢，是武打片呀，什么名字？

强强：是《小李飞刀》，可好看了！

访谈者：古龙的作品是很精彩。

强强：（惊喜地）你也喜欢看武打的，太好了。

访谈者：以后有时间我们切磋一下。现在言归正传，好吗？

访谈在愉快的气氛下开始了。[①]

（三）正式访谈

在访谈各项工作准备妥当后，就可以进行正式访谈。在正式访谈中，访谈者应努力营造一个融洽和谐的气氛，让访谈对象感到无拘无束，然后可以很自然地按预定计划进行访谈。

1. 要发挥提问技巧

提问是整个访谈的核心，问题提的好坏与研究质量直接相关。提问时应发挥如下技巧。

（1）问题要清楚、具体、开放。例如，"你今天是几点钟到校的？""昨天语文课上发生了什么事，当时老师是如何处理的？""你觉得每天在学校学习生活怎样？"

（2）提问的方式多种多样，可以开门见山，可以投石问路，可以顺水推舟，可以顺藤摸瓜，可以借题发挥或迂回曲折。访谈者应根据受访者实际情况，选择恰当的提问方式。

（3）提问词语应言简意赅，通俗易懂，不要使用过于艰深的书面用语和专业行话。

[①] 白芸著：《质的研究指导》，教育科学出版社 2002 年版，第 52 页。

(4) 提问时,问题要一个一个地问,从内容简单的事实性问题逐步过渡到较复杂的问题。

总之,提问的方式、词语的选择以及问题的内容、范围应适合受访者的身心发展程度、知识水平和谈话习惯,要让对方听懂。

例如:在调查女童辍学原因过程中对一位母亲的访谈。

访谈者:您的女儿不念书了,您觉得可惜吗?

母亲:不可惜呀,丫头念上三两年就行了。

访谈者:让您的丫头把小学念完,好不好?

(访谈者将"女儿"一词改为"丫头")

母亲:(面带怒气地)那不行,丫头大了不能念了!

(为了缓和气氛,访谈者换个话题)

访谈者:您平时看电视吗?

母亲:不看,也看不懂人家在干啥。

访谈者:那,您丫头看电视吗?

母亲:(马上高兴地)看,她看得懂。她还给我讲。

访谈者:那么,她为什么看得懂?

母亲:(想了想)呃,她念了书呗。

访谈者:看来念书是有用的,是吧?

母亲:当然了,她脑子聪明,报纸也能看,还借回书看呢!

访谈者:既然念了书好,您要是让她继续念,将来就更有出息呢!

母亲:念书是好,但她不能再念了!念了书谁做饭?①

2. 要耐心、积极、有感情地听

如果说"问"是研究者所做的最主要的有形工作,那么,"听"就是一项重要的无形工作,因为它决定着接下来问的方向和内容。对于访谈者来说,在倾听时要遵守两条基本原则:一是不要轻易打断对方的谈话,二是要学会沉默。虽然在谈话中访谈者要根据主题来引导对方,但对方说话时,也有自己的逻辑和动机,有表白的需要,有时尽管跑题了,也一定要耐心倾听,让对方将自己的内心想法或情绪都宣泄出来。受访者只有在访谈者不间断的积极的关注中,才能充分自由交谈。当受访者沉默时,访谈者不要急于打破这种状态,而是要具体分析判断其原因,是无话可说还是不知从何说

---

① 白芸著:《质的研究指导》,教育科学出版社2002年版,第54页。

起,是不好意思还是有意拒绝回答,是思想开了小差还是在深入思考。访谈者应以平和的心态,在沉默保持一段时间后,进行试探性地询问和提醒。

3. 不要给予任何评价

访谈者对所提的问题要保持客观、公正的立场。当受访者对问题不理解或理解错了,访谈者可以重复,也可以适当做些解释,但不能给予暗示。尤其是涉及不同观点或是有争议的问题,访谈者更应保持中立的态度,无论受访者回答对与错,都不宜做肯定或否定的评价,不发表见解,不表示批评、惊讶、赞成或不赞成的态度,只能做些中性的反应,如"我明白你的意思了""请继续说"等,以鼓励对方把话说下去。同时还要善于察言观色,注意非语言交流。因为在访谈中,除语言交流传递信息外,服饰、语气、目光、动作、态度等也能表达某种意义。有时它比语言交流更能表现交谈双方的态度、关系及互动状态,可以帮助我们获得一些重要的信息。

(四)访谈后工作

获取资料只是完成了研究任务的一半,还需对访谈资料进行整理分析。采用不同的访谈方式可得到不同性质的资料,结构式访谈通常可以获得数据资料,可用统计方法处理;非结构访谈获得的是描述性资料,对这些资料的处理要做到条理清楚、主次分明、准确分类,便于分析。最后根据研究目的对加工处理过的资料进行深入分析和论证,得出研究结论,撰写访谈报告。

第四节 测量调查研究

一、测量调查研究概述

(一)测量调查研究的基本要素

测量调查研究是用一组测试题去测定教育领域里的事物、现象或活动的某些属性,并对其确定数字信息,从而收集研究资料的一种研究方法。测量调查研究是问卷调查研究的一种特殊形式,它更强调对测量对象的数量化,这是其最明显的特点,也是区别于其他调查研究类型的一个重要标志。在教育研究中,测量调查研究主要用来测量人的内在属性,如心理发展、知识水平、智力、人格品德等。这些现象不能像物理测量那样进行直接的测量,只能从与这些现象有关的因素进行推论。当今教育中的许多问题,如发展学生

智力问题、学生不同层次学习能力的培养与检查问题等,对这些问题的研究,都离不开测量调查,所以测量调查研究是进行教育研究不可缺少的科学方法。

任何测量调查研究都应具备以下三个要素。

1. 单位

这是测量调查研究的基本要求,一般以"分"为单位。但这种单位与物理量具上的单位如米尺上的单位不同。米尺上的1厘米有确定的长度,而测量试卷上的1分只是对此测试有意义。米尺上每一单位长度都具有相等的价值,例如10厘米和11厘米之间的距离与99厘米和100厘米之间的距离相等。而试卷上的10分和11分之间的价值与99分和100分之间的价值就不一定相等。

2. 参照点

在教育测量调查研究中,由于所要测量的属性常常很模糊,不像物理测量的量具有绝对的零点,一般以人为确定的人定零点作为计算起点。参照点一般随其所参照的标准而变化。参照标准主要有两种:常模参照和标准参照。常模参照是根据被试在群体中的相对位置确定成绩高低,如在学科成就测量中,即使得了95分,也不一定是好成绩;如果别人的分数都比自己高,那么95分可能就是最差的成绩。反过来,如果大家分数基本上都在60~80分之间,则85分就可能是高分。标准参照是考查是否达到了预定标准,只要达到标准就算通过。如学业成就测量中,常确定60分为参照点,达到这一分数为"通过",否则即为失败。

3. 量表

测量专家把测量精神属性的量具设计成文字形式的各种试卷、表格,有的以图形符号、操作要求的形式出现,因此又称量表。它是一个具有单位和参照点的连续体,是测量调查的工具。在测量调查中,根据量表的参照点和单位不同,从低级到高级、从模糊到精确将量表分为以下四种。

(1) 类别量表。只分类,不论其他。如研究中用1表示高中生,2表示初中生,3表示小学生。所给数字只有区别事物类别的作用。这种量表只适用于不同类别人数或次数的统计。

(2) 等级量表。不仅分类别,还根据一定标准划分等级。如根据学生学习能力强弱程度,由强到弱分为5级,并分别用5、4、3、2、1表示。等级量表在教育测量中应用广泛。

(3) 等距量表。不仅分出类别、划分等级，而且还要求各数字或等级之间的差距是相同的，即具有相等的单位和人定参照点。用间距相等的分数点表示测量的结果。

(4) 等比量表。除了具有上述量表的特性之外，还有绝对零点。很多物理测量都属于这一类量表，而教育测量由于难以确定绝对零点，因此很难达到这一量表水平，不宜采用。

（二）测量调查研究的种类

一般情况下，常用的测量调查有智力测量调查研究、学业成就测量调查研究、人格测量调查研究等。

1. 智力测量调查研究

智力测量调查研究是心理学家根据智力理论对人的记忆、观察、思维、想象、判断、推理等进行的测量。目的是为了区别人的智力差异、预测人的发展趋势，以便选择人才或诊断学生智力发展情况。目前比较流行的有以下几种智力测量量表。

(1) 中国比纳测验（8~12岁适用）。此量表是比纳—西蒙量表传入我国后经三次修订而成的。它的内容分为语言文字、数目、解题和技巧四类，共51个题目。

(2) 韦克斯勒智力量表。该量表分为幼儿、儿童和成人3种，包括言语和操作两部分。它能全面反映智力的各方面。

(3) 瑞文推理能力测验量表。该量表侧重抽象推理能力，共60道题目，包括五个系列，每个系列12题。测题形式是非文字式图形，被试根据图形的规律进行推理和填补。适用于儿童、青少年或成人，不同性别，个人或团体。

2. 学业成就测量调查研究

学业成就测量调查研究是指用学生成就测验进行的测量调查。目的是测量学生在各学习阶段、各学科的学业成绩，了解其已达到的水平。这种测量调查研究在世界各国的学校普遍采用。它是经过认真编制、有充分依据的标准化测验，又是教师汇编的非正规试题集。学业成绩测量往往结合具体学科而设，如语文测验、数学测验、学校平时的课堂测验，期中、期末考试等都属此类型。

3. 人格测量调查研究

人格测量调查研究是运用人格测量量表进行的测量调查，主要是测量人的性格、气质等个性心理特征和需要、动机、兴趣、态度、价值观、世界观等个性倾向性。如12项个性因素量表，此表是朱智贤教授主持研究编写的，适合我国广大中小学生使用。它把人的个性分成上、中、下三个层次，下层是行为特征，中层是态度体系，上层是价值观念。底层是基础，上层对中层及下层起支配调节作用，并在底层表现出来，底层的行为特征分为情绪、意志、理智三个方面，每个方面包含四种因素，于是就构成12种因素。

二、测量调查表的编制及程序

测量调查研究的关键是有一个高质量的量表。有些量表是现成的，但更多的测量量表是需要自行编制的。这里以学业成就测量调查为例说明测量调查量表的编制及施测过程。

（一）确定测量目的，制定双向细目表

首先，测量调查研究要确定测量目的，即要搞清楚是用于诊断教学以此获得反馈信息，还是区分选择多方面人才，或是建立或检验某种假设。其次，要明确具体的测量目标，而目标的确定，又依赖于对教育目标的分析。为了使测量试题的取样对所学教学内容和教学目标有较好的代表性，既能覆盖教材的全部内容，又能反映各部分内容和目标的相对比重，还应精心编制双向细目表。美国教育家布卢姆的《教育目标分类学》认知部分是分析确定各科教育测量目标的基础。布卢姆将认知领域的教育目标分成识记、理解、应用、分析、综合、评价六个层次。这种分类在我国使用过程中很多人对它加以改造，分为识记、理解、简单应用、综合应用、创见五个层次。双向细目表的另一维是测量调查时需要调查的内容，就是依据调查目的所界定调查的内容范围。表4-1是一个对初中科学课的测量调查研究中使用的双向细目表。

表4-1 初中科学课双向细目表

目标 内容	识记	理解	简单应用	综合应用	创见	合计
生物世界	3	5	6	5	1	20
资源利用	2	3	3	2	0	10
物质与能量	7	9	4	7	2	37
气象	2	4	8	4	0	13

续表

内容＼目标	识记	理解	简单应用	综合应用	创见	合计
宇宙	2	5	3	1	0	12
地球	2	2	2	2	0	8
合计	18	28	30	21	3	100

双向细目表是编制试题的依据。另外，它对决定考试时限、考题多少、考题类型、分数分配、记分方法也起重要作用。

（二）拟定测试题目，编制试卷

拟定测试题目是编制量表中最重要的一步。试题类型有客观题和主观题两大类。客观题包括填空、选择、配对、简答等题型。其特点是：题目覆盖面广，容量大，评分客观，但学生没有做答自由，更无法用自己的语言答出自己的风格。主观题包括证明题、论文题等，这类题允许学生自由做答，但题目覆盖面小，做答所用时间较长，评分难以客观。实际中应根据测量的目的和需要及学科具体情况恰当选用合适题型。一般情况下，一份测试题里，客观题占多数，主观题含量小。不管是哪类题型的试题，编写时都要注意以下几点。

（1）根据双向细目表决定题型并选择试题内容。

（2）各种题型的表述要准确。如简答题常用"列举""指出""简述"等表述，主观题的陈述最好采用"为什么""描述""解释""分析""比较""评价"等。

（3）审查试题题意是否完整明确，试题内容是否覆盖了考试范围内的主要内容且有无知识点的重复，难度是否适中等。

试题题目编好后就可编制试卷。试卷编制最基本的要求是由浅入深，组成梯形结构。同时要编写测量说明，如在卷首写明测验目的、测验时限、做答方法，必要时应举例说明，有时在卷尾写出评分标准等。

（三）实施测量调查

施测阶段最为关键的是要保证测试的条件相同，避免无关因素干扰。如测试环境、测试人员的态度、情感等，尤其是测试规则要严格执行，否则影响测量的可靠性、准确性。

（四）测量结果的解释

教育测量调查的结果是分数，而单纯一个分数没有实际意义。如语文测验中小明得了 80 分，他考得到底怎么样，只有把 80 分与其他考生分数或与规定标准比较才具有实际意义。在进行分数比较时，测试者应考虑到测量分数值的局限性。如语文测验中同样是 80 分的两个学生，其分数值虽然相同，但反映出的水平和存在的问题可能并不完全相同，一个是拼写组词有错误，另一个是写话有失误，两个所失分含义是不同的。所以在解释测量中的分数时，不应当过分夸大分数的含义。

三、测量调查研究的基本要求

为了保证测量调查研究的质量，研究者必须明确测量调查研究的四项质量指标，即信度、效度、难度、区分度。

（一）信度

信度是指测量调查结果的稳定程度、可靠程度，即同一测量量表对同一被试先后施测两次，其测量结果的前后一致程度，或等值的两个测量量表对同一组被试施测结果的一致性程度。每次测量结果越接近、越一致，表明这个测量的信度越高，反之信度越低。例如，用一种智力测验对同一个学生先后实施两次，其结果相近，说明这个智力测验量表是可靠的。假如第一次测量智商是 110，第二次测量智商是 80，则表明这个智力测验的信度较低。为了提高测量的信度，一般情况下，试题题量不能太少，题目难度应适中，测量的内容要尽量保持同质。

（二）效度

效度即测量结果的有效程度，是指测量结果与测量目的的符合程度。效度是针对测量目的而言，测量结果和测量目的相符合，即达到了测量目的，就是一个效度高的测量。否则就是一个效度低的测量。如算术测量的目的是测量儿童的算术能力，如果有生字就可能因识字能力差异影响测量结果。有时同一个测量，对于这个测量目的来说效度高，而对于另一个测量目的，可能就是一个效度低的测量。

在教育测量调查中，信度效度都很重要。信度是对测量的一致性程度的估计，效度是对测量的准确性程度的估计。一致性、准确性的关系可以用射击靶环来说明。假设有 A、B、C 三支枪，对准靶面中心固定位置后各射 9 次，所得结果如图 4-1 所示。

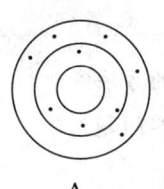 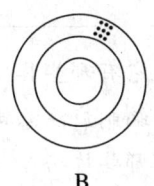 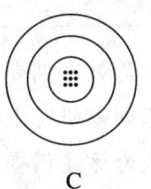

A　　　　　　B　　　　　　C

图 4-1　准确性与一致性的关系

A 枪弹着点十分分散，说明一致性和准确性都不好；B 枪弹着点虽然比较集中，但偏离靶心，说明一致性好，准确性差；C 枪弹着点全部集中在靶心，说明一致性和准确性都好。一个测验或测量工具对于某一个目的具有一定的信度，但并不一定是有效的；而一个测验或测量工具如果对于某一个目的是有效的，那么它一定是可信的。①

（三）难度

难度是指测量的难易程度，一般用平均通过率（P）表示难度值，即：

$$难度值（P）=\frac{答对人数（R）}{被试总人数（N）}\times 100\%$$

$0\leqslant P\leqslant 1$，P 值越大，表明试题难度越小；P 值越小，表明试题难度越大。一般来说，难度值平均 0.5 为最佳。难度值过高或过低，都会降低测验的信度。试题的难度以多大为合适取决于测验的目的。在整个试题中难度梯度要多，以便能把各类水平的分数拉开。

（四）区分度

也称鉴别力，主要指测量对于不同水平的被试加以区分的能力。区分度是测量能否拉开分数距离的重要指标。区分度高的试题，能力强的得高分，能力差的得低分；区分度低的试题，能力强的与能力弱的得分无规律或差不多。试题的难度直接影响区分度，试题过难或过易会造成被试出现都通过或都通不过的结果，这样的试题就无鉴别力，即区分度都很低。反之，中等难度的试题区分度较高。

总之，一个良好的测量应有较高的信度、效度以及必要的区分度和适当的难度。

---

① 参见邵瑞珍主编：《学与教的心理学》，华东师范大学出版社 1990 年版，第 333 页。

思考与练习

1. 什么是教育调查研究？它有哪些具体的方法？
2. 问卷调查研究中问题的编制应注意哪些问题？
3. 你认为访谈调查研究有哪些技巧？
4. 测量调查研究的编制步骤有哪些？
5. 测量调查研究的基本要求是什么？
6. 请你就目前中小学生上网情况，设计一份调查问卷（问题类型包括开放式和封闭式两种），并将该问卷在一定范围发放，进行调查。

1. 张民生、金宝成：《现代教师：走近教育科研》，教育科学出版社2002年出版。

该书对教师开展课题研究的全过程做了全面细致的介绍，其中问卷调查部分具体生动，针对性、实用性强。

2. 陈向明：《质的研究方法与社会科学研究》，教育科学出版社2000年出版。

该书对于当代社会科学研究两大研究范式之一的"质的研究"进行了系统深入的研究，对于观察、该谈方法问题有许多详细的描述和生动的阐述，其中的案例也使该书增色不少。

3. 白芸：《质的研究指导》，教育科学出版社2002年出版。

该书通过大量的研究事例形象地向读者展示了质的研究从研究设计、资料收集和分析到研究报告的撰写这一过程的具体操作方法和技巧。其中教育访谈部分从日常教育活动，引领教师深入教育情境，是实现"教师即研究者"的最佳途径之一。

附录：《情感调查问卷》案例[①]

说明：

1. 本测试题是一些有关情感方面的问题。每个问题都可根据自己的实际情况实事求是地回答。对这些问题的回答只是为了了解你自己的情感特点，因此不必有什么顾虑。

2. 做这些测试题没有时间限制，但对测试题不必多费时间反复考虑，只要根据第一印象选择最符合你实际情况的答案就可以了。

3. 本测试题共81题，务必回答每一个测试题，不要有遗漏。

4. 每一个测试题有三个可供选择的答案（a、b、c），答卷纸上相应地附着三个方格，请把你所选择的答案用"√"填到答卷纸上相应的方格中（不要在测试题上作记号）。

5. 请看清题号和答卷纸上相应的号码，以免发生错误。

测试题（节选）

28. 对教师讲授的概念和规则，你是否能很快地掌握并将其灵活运用到新情境中去？

(A) 是　　　　　(B) 不确定　　　　　(C) 否

29. 学习公式定理，只要知道结论就可以了，对于如何推导你觉得无能为力。

(A) 是　　　　　(B) 不一定　　　　　(C) 否

30. 在学习比较困难的知识时，即使一时不能完全理解，但你相信自己一定能把它学好。

(A) 是　　　　　(B) 不一定　　　　　(C) 否

31. 相信自己已经学会如何学习、如何记忆，可以说是个独立的学习者。

(A) 是　　　　　(B) 不能完全确定　　　　　(C) 否

32. 你善于利用原有的知识去学习新材料，所以学习新材料对你来说总是很轻松、很自信。

(A) 是　　　　　(B) 不一定　　　　　(C) 否

[①] 周家骥编：《教育科研方法》上海教育出版社1999年版，第172～176页。

33. 你是否很善于安排学习时间?
(A) 是　　　　　(B) 不能确定　　　　　(C) 否

34. 在解答一些疑难习题时,你觉得:
(A) 很有把握　　(B) 有时有把握,有时没把握　(C) 没把握

35. 对教科书上还未教的内容,你是否认为靠自学也能弄懂?
(A) 是　　　　　(B) 不一定　　　　　　(C) 否

36. 你遇到难题时,多数依靠:
(A) 自己研究　　(B) 互相讨论　　　　　(C) 请教他人

37. 你是否对学习全力以赴,希望取得最大成功?
(A) 是　　　　　(B) 无所谓　　　　　　(C) 不是

38. 在某个学习任务不能完成时,你觉得:
(A) 很难受　　　(B) 有点难受　　　　　(C) 无所谓

39. 当学习上取得成功时,你觉得:
(A) 很高兴　　　(B) 高兴　　　　　　　(C) 无所谓

40. 当你完成了别人不能完成的事情时,你觉得:
(A) 非常高兴　　(B) 比较高兴　　　　　(C) 无所谓

41. 当你看到别人因成功而受嘉奖时,你会产生一种怎样的心情?
(A) 为他高兴,暗下决心要超过他
(B) 为他高兴,但觉得自己不大可能超过他
(C) 无所谓

42. 你是否经常有意识地学习有关成功的著述,研究他人成功的经验?
(A) 经常　　　　(B) 有时　　　　　　　(C) 没有这种意识

43. 有人说,超越别人难,超越自己更难,你是否赞同?
(A) 完全赞同　　(B) 部分赞同　　　　　(C) 不赞同

44. 你是否认为阻碍自己成功的最大障碍是没有超越自我的信念?
(A) 是　　　　　(B) 说不准　　　　　　(C) 不是

45. 我不担心不能战胜别人,只担心不能超越自己。你是否经常有这种感觉?
(A) 经常有　　　(B) 有时有　　　　　　(C) 没有

46. 学科的新奇、有趣是吸引你学习的主要原因吗?
(A) 是　　　　　(B) 有时是　　　　　　(C) 不是

47. 尽管某些课程比较枯燥,但它们对你的成长有利,那么你将:

(A) 努力学习　　　　(B) 一般对待　　　　(C) 应付一下

48. 你是否经常阅读与学习有关的课外读物?
(A) 经常　　　　　　(B) 有时会　　　　　(C) 从来不

49. 你是否明确学习对你的重要性?
(A) 是　　　　　　　(B) 有时会　　　　　(C) 从来没有

50. 即使走在街上或回到家里,你仍然喜欢反复思索课堂上学的东西?
(A) 是　　　　　　　(B) 有时　　　　　　(C) 不是

51. 你是否常常对权威性的观点提出疑问?
(A) 是　　　　　　　(B) 有时会　　　　　(C) 从来不

52. 即使在干扰严重的嘈杂环境中,你仍然埋头于自己的学习,觉得时间过得飞快。
(A) 是　　　　　　　(B) 有时是　　　　　(C) 从来没有

53. 你喜欢自己决定学习或研究一些问题吗?
(A) 是　　　　　　　(B) 有时是　　　　　(C) 不是

54. 尽管学习中有很多困难,但你仍然觉得乐在其中。
(A) 是　　　　　　　(B) 有时是　　　　　(C) 不是

……

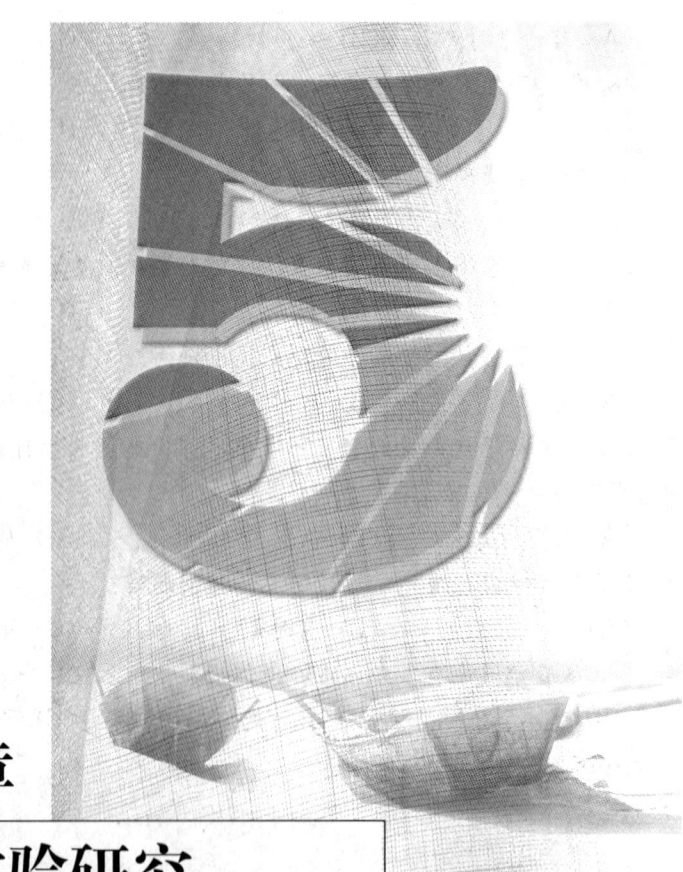

第五章
教育实验研究

第五章 教育实验研究

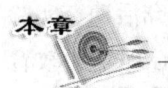

- 教育实验研究的含义及特点
- 教育实验研究的基本要素
- 教育实验设计的内容
- 良好的教育实验设计的特征
- 教育实验设计的程序
- 教育实验设计的模式

实验广泛应用于人们的日常生活和科学研究领域中,它是人类探求事物因果关系和本质规律的一种实践活动,是探索世界和改变世界的一个重要途径。同样,教育实验在教育科学研究中也占有非常重要的地位。

教育实验很早就从一般教学实践中分化出来,成为一种研究方法。19世纪后期至20世纪初以来,随着实验教育学兴起,引进了心理学、自然科学的实验理论和方法,出现了整体研究和实证分析两大模式,并在新的科学技术革命的推动下,不断融合,教育实验由此获得了全面发展,进入了多样综合的发展时代。

第一节 教育实验研究概述

一、教育实验研究的含义

(一)实验法的含义

实验法是研究者根据研究目的,从某种理论和假设出发,为突出研究的实验因子,有意识地控制某些条件,促使一定现象的产生,然后对其结果进行分析,得出有关实验因子的科学结论。[①]

---

① 参见刘电芝主编:《中小学教育科研方法》,西南师范大学出版社2001年版,第238页。

教育研究方法基础

实验是集观察、测量、统计和理论探究为一体的综合性研究活动。实验研究的方式起源于自然科学。目前，这种方式经常被运用到心理学、教育学、犯罪学以及社会学、政治学、传播学等社会科学领域。

（二）教育实验研究的含义

教育实验研究是指研究者运用科学实验的原理和方法，以一定的教育理论和假设为指导，有目的地控制和操纵某些实验变量，通过观测与这些实验变量相伴随的教育现象的变化，探究它们之间的相互关系，揭示教育活动规律的一种综合性研究活动。①

教育实验研究不仅是一种教育研究方法，也是一种综合性的研究活动。

二、教育实验研究的特点

实验法的产生，标志着人们对客观世界的研究由自然观察和纯粹思辨进入到一个富有预见和主动干预的阶段。预见性和干预性是实验法最显著的特征。教育实验研究的主要特点有以下几点。

（一）预见性

人们对各种事物、现象或行为之间关系的探究方式一般有两种：一是相关分析，二是因果分析。相关分析可以描述在某一条件下，两种现象或行为同时出现的概率大小，正如观察和测量所能做到的那样，但这只是一种表层联系的描述，并不能很好地解释其同时出现、概率大小的原因。实验正是着眼于揭示因果关系，建立有更强解释力的理论体系，进而为指导实践奠定基础。实验的预见以假设的形式表现出来，这是实验法区别于观察法、调查法、历史法、文献法等其他方法的一个显著特点——其他研究方法不一定要有科学的假设。实验假设是实验者在长期经验积累的基础上，针对某个问题，做出的一种假定性推测。也就是说，实验者在实验开始之前已经对实验因子之间的因果关系有了预见，然后通过实验去检验这个"先见之明"，证实或证伪，从而发现规律。

（二）控制性

为了探索预期的因果联系，实验要借助必要的方法技术，采取一系列的手段，对事物的客观过程进行主动的干预，减少或消除各种可能影响科学结

---

① 参见杨想森、胡振坤主编：《中小学教育科研方法》，湖北科学技术出版社2001年版，第123页。

论的因素的干扰，力求简化、纯化事物发展的状态，将误差控制在最小的范围之内。例如主动突出并操纵某些变量，排除某些无关变量，以提高研究结论的可靠性。科学研究中常用的观察法、调查法等不进行人为的干预，是研究者在自然状态下，通过观察、研究，得出结论。而实验研究是在人为控制下，主动促使某些现象、结果的出现，以求尽早寻求某种现象发生的原因，或探求某种事物发展的趋向。

（三）**可重复性**

科学的实验，应该有明确的实验假设、清晰的实验目标，严格控制无关变量，减少干扰。因此，在相同的实验对象中，如果施以同样的实验处理，应该能够取得相同的实验效果。所谓可重复性，是指具备了同样的实验条件，可以在不同地区产生同样的实验效果，也可以是不同的研究者在同样的条件下，反复实验、反复观察，增强研究的客观性和结论的精确性。

教育实验也是一种科学实验活动，是教育研究者为实现预定的研究目的，通过主动变革和控制，以发现和确认教育现象之间的因果联系。它具有实验研究的基本特点，不同于一般的教育实践活动，与实践工作者对自己的实践所进行的"行动研究"也有区别。但是，教育实验又不同于自然科学实验，实验运用于教育研究时，它便具有了教育活动的特点，是具有教育性的一种特殊的实验研究活动。

首先，教育实验是在教育实践中进行的。教育实验离不开真实的教育实践，即便是在"实验室"中进行的，也必须保持常态的性质，这种"实验室"是自然教育情境中的一个班级、一个学校，不同于自然科学以及心理学实验那样的经过"过滤"和"隔离"的实验室。

其次，教育实验的控制是合乎教育情理的。教育实验中采用的实验控制包括创设实验条件和情境，操作实验因素，排除、抵消、平衡无关干扰因素的影响等，这种实验控制是实验目的、性质所需要的。然而，教育实验的控制是相对的，不是越严越好，关键是要符合教育实验的需要、合乎教育的情理。

三、教育实验研究的基本因素

一般来说，在实验过程中，研究者要通过操纵一个变量，以观察和分析它对另一个变量所产生的效果。作为一种特定的研究方式，实验有其构成的基本因素：一是自变量与因变量；二是实验组与控制组；三是前测与后测。

（一）自变量与因变量

变量又称为变数，是指某个与实验相关的、可观测的数量化的因素或条件。根据变量之间的相互关系，我们可以把变量分为自变量、因变量和无关变量。

自变量是研究者根据研究目的，为引起研究对象预定变化而确立的、并呈现或施加给实验对象的刺激，也称为刺激变量。在实验研究中，自变量是实验者主动操纵其变动的变量，又称作实验刺激。教育实验的自变量一般是根据研究的目的设计的，教育内容、教育组织形式、教育方法、教师的态度与能力、师生关系、教育管理方式等都常常作为实验的自变量。

因变量是指由于其他变量的变化而导致自身发生变化的变量，是在自变量的作用下出现的结果，或是对自变量的刺激做出的反应，又称为结果变量或反应变量。在教育实验中，学生的知识水平、能力的发展、情感的变化、教学质量的高低等，往往是研究者观测的因变量。

当一个变量影响另一个变量，或者说一个变量的变化"引起"或"导致"另一个变量的变化时，就形成了某种因果关系。自变量和因变量之间具有内在的逻辑关系。实验研究的中心目标是探讨变量之间的因果关系，其基本内容是考察自变量对因变量的影响，即考察实验刺激对因变量的影响，如图 5-1 所示。

图 5-1　自变量与因变量的关系

一项基本的因果关系只涉及一个自变量和一个因变量，但是在研究中，自变量和因变量之间的关系往往不是单纯的。在实验研究中出现的除自变量以外的、对因变量产生影响而干扰实验结果的因素，因为它与某种研究目标无关，所以被称为无关变量。例如，要比较两种不同教材之间不同的教学效果，需选择两个班级进行实验。两个班级除接受不同的实验刺激——教材之外，其他的条件都应该尽可能保持一致。可能对实验结果产生影响的因素，如学生原有的知识和能力水平、教师的教学水平、教学时间和方式、师生关系、教师和学生对实验的态度等，都是该实验的无关变量。无关变量与某种实验目的无关，而且经常与实验的自变量交织在一起，构成复合自变量，所以在实验中应该对无关变量加以控制，以准确判断和说明自变量和因变量之间的关系。

(二) 实验组与控制组

实验组是实验过程中接受实验刺激的那一组对象。即使是在最简单的实验设计中，也至少会有一个实验组。控制组是与实验组的特征相同，但在实验过程中不给予实验刺激的一组对象。控制组的作用在于向实验者显示，如果不接受实验刺激，将会产生什么不同的效果。在实验研究过程中，研究者不仅要观察接受刺激的实验组，同时也要观察没有接受实验刺激的控制组，并对两组对象的观察结果进行比较，以分析实验刺激的作用和影响。

(三) 前测与后测

在实验设计中，至少需要对因变量进行前后两次相同的测验。第一次测验在实验刺激之前，称为前测；第二次测验在实验刺激之后，称为后测。研究者通过比较前测和后测的结果，来衡量因变量在实验前后所发生的变化，观察自变量对因变量产生的影响。

最简化的一种实验逻辑过程如图 5-2 所示。

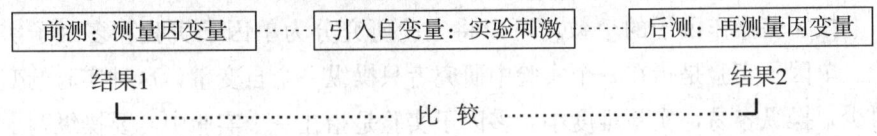

图 5-2　教育实验的逻辑过程

四、教育实验研究的基本类型

根据实验场地、实验目的、实验变量的控制程度、实验内容和变量的多少等不同的标准，可以将实验划分为不同的类型。

(一) 实验室实验与自然实验

严格的实验研究通常是在实验室内进行的。实验室实验是指研究者根据研究的需要在经过专门设计的、高度人工控制的环境中进行的实验。在实验室实验中，可以有效地控制实验背景和实验变量，较好地"封闭"实验环境，研究者能够比较清楚、确切地观察到自变量和因变量的共变关系，从而提高研究结果的准确性和可靠性。然而，社会科学研究中实验室的实验对象和实验内容与现实生活之间存在着较大的差别，使得实验结果的普遍性、概括性和推广性受到限制。

自然实验是在实际自然情景中进行的实验。这种实验有利于研究者在真实的生活背景中观察到实验对象的自然反应，其结果具有较高的推广价值。

但由于研究者不能完全控制可能对因变量产生影响的无关变量，难以保证实验结果的精确性。

（二）标准实验与准实验

实验设计必须具有一些必备的条件，如随机指派实验对象、标准的前测与后测、封闭实验环境、控制和操纵实验刺激等。这种能随机分配实验对象、系统操纵自变量并严格控制无关变量的实验通常是标准实验或真实验。标准实验的误差较小，内部效度较高。但由于其人为控制程度较高，很难在实际的教育情境中推广应用。

准实验被一些人称为半实验，原因在于其缺乏上述标准实验设计中的一个或多个"条件"，它只是"与真实验设计有些类似，是部分的而不是全部的真实验设计"。① 准实验的特点是不能随机分配实验对象，无法完全控制无关变量，只能尽量减少误差，所以和真实验相比，这种实验的内部效度较低。

（三）单因子实验与多因子实验

按实验操作因子的个数，可以将实验研究分为单因子实验和多因子实验。单因子实验是指在一个实验中研究者只操纵一个自变量，这种实验的变量少，操纵容易，实验难度小。多因子实验是指在一个实验中需要操纵两个或两个以上的自变量，由于要操纵的实验因子比较多，因而实验实施的难度较大。教育整体改革实验大多属于多因子实验。

五、教育实验研究的作用

教育实验是通过主动变革、控制研究对象来发现和确认事物因果关系的研究方法，是一种能真正检验因果关系假设的研究。"任一实验的结果都对与之相关的理论、假说提出某些肯定或否定的证据，而任一理论、假说都在与之相关的实验中经受着检验。"② 教育实验作为一种相对独立的实践活动，能超越教育经验的局限，探索和发现客观事物的内部联系和规律性，并获得利用这些规律来预测和驾驭事物发生和发展的能力，它是教育研究的基本而重要的形式，也是教育科学理论的源泉和检验教育科学理论真理性的重要标准。③ 具体表现在以下几个方面。

---

① 黄希庭主编：《心理学实验指导》，人民教育出版社1988年版，第48页。
② 《中国大百科全书·哲学1》，中国大百科全书出版社1989年版，第410页。
③ 参见裴娣娜编著：《教育研究方法导论》，安徽教育出版社1995年版，第259页。

（一）教育实验是深化教育改革、推动教育发展的重要手段

通过教育实验，人为地创设一定的环境，在教育理论的指导下改革教育内容或方法，不仅能对现有的教育教学理论进行筛选、改造、提炼和完善，而且能直接促进教育实践的发展和教育质量的提高，为教育改革提供理论支撑。

（二）教育实验是产生、验证和创新教育理论，促进教育理论体系建构的重要途径

教育实验可以帮助研究者不断发现未知，开拓新的研究领域，从而不断加深对教育发展的规律性认识。实验是新理论、新观点、新方法形成的基础和源泉。

（三）教育实验可以积累和完善教育研究本身的理论和技术，促进教育研究方法和手段更加有效科学

当研究者提出一套较完善的教育教学理论后，必须通过教育实验将理论转化为可操作的实验方案从而付诸教育实践，才能发挥科学理论的指导作用。通过实验，一方面，寻求将这些理论具体化并运用于教育教学实践过程的操作程序；另一方面，实验的结果又将进一步检验、充实、完善这些理论的科学性、先进性和可操作性。

六、教育实验研究的过程

实验研究的方式与其他社会研究方式一样，遵循着社会研究从选题开始直到得出研究结论的基本逻辑过程。总体来说，教育实验的研究程序可以分为准备、实施、总结三个基本阶段。

（一）选定实验课题，准备实验

选定恰当的实验课题是实验研究的第一步，也是实验能否成功的关键一步。

1. 选定实验课题，明确实验目的

研究者首先需要从复杂的教育实际情境中选择并确定一个适当的问题作为实验的课题，这是实验研究的第一步，对整个实验过程具有导向作用。选择课题首先要广泛收集各种问题，然后再进行筛选、缩小范围，并从自身的主客观条件出发，确定最合适的实验课题。

实验研究的课题，应该具备以下几个特征。

一是它应当是可以用客观的方法检验的问题。与思辨的研究方法不同，

实验研究可探讨的问题是有限的。在实验研究的选题中,研究者需要区分可研究的问题与不可研究的问题。可研究问题的一个重要特征是研究该问题的方法、手段已经解决或初步解决,这些研究方法、手段提供了客观地回答问题、得出结论的可能性。

二是实验所涉及的研究问题应当是旨在探索两个或多个变量之间的关系。在描述式研究中,研究者是在完全自然的状态下,对一个特定的变量进行观察和描述,而实验研究在提出研究问题时,需要建立变量之间的因果关系。

三是提出的研究问题应该是可行的。研究者不仅要考虑问题"是否应该研究""是否值得研究",还要考虑"是否有研究的可能"。研究的问题要符合研究者本身所具备的客观条件,如人力、物力、时间、专业领域和兴趣、研究能力和经验等。

2. 提出实验假设

确定课题之后,就需要对理论假设进行构思并转化为可以检验的命题。研究假设是研究者对要研究的问题预先所做的预测,它是建立在一定理论基础上的可检验的预测。所以,实验假设是在研究之前根据事实材料和一定的科学理论对研究问题的因果性和规律性预先做出的推测性论断或假定性解释。

实验假设应该具有以下特征:①研究假设的建立要以科学理论和客观事实为依据;②研究假设应当用明确的、简洁的形式陈述;③研究假设是对两个或多个变量之间关系的预测;④研究假设应当是可以检验的。

实验假设使实验的目的更加明确,范围更加具体,有助于预先揭示自变量和因变量之间的因果关系,是关乎实验研究成败与否的关键一步。

3. 界定实验变量

变量的选择与设计是实验准备阶段的核心内容。如前所述,根据变量之间的关系和在实验中的作用,可以将其分为自变量、因变量和无关变量。

(1)确定实验的自变量。实验的自变量应该具有两个特征,即可操作性和可变性。只有实验的自变量发生变化,才能导致因变量的相应变化,通过研究这一变化过程,有可能发现变量之间的规律性联系。

选择自变量应考虑两点:一是寻找共变关系,探求因果关系。要研究自变量和因变量之间是否存在某种因果关系,就要查明两者之间是否有共变关系;二是筛选、改组或创设自变量。教育实验中的自变量往往不是单一的,因此，需要对自变量做适当的改组和创造。

（2）确定因变量，选择测量工具和方法。因变量是与实验目标有关的、需要测量的指标。何种指标作为因变量，要以实验课题的性质而定。选择的指标既要能反映操纵自变量后引起的变化，又要能反映实验的目标。实验因变量的指标，应该具有以下条件：一是有效性，即指标要能清晰地反映实验目标；二是客观性，指标应该是客观存在的，可以通过一定的方法观察并有可验证性；三是数量化，即指标能数量化，便于数据处理和统计检验；四是可靠性，即指标的测量结果具有较高的信度。

4. 设计实验方案

设计实验方案就是对实验过程中如何控制实验条件以及实验进程、实验步骤的设想，是指研究人员为完成研究任务而进行的总体谋划工作，它包括课题研究所必需的时间序列、人员活动序列、信息传递序列等构成的合理的系统。严密的实验设计，可以为揭示因果关系提供合理的逻辑基础，可以降低实验误差、提高研究的可靠性，也可以减少无效劳动、提高实验的效率。

具体来说，完整的实验方案由总体方案、执行方案、评价方案三个方案组成。

总体方案是对实验假设、设计以及实施进程和结果的总体设想，它是执行方案和评价方案的依据。总体方案的内容包括：研究的问题、研究的目标、实验的理论假设、变量以及控制和测量、实验措施和要求、预期成果及表达形式。

执行方案也称作实验工作计划，它是实验总体方案的具体化，又分为工作计划和工作制度两部分。工作计划在于保证自变量的操纵，一般有分年计划、分项目计划、学校年度研究计划、学期研究计划、专项研究计划等多种形式，内容涉及工作指导思想、步骤及阶段要求、研究活动的组织与管理等。实验工作制度的目的是保证对无关变量的控制，它规定实验人员的数量及条件、仪器设备的配置、实验资料的收集和整理方式，还规定实验对象的数量及条件以及对实验对象的处理方式等。

评价方案是对实验因变量预期变化的设想，包括实验各阶段的成果及最终成果的评价标准、程序和方法。教育实验的评价方案由学生发展质量指标体系、评价时间、评价程序、评价方法和工具等构成。

（二）实施实验，控制与测量变量

实验的实施阶段需要做的是按照实验设计，采取一定的变革措施，进行实验处理，观测由此产生的实验效果，并记录通过实验所获得的资料和数据。

1. 对因变量进行前测

实验研究的假设最终要通过对因变量的统计分析来验证。对因变量的测量有前测和后测。

前测是指实验之前对因变量的特征进行的测验。前测可以使研究者了解实验对象的某些特征在实验前的水平，前测的结果一方面作为分组的依据，另一方面作为实验的初始数据，与实验的最终结果——后测进行比较，从而为证明或拒绝实验假设提供依据。

2. 根据实验设计分组

如果是等组实验，必须根据前测的结果，将实验对象随机分配到不同的实验组中，使之成为各方面都相当的、对等的实验组。研究者常常采用两种方法来"创造"至少两组相同的实验对象：一是匹配，二是随机分派。匹配指的是依据各种标准或特征，找出两个完全相同或几乎完全相同的实验对象进行配对，并将其中一个对象分到实验组，另一个实验对象分到控制组。在教育实验中，很难使实验组和控制组在所有变量上的比例和结构都完全相同，所以，一般能做到的是保证不同实验组在重要的、与实验目标紧密相连的变量上结构相等。随机分派是指完全按照随机抽样的原理和方法将实验对象随机分配到实验组和控制组中，使不同组的实验对象在所有变量上的分布几乎相同。匹配的方法实质是尽可能使实验组和控制组的成员之间在背景因素、个人特征上完全一样，而随机分派的实质则是依据概率论来控制无关变量的干扰。用随机分派的方法分组实验，准确性和精确性都高于匹配的方法。

3. 控制无关变量

为了使自变量与因变量的相互关系清晰地显现，必须"纯化"实验变量，即把无关变量人为地"封闭"起来，减少其对因变量的干扰。无关变量控制得越好，实验的信度就越高。

控制无关变量的方法主要有消除法、平衡法、恒定法、随机分派和统计处理几种。选择和运用何种控制无关变量的方法，主要取决于实验中无关变量的性质以及实验提供的客观条件。

4. 记录实验日志

在实验的进行中，要有计划地、随时记录实验的进程和状况，细致观察实验因变量的变化过程。

5. 后测——观测因变量的变化

后测是指实验研究者为了了解实验对象在接受实验处理之后的特征水平而进行的测验。无论何种目的、何种模式的实验，后测都是必不可少的。如果没有后测，实验的统计就无法进行，也就无法验证理论假设、得出实验结论。

教育实验的后测，应注意以下几点：第一，后测应该在实验处理停止后立即进行，以避免其他非实验变量的影响混入实验结果；第二，后测和前测必须是同质测验，所测的性质必须和前测一致；第三，后测和前测的分数要有同值性，两者的内容、试题类型、信度、效度、区分度等指标应相同。

（三）总结评价实验结果，撰写实验报告

这一阶段是实验的结束阶段，要对实验中取得的资料数据进行统计分析，确定误差的范围，从而对研究假设进行检验，最后得出准确的结论。这个阶段的工作主要有以下几个方面。

一是对实验数据和有关资料进行统计分析，在统计分析的基础上，对变量做因果分析，得出实验结论。

二是检验假设，评价实验结论。通过检验实验误差，来分析实验的效度。实验中的系统误差和偶然误差，是认识的相对性的具体表现。分析实验结果时要区分什么是实验应该消除的误差，什么是实验应有的结果。

三是撰写实验报告。这是实验研究的最后一项工作。一般来说，实验报告应当包含以下几方面内容。①研究的问题和目的：界定实验的问题范围，说明研究的意义及价值。②实验的过程与方法：包括实验对象的选择、分组方法、实验设计的方法、实验的组织、实验自变量的操纵、无关变量的控制、观测因变量的工具与指标。③实验的结果及分析：包括观察测量得到的各种数据、统计处理的实验结果以及对结果的评价分析。④实验研究的结论：解释实验的结果，依据实验的资料得出最终的结论，说明实验的信度与效度，反思实验研究的活动。

教育实验研究报告的数据资料一定要准确无误，推论要客观可靠，文字应简洁明了。

第二节 教育实验的设计

实验设计是指一项实验研究的整体设计，涉及研究的各个环节，是研究者根据实验课题的目的，对整个研究进程和策略的构想。实验设计包括以下内容：提出研究假设、分析实验变量、选择与分配实验对象、规划实验的组织模式、确定实验数据的统计处理方法、安排实验的实施步骤，其中关键的问题是实验变量的选择和控制。实验设计是实施实验过程的基本蓝图，是进行实验的行动计划，是关系到实验是否有效的关键因素。做好实验设计，可以避免研究工作的盲目性和随意性，增强控制实验变量的合理性，提高研究的效益和效率。

一、良好实验设计的基本特征

（一）充分的实验控制

对影响实验结果的无关变量进行足够的控制，以便研究者能合理地解释实验结果。

（二）清晰的因果关系

实验是否有效果，需要通过某种方式进行比较而确定。在实验的分组设计时，应该根据实验的目的与内容，设置具有对比价值的不同的实验组和对照组，以便研究者可以清晰地分析自变量和因变量之间的因果关系。比较的方式有以下几种。

一是实验组与对照组（控制组）的比较。实验组接受实验因子的刺激，对照组则不操纵实验因子，其他条件基本相同。

二是实验组之间的比较。实验中同时设立两个或多个实验组，每个实验组操作不同的实验因子，以比较不同实验自变量的效果。

三是实验前与实验后的比较。将前测与后测的结果进行比较，以确定实验处理是否产生了显著的效果。

（三）真实的实验数据

实验数据应充分反映实验效应。要使用恰当的测量工具和方法，科学合理地进行抽样，消除或减少实验的误差，提高实验结果的代表性。

二、实验设计的内容

在实验过程中,变量的选择与控制对实验的成败具有关键意义。研究者应按照实验设计,采用一定的方式和程序进行实验处理,并观察自变量对因变量的影响,获得客观的实验结果。因而,实验设计的主要内容应包括如何操纵自变量、如何控制无关变量以及如何检测因变量。

(一)自变量的操纵设计

自变量的操纵是实验的核心,实验研究正是要通过操纵自变量来观察和测量因变量的变化。因此,在实验设计中,需要根据实验课题,选择自变量,确定自变量的数量、大小、幅度、难度等因素。例如,要提高学生的学习兴趣,可以采用新的教学方法,或使用新的课程教材、采取新的教学形式等。实验设计时,首先要确定是操纵其中的某一个变量还是多个变量,并对选定的变量进行分解,使之具体化。

(二)无关变量的控制设计

如前所述,无关变量会影响因变量的测定,会对判断自变量和因变量的因果关系造成干扰,因此,在实验设计和实验过程中需要对其进行控制。控制无关变量是实验研究的关键问题。在教育研究中,无关变量很多,也很复杂,在实验研究中要尽量控制主要的无关变量。最常用的控制无关变量的方法有以下几种。

1. 随机取样

随机处理是控制无关变量的最简单的方法。通常随机处理采用以下两种方式:一是从总体中随机选择研究对象,二是随机形成实验组和控制组。例如,要研究某一种教学方法的效果,可以用随机抽样的方法从总体中抽取出相应数量的学生作为实验对象,然后将这些"样本"随机分配到实验组和控制组,每组人数相同,由同一个教师分别对实验组、控制组进行教学实验,实验组接受实验处理,运用新的教学方法,控制组则不接受实验处理。一般来说,为了保证样本的质量,样本量应稍大一些。随机取样确保了实验对象对实验总体的代表程度,也保证了实验组和控制组的同质性。

2. 消除法

消除法就是排除或隔离无关变量对实验效果的影响。例如,为了消除外界的巨大噪声对教学效果的影响,教学实验应选在安静的地方进行。又如,进行男、女生数学心算成绩差异的实验研究,可以把实验集中在某一年级进行,消除年级对心算水平的影响。在教育实验中，某些无关变量是难以消除的，如学生已有的知识基础、经验、能力及教师和学生对实验的态度等，而且过多使用消除法，会使实验失去"自然性"和"真实性"，降低实验的外在效度。

3. 恒定法

恒定法是指在整个实验期间，尽量使所有的实验条件、实验处理、实验者和实验对象都恒定不变。在某项教育实验中，对一些不作为研究目标而又无法消除的无关变量，应该使这些变量的特征及其对因变量的影响保持恒定。例如，教学实验的教室不变，实验时间固定，参与实验的教师和学生不变。采用恒定法，有利于对实验数据做出比较准确的归因分析，但是恒定法通常只适用于周期比较短的实验。

4. 平衡法

所谓平衡，就是使无关变量对所有的实验组与控制组（对照组）的影响都是均等的。例如，比较两种教材不同的教学效果，为了使教师教学水平、学生能力、学生知识等对学习教材的影响是一致的，需要选择两个水平相当的教师任教，两个学生水平一致的班级作为实验对象。平衡的具体方法包括实验对象的匹配、随机分派、测量控制、循环实验设计等。

5. 统计处理

在实验数据的搜集和统计测量过程中，通过合理选用测量量表与统计工具，或研制测试问卷、试题等手段，提高实验的精确度。在特定的情况下，可以采用统计的方法，对实验数据进行处理。例如，在初始测验分数不等的情况下，通过协方差分析可排除无关变量对实验结果的影响。

（三）因变量的测量设计

因变量是由实验处理引起的、在实验对象身上产生的反应。考察实验的自变量和因变量之间的关系以及实验的结果，需要通过因变量的检测才能实现。例如，在"某种教学方法对学生学习成绩的影响"这一研究课题中，学生的学习成绩就是因变量。研究者要对因变量——学习成绩的测量工具、检测指标、测量方式、何时测量、测量的次数以及如何评估测量数据等问题进行全面、充分的考虑。实验结果是否准确，能否全面反映实验的意图，不仅取决于自变量的操纵和无关变量的控制，还取决于测量的指标和方式是否得当、是否合理、是否全面。

三、实验设计的程序

实验设计一般要经过如下步骤。

（一）陈述研究问题，提出研究假设

要以简明扼要的文字说明研究的问题及研究假设。例如，上海师范大学恽昭世关于"充分开发儿童智慧潜力"的研究，课题假设是："儿童具有很大的潜力，特别是有相当一部分儿童因为先天和后天的种种原因智力发展比较好，只要教学过程组织得比较合理，就能提前打开儿童的智慧闸门，使得在中等以上的儿童少年能提前两三年时间完成现行中小学所规定的教学任务，获得良好的发展。"[①]

（二）选择需要操纵的自变量与实验处理

处理即教育实验中所要操纵的自变量的变化，一个实验起码有两种以上的不同处理。比如，某一实验不仅要研究新的教学内容，而且要研究什么教学方法更适合于新教学内容，这就涉及教材和教法两个变量以及它们之间可能存在的各种组合。

（三）确定实验对象的数量和条件，抽取实验样本

实验对象有可能是一个学生或教师，也可能是一个学校、班级，但必须是独立接受实验处理并做出反应的样本。关于抽样的方法，有专门的章节进行介绍。

（四）确定因变量及其检测方式

测定因变量要考虑以下几个问题。第一，要确定所选择的反应变量是能够提供有关研究问题的信息。第二，要决定怎样进行测定，如何选用适当的测量方法、度量单位及必要的技术手段。第三，要考虑测量数值的可能准确度。

（五）判断需要控制的无关变量，设计控制的方法和过程

由于不可能做到控制所有干扰，因此要集中考虑会影响实验因变量的主要因素，而对影响不大的因素可不予考虑。

（六）选定合适的实验设计模式

实验模式有多种，应针对实验课题和实验假设选择一种合适的实验设计模式。

---

① 恽昭世：《教育实验科学化的探索》，《教育研究》1990年第12期。

四、教育实验设计模式

经典的实验设计包含实验设计的全部要素：实验组、控制组、自变量、因变量、前测、后测以及随机分配，也被称为"双组前后测模式"。经典实验设计的步骤有：①将实验对象随机指派到实验组或者控制组；②对两个组的对象同时进行第一次测量，即前测；③给予实验组实验处理，同时对控制组不实施这种处理；④对两个组的对象同时进行第二次测量，即后测；⑤比较和分析两个组前后两次测量结果的差异，判断实验处理的影响。

实验处理的影响＝实验组的差分－控制组的差分
　　　　　　　＝（后测1－前测1）－（后测2－前测2）

这是最基本、最标准的实验设计模式。① 此种模式可以用图5-3表示。

```
实验组：前测1……………实验处理……………后测1
控制组：前测2………………………………………后测2
```

图5-3　经典实验设计模式

为叙述方便，用符号表示上图模式，即图5-4所示。

```
RG₁：O₁.₁……………X……………O₁.₂
RG₂：O₂.₁　　　　 /　　　　……O₂.₂
```

图5-4　经典实验设计模式

R：表示实验对象是随机分派的。

G：表示组——实验组或控制组。

O：表示实验检测结果。

X：表示实验处理。

$/$：表示没有实验处理。

字母后面的数字表示次数，如 $O_{1.1}$ 表示第一组的第一次检测，$O_{2.1}$ 表示第二组的第一次检测……

在教育实验中，实验对象是特殊的，实验因素和条件更加复杂，实验设

---

① 参见风笑天著：《社会学研究方法》，中国人民大学出版社2001年版，第200页。

计会受到已有的实验条件的影响,而呈现出另外的一些模式。

依据不同的标准,可以对实验设计模式进行不同的划分。根据实验分组标准和形式的不同,可以将实验模式分为以下不同的类型。

(一) 单组实验模式

这种设计仅有一个实验组,不设控制组。具体类型有以下几种。

1. 单组后测实验

顾名思义,这种设计只有一组被试,只给予一次实验处理,且只对实验组实施后测,是最简单的一种准实验设计,如图 5-5 所示。

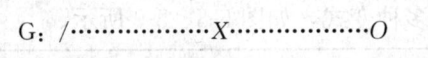

图 5-5　单组后测实验模式

例如,某小学为提高学生的家庭道德水平,选择了四年级三个班学生作为实验对象,每个班每周增加一节课,向学生讲授有关家庭美德的课程,一学期结束后对三个班的学生进行测试。这是一种单组后测实验设计。

这种实验设计,由于不能控制无关变量的影响,因而内、外部效度都不高。

2. 单组前后测实验

这种设计也没有控制组,有前测和后测,用前后测的差大于零来作为实验处理效应,如图 5-6 所示。

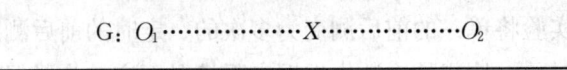

图 5-6　单组前后测实验模式

例如,关于集中识字在提高小学生识字能力效果方面的研究。选取一个自然班并进行前测,了解学生的识字能力,然后安排两个月集中识字教学,教学后再进行识字能力水平的复测,两次测试的差用以表明集中识字在提高小学生识字能力方面的效果。①

与上一种设计相比,这种实验设计有前测,可以在实验处理之前了解实验对象的某些信息,通过比较前后测的结果,比较清楚地验明实验处理的效果。

然而,这样的设计虽然避免了不同的实验对象之间的差异对实验结果可能产生的影响,但在前测和后测中间可能有许多干扰因素难以控制,如实验

---

① 参见裴娣娜编著:《教育研究方法导论》,安徽教育出版社 1995 年版,第 282 页。

对象的成熟水平、前测对后测的交互作用等，从而产生实验误差。

3. 单组时间序列实验

这种设计是单组前后测实验的一种扩展模式，是指在实验处理之前与处理之后，对实验对象进行一系列的定时重复测量，然后对系列检测结果进行比较、分析，由此判断实验处理的效应。基本的时间序列实验模式如图 5-7 所示。

$$G: O_1 \ O_2 \ O_3 \ O_4 \ X \ O_5 \ O_6 \ O_7$$

图 5-7　单组时间序列实验基本模式

这种模式还有多种变式，如图 5-8、5-9 所示。

$$G: O_1 \ O_2 \ O_3 \ X \ O_4 \ O_5 \ X \ O_6 \ X \ O_7$$

图 5-8　单组时间序列实验模式变式（一）

这种设计是将实验处理多次随机地插入时间序列的检测之中。

$$G: O_1 \ X_1 \ O_2 \ X_2 \ O_3 \ X_1 \ O_4 \ X_2 \ O_5$$

图 5-9　单组时间序列实验模式变式（二）

这种设计中，两种不同的实验处理反复、交替出现，可以在一定程度上控制偶然事件对实验结果的干扰。

时间序列实验将单一的前后测变为多次的、定时的前后测序列，实验处理的时机是随时的，检测的次数也根据实际情况而定。为了保证实验结果的可靠性，实验处理之前、之后的检测次数一般都不能少于三次，每次检测的指标和方式应一致，检测时间应定时。

与前两种设计相比，时间序列设计能更好地控制实验条件，在一定程度上控制偶然事件和检测效应。其不足之处在于反复检测容易引起实验对象的厌倦和疲劳，从而降低检测的精确性。

（二）非对等组实验模式

非对等组是指实验分两组进行，但实验对象不是随机选择和随机分派的。在教育实验中，有时无法或很难将实验对象随机分组，因而，这种设计是教育实验设计中常见的。以下介绍两种具体的实验设计。

1. 非对等组前后测实验

最简单的非对等组实验模式如图 5-10 所示。

第五章 教育实验研究

$$G_1: O_{1.1} \cdots\cdots\cdots\cdots X \cdots\cdots\cdots\cdots O_{1.2}$$
$$G_2: O_{2.1} \cdots\cdots\cdots\cdots / \cdots\cdots\cdots\cdots O_{2.2}$$

图 5-10 非对等组前后测实验模式

例如,一项旨在探索"通过创设情境,改善小学生学习外语的客观条件,提高小学生外语听说能力"的课题研究,以实施实验学校的四(2)班47名学生为课题的实验对象,四(5)班作为自然状态下的对照班。经基础测试,两班学生教学基础基本相同。实验时对照班、实验班统一使用新教材,任课教师教育水平基本相同。[①]

这种设计的特点是:①有两个组,一般是原有环境下的自然教学班、年级或学校;②实验组和对照组都有前后测。

由于有两个组、有前后测,因此可以控制被实验对象的成熟水平、测验、统计回归等因素的影响,在一定程度上控制取样存在的选择偏差,从而提高实验的内部效度。

但是,由于实验对象不是随机选择和分派的,所以两个组很可能不是同质的,无法控制组间的差异,不易判断实验结果是否是由实验处理引起的。为弥补这种缺陷,可以对两个组前测的结果进行统计分析,然后再比较后测的结果,以判断实验的效应。

2. 非对等组时间序列实验

这种设计是前面介绍的单组时间序列实验模式的扩展,最常见的是两个组,还可以扩展到三个组、四个组等多组的形式。两个组的时间序列设计如图 5-11 所示。

$$G_1: \quad O_{1.1} \quad O_{1.2} \quad O_{1.3} \quad O_{1.4} \quad X \quad O_{1.5} \quad O_{1.6} \quad O_{1.7} \quad O_{1.8}$$
$$G_2: \quad O_{2.1} \quad O_{2.2} \quad O_{2.3} \quad O_{2.4} \quad / \quad O_{2.5} \quad O_{2.6} \quad O_{2.7} \quad O_{2.8}$$

图 5-11 非对等组时间序列实验模式

在这种时间序列设计中,实验处理可随机插入一个组,另一个组为对照组,两组测量时间、次数均相同,实验处理介入之前的检测结果在于检验两组的相似性。因为有了两个组和多次测量,所以增加了实验的内部效度。但

---

① 参见唐伟文:《创设情境,提高小学生英语听说能力的研究》,《上海教育科研》2003 年第 4 期。

是，和单组的时间序列设计一样，多次测量标准是否统一，以及实验对象对测验的敏感度，是影响实验结果精确性的重要因素。

（三）对等组实验模式

对等组实验指实验对象是随机选择和随机分派的，除实验组以外，还设置了与同质的控制组与实验组进行比较，实验组接受实验处理，控制组不接受实验处理，对比实验组和控制组的测量结果，可以比较明确地判定自变量对因变量产生的影响。这种模式设计有以下两种形式。

1. 等组后测实验

这是一种最简单的等组实验模式，如图 5-12 所示。

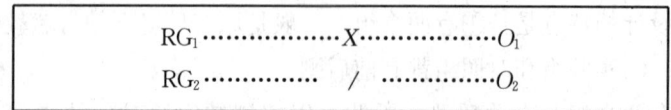

图 5-12　等组后测实验模式

2. 等组前后测实验

前面已经介绍过，这是一种经典的、典型的实验设计。

这种设计的特点是：随机分组；实验组接受实验处理，控制组则不接受实验处理；两组均进行前后测。

例如，关于"小学三年级学生阅读理解技能培养的实验研究"是在天津市河北区增产道小学三年级进行的，研究者将其中的三（3）班（43 人）作为实验班，三（6）班（45 人）作为控制班。实验班和控制班的学生是随机分班的，入学初的水平相当（参见本章附录）。

由于是随机分组的，所以，实验组和控制组是同质的，即使在没有前测的实验中，不同组的初始水平也应该是相同的。由于设置了同质的控制组，可以排除由实验对象带来的干扰，有效地控制无关变量。用前测可以检验随机分组是否存在偏差，控制抽样误差，确认两组的等同性和可比性。不用前测，则可以消除前测、后测之间的交互作用。

这种设计的缺陷是可能产生前测与实验处理的交互作用效果而影响实验的外部效度。

（四）多组实验模式

简单实验设计有两个主要缺点：一是某些变量之间的交互作用对实验结果会产生影响；二是它只考虑了一个自变量和一个因变量之间的关系。为了克服这两个缺点，需要进行多组实验设计。常用的多组设计有所罗门四组设

第五章 教育实验研究

计和因子设计。

1. 所罗门四组设计

所罗门四组设计综合了等组实验两种模式的优点。其模式如图 5-13 所示。

$$
\begin{aligned}
&RG_1: O_{1.1} \cdots\cdots\cdots\cdots X \cdots\cdots\cdots\cdots O_{1.2}\\
&RG_2: / \cdots\cdots\cdots\cdots\cdots X \cdots\cdots\cdots\cdots O_{2.2}\\
&RG_3: O_{3.1} \cdots\cdots\cdots\cdots / \cdots\cdots\cdots\cdots O_{3.2}\\
&RG_4: / \cdots\cdots\cdots\cdots\cdots / \cdots\cdots\cdots\cdots O_{4.2}
\end{aligned}
$$

图 5-13 所罗门四组设计模式

从图 5-13 可以看出，所罗门四组设计的四组实验对象是随机分派的。两个实验组，两个控制组。两个实验组中，一个组有前测和后测，另一组只有后测；两个控制组中，也是一个组有前测和后测，另一个组则只有后测。这种设计实际上是以最简单的形式把前面几种设计组合起来的，实验处理只有一种。

这种设计的优点在于：可以区分外部因素和测量的干扰，克服了等组仅有后测设计和等组前后测设计两种模式的缺点；研究者可以对四个组的实验数据进行多种比较。它的缺点是：设置四个组，必然会增加被实验的人数；所得结果需要经过复杂的统计检验，往往使简单的问题复杂化。此外，它只能判断其他外部因素对因变量的影响，但无法确定哪些变量与因变量还存在因果关系。

2. 因子设计

因子设计是为了考察两个以上的自变量对因变量的影响以及自变量之间交互作用对因变量的影响。它假定外部因素的影响等于零。在实际操作中，最常见的是 2×2 的因子设计。

例如，探讨两种不同的教学方法对两种不同能力水平学生的学业成绩的影响，会涉及两个自变量：一个是教学方法，有两类不同的方法——X_1 和 X_2；另一个是学生已有的学习能力，有两种不同的水平——Y_1 和 Y_2。这个实验可以采用 2×2 因子设计。设计模式如图 5-14 所示。

$$
\begin{aligned}
&RG_1: X_1 \cdots\cdots\cdots\cdots Y_1 \cdots\cdots\cdots\cdots O_1\\
&RG_2: X_2 \cdots\cdots\cdots\cdots Y_1 \cdots\cdots\cdots\cdots O_2\\
&RG_3: X_1 \cdots\cdots\cdots\cdots Y_2 \cdots\cdots\cdots\cdots O_3\\
&RG_4: X_2 \cdots\cdots\cdots\cdots Y_2 \cdots\cdots\cdots\cdots O_4
\end{aligned}
$$

图 5-14 因子设计模式

在这种实验模式中，研究者可以通过比较 O_1 和 O_2 来确定自变量 X_1、X_2 之间的差别，也可以通过比较 O_3 和 O_4 来确定另一组自变量 Y_1 和 Y_2 的不同效应，还可以从 O_1 与 O_3、O_2 与 O_4 之间的差别来判断自变量 X 与自变量 Y 之间的交互作用。

因子设计可以同时包括多个自变量，每个自变量可以有多个取值。但是，随着自变量的增加，实验组的数目也要相应增加。① 因而，因子设计虽然可以阐明不同因素对因变量的影响，但每增加一个变量，实验组的数目就要成倍增加，随之就加大了实验的难度。

五、实验效度

实验效度指实验的有效性和真实程度。实验效度是实验设计的基本质量目标，实验设计的质量通常以实验效度来衡量。

（一）实验效度的类别

实验效度包括内部效度和外部效度。

1. 内部效度

内部效度又称内在效度，指实验结果是否归因于自变量的变化，或者说是否真实地反映了自变量和因变量的关系。内部效度反映实验过程的可靠性程度和实验结论的真实性。例如，在改革教学方法提高学生学习成绩的实验中，实验的内部效度是指学生学习成绩的提高是否由教学方法的改革引起的。内部效度的高低与无关变量的控制有关，能有效控制实验条件的实验，其内部效度就高；反之，如果不能有效地控制实验条件，必然会影响实验结果的真实程度，降低实验的内部效度。

2. 外部效度

外部效度又被称为外在效度，是指实验结果的可推广程度，它反映实验研究的结果推广到同类事物和现象上去的程度和范围。如果一项实验仅仅适用于实验实施的自身范围，不能推广到总体范围中，就表明其外部效度低；反之，一个实验不仅适用于实验实施的自身范围，而且能推广到总体中，获得同样的实验效应，这个实验的外部效度就高。

实验效度是实验设计中必须考虑的重要问题，追求内部效度是求"真"，追求外部效度则是求"善"。一般说来，实验的内部效度越高，实验的结论

---

① 参见袁方主编：《社会研究方法教程》，北京大学出版社1997年版，第373页。

就越真实和可靠,其外部效度也就越高,结果的推广度也越大。内部效度和外部效度的逻辑关系是:第一,内部效度是实验质量的根本保证,是实验外部效度的先决条件;第二,外部效度是实现实验价值的基本途径,没有一定的外部效度,内部效度也就无法体现。

(二) 影响实验效度的因素

影响实验效度的因素很多,有些因素的影响会降低实验的内部效度,有的则会影响外部效度。

1. 影响实验内部效度的因素

(1) 实验中发生的偶然事件。实验中发生的偶然事件会导致实验结果的模糊。

(2) 实验对象在实验过程中的身心成熟状况。人是不断成长的,实验对象在实验过程中的成长、成熟状况也会影响到实验结果,尤其是在时间持续很长的实验中。

(3) 测量工具和手段缺乏一致性。如果实验前测和后测的指标设计及测量手段不能保持一致,会使实验数据不真实。

(4) 分配实验对象时产生的偏差。分组时产生的偏差,导致组与组之间缺乏可比性。

(5) 前测和后测之间的交互作用。

(6) 实验效应。由于教育实验的特殊性,实验过程中往往会出现一些实验效应,影响实验结论的精确性。例如,在实验中,实验对象可能会对实验过程进行自觉的辨析推测,经过主观意志和情感的某种"调整",然后做出反应;又如,参与实验的教师也会在实验过程中自觉或不自觉地渗入自己的主观意志和情感。实验效应就是指这些心理因素会混杂在实验应操纵的变量之中,降低实验的内部效度。常见的实验效应有以下几种。

——顺序效应,是指实验对象在实验中要接受两次以上的实验处理,由于实验处理按照某种固定顺序进行,而对实验结果产生了影响。例如,要学生完成两套题的测验,以考察做两套题的效果。如果每次每个实验组都是先做 A 套,再做 B 套,就会产生顺序效应。A 套题效果好,有可能是因为每次都是先做,学生没有受疲劳的影响。B 套题效果好,则有可能是先做的 A 套对它产生了积极的影响。因此,实验中必须对顺序效应加以控制。

——实验者效应,也称为期望效应,又被称为"罗森塔尔效应",是指实验主试的情感偏向对实验结果产生了干扰。教育实验中经常会产生这种效应，例如，实验班的教师往往希望实验成功，对实验对象抱有极大的期望，这种期望产生了效应，混杂进实验结果之中。

——霍桑效应，也称作被试效应，指实验对象因得知自己参与实验，受到关注而产生情感上的变化，提高了活动的积极性，比平时表现更好，形成了不可靠的实验结果。这种效应不仅干扰了自变量和因变量之间的准确归因，也会因无法产生相同的效应而影响实验推广时的外部效度。

2. 影响实验外部效度的因素

(1) 实验样本的代表性。如果取样偏差，选择的实验对象没有代表性，实验的结果就很难推广或无法推广。例如，在重点学校进行的实验结果很难推广到一般学校。

(2) 对无关变量的控制程度。有些事先未加控制或产生于实验过程中且无法控制的无关变量，混杂在实验变量中，会影响实验结果。在推广性的实验中，可能就会因为对这些无关变量的控制程度不同，无法得到相同的实验结果。

(3) 前测和后测的交互作用。前测使实验对象更加敏感，对随后的学习更有目标，而且，前测也是一种练习，使实验对象积累了经验，在后测中表现得更加熟练。此外，检测工具不稳定，不能真实地反映实验组和控制组的差异，这些对实验的外部效度都会产生影响。

(4) 实验效应。实验效应不仅会对内部效度产生影响，也会影响实验的外部效度。

(5) 多重处理的干扰。如果实验组重复接受两种或两种以上的实验处理，那么后一实验处理将受到前一实验处理的干扰，产生练习效应或疲劳效应。

(三) 提高实验效度的主要措施

1. 提高实验设计的合理性

实验设计质量是实验效度的重要指标，提高实验设计的质量也是提高实验效度的基本途径。在进行实验设计时，应该从以下几方面考虑。

(1) 采取合理的抽样方式。选择和分配实验对象的方式是否合理，不仅关系到实验的内部效度，而且关系到实验的外部效度。实验中应尽量采用随机抽样的方法，使选取的实验对象具有代表性，减少取样偏差。教育实验中经常采用的抽样方式有：简单随机抽样、分层随机抽样、聚类抽样、有意抽样。

(2) 随机分配实验对象，选择恰当的实验模式。通过设置控制组，尽量采用等组实验设计，恰当地将实验对象分派到实验组和控制组，以提高实验的内部效度。控制组实验对象及其相关条件都与实验组相同，如实验的场地、环境、时间长短与安排以及实验对象的性别、年龄、知识基础、动机、情绪等基本保持一致。两者不同的是，控制组不接受实验处理。研究者在尽量使二者等值的基础上操纵实验组的自变量，以观测实验组和控制组的因变量之间是否有显著的不同。

另外，将重要的、无法分离的无关变量考虑到实验中去，作为一个自变量，采用多因素设计模式。例如，在以教学方法为自变量的实验中，如果教学内容的影响无法消除，则可以将以教学方法为单因素的简单实验设计，转换为多因素设计。

2. 规范实验过程

（1）创设尽可能与实际教育情境相似的实验情境。这样研究得出的结论，更便于实验的推广和应用。

（2）合理安排实验处理程序。目的在于抵消顺序效应或减少疲劳效应，提高实验的内部效度。

3. 进行重复实验

重复实验可以使一些未能意识到、未能有意识控制的无关变量得以互相抵消，既可以提高实验的内部效度，也可以提高实验的外部效度。

4. 保证测评的准确性

测评误差对实验的内外部效度都会产生影响。前测对后测的作用、前后测难度不同、评分标准宽严不等，容易使实验产生测评误差。因而，尽量减小前测对后测的影响、保证测评工具的稳定，是提高实验效度的重要因素。

六、教育实验中常见的问题

20世纪80年代以后，我国的教育实验蓬勃发展，教育工作者从事教育实验研究的热情高涨。到90年代，教育实验已经成为具有相当规模、层次多样的重要的研究活动。教育实验按照实验的科学性可划分为两种类型：一为探索性实验，二为验证性实验；按照实验的内容可分为单科、单项的实验

与整体改革实验;① 按照内容划分,有课程教材的改革实验,有教学方法的改革实验,也有教育政策的决策实验。通过教育实验,使研究者在科学理论的指导下改革教育教学活动,树立新的教育观念,促进教育理论和实践的结合,不断加深研究者对教育发展的规律性认识。同时,教育实验的蓬勃发展,导致对教育实验理论和方法展开各种研究,研究者对教育实验的科学化和规范化等问题能进行深入的理论思辨。

(一) 教育实验的局限性

教育活动具有自身的特殊性质,教育实验也有诸多局限性。

1. 高度控制的实验会带来环境"失真"

高度控制是实验的基本特征之一。通过严格控制环境条件,可以简化和"纯化"实验环境,有利于准确地"溯因"。然而,教育实验条件控制的越严,离真实的教育活动就越远,它在教育活动中重复验证的可能性就越低。所以,教育实验控制所要求的"格",不应是自然科学实验那样的"格",而应是自己特有的"格"。所谓的"严",也是相对的,不能绝对化,教育实验的严格控制是"必要的而又合乎教学情理的控制"。②

2. 无法消除的实验效应

实验者的期望会影响实验的效果(罗森塔尔效应),实验对象因知道自己参加实验而表现出很高的积极性(霍桑效应),对照组师生对实验组实验措施的暗中模仿(约翰·亨利效应),还有因实验过程较长而引起的"生成效应",等等。如前所述,这些实验效应会影响实验的精确性。但是,教育实验中不可能完全排除教师和学生个人情感的投入和影响。

3. 不可避免的样本不足和选择误差

教育实验所进行的一般是群体的研究,如果实验群体大,则控制的难度也大;若群体较小,实验结论则难以推广到总体。而且,由于各种社会因素和教育条件的限制,实验往往只能在特定的班级或学校进行,使得实验的外部效度较低,样本的结论很难代表总体。

(二) 教育实验中常见的问题

我国的教育实验起步比较晚,虽然实验研究已经被广大的教育工作者所接受,并自觉地开展各种教育教学实验,取得了丰硕的成果,然而,在教育

---

①② 参见王策三主编:《教学实验论》,人民教育出版社 1998 年版,第 380、203 页。

实验中也出现了一些比较普遍的问题，成为许多研究者的困惑。

1. 缺乏基本的实验控制

控制是实验研究的基本特点，但有些教育实验仅仅是操作了自变量、观测了因变量就称之为实验，缺乏基本的对无关变量的控制。例如，在抽样时，挑选最好的学校或最好的班级作为实验对象，或者是选择教学经验丰富、教学能力较强的教师担任实验者。虽然教育实验一定是在教育实践中进行的，无法控制所有的无关变量，但对妨碍实验精确性的主要的无关变量应该尽可能地给予控制。

2. 实验变量不明确

由于教育现象变量的不确定性，且周期较长，影响因素复杂，要对其进行精确的量化分析是很困难的。然而，在一些教育实验中，包括单项实验和整体实验，往往对实验变量的辨别和分析十分模糊，出现了抽象的、虚拟的自变量和无法检测的因变量，不能保证应有的实验效度，实验结论缺乏说服力和推广意义。

3. 重复实验不规范

重复实验的目的是在验证的基础上进一步创新。目前的教育改革中的一些重复实验，有的是生搬硬套，没有明确的实验假设；有的是仅凭感觉和经验，不具备实验的可行性，造成重复实验的机械重复多，积极创新少，甚至违背了教育实验的根本目的。

4. 统计分析的方法失误

因为教育现象的复杂和独特，现有的测量工具还不能精准、全面地检测出教育实验中的所有变量。即便如此，在教育实验中，统计方法的误用也不少见。比如，用适用于独立样本的 t 检验分析重复测量所得的结果；再如，有的本是多因素实验设计，却采用单因素统计分析方法。误用、错用统计方法会产生错误的结论，因此，在运用统计方法时，一定要谨慎仔细，以保证实验结论的正确。

为保证教育实验的规范性，在教育实验设计提出之后，研究者应该经常围绕有关问题，对实验进行全面的检查与评价，这些问题包括：是否有较充分的实验控制，是否能揭示实验变量的因果关系，实验结果是否能运用到实际教育情境中，实验数据是否能准确检验实验假设，实验结果是否有代表性等。

思考与练习

1. 什么是教育实验研究？其基本特征是什么？
2. 良好的实验设计应具备哪些基本特征？教育实验设计有哪些主要内容？
3. 教育实验设计的模式有哪些？
4. 确定一个教育实验课题，进行实验设计。
5. 以一个教育实验的实例说明"等组前后测实验"的实施步骤。

1. 风笑天：《社会学研究方法》，中国人民大学出版社2001年出版。

该书结合社会学研究的实例，详细地介绍了社会学研究中实验的基本要素、实验的类型、实验模式等实验研究的规范和方法。

2. 裴娣娜：《教育研究方法导论》，安徽教育出版社1995年出版。

该书是我国教育研究方法领域较早的经典书籍。本书介绍的教育实验研究包括教育实验研究的含义及特征、教育实验研究发展的历史、教育实验的类型、教育实验设计的基本模式、教育实验的效度等。

3. 王策三：《教学实验论》，人民教育出版社1998年出版。

该书是论述教学实验理论和实践的专著。在本书中，作者既深入分析了教学实验的价值取向、教学实验的特征等理论问题，也结合我国的教学实验，对教学实验的基本规范和模式做了全面的阐述。

4. 杨小微：《教育研究的原理与方法》，华东师范大学出版社2002年出版。

该书从教育研究的基本原理和基本方法两个层次对教育研究及方法展开了探讨。在基本方法部分，作者从教育实验法的概念与特征、教育实验的效度与控制、教育实验的设计与实施三个方面介绍了教育实验法。

附录：小学三年级学生阅读理解技能培养的实验研究[①]

伍新春

摘要：本研究在明确阅读理解实质的基础上，运用心理模拟法创立了阅读理解活动模式，这一模式包括相互联系的解析题目、通读感悟、划分段落、概括段意、归纳文意、全面检查六个基本的心智动作，并根据心智技能按模式定向、模式操作、模式内化三阶段形成的规律对阅读理解技能进行了分阶段培养。结果表明：①运用心理模拟法确立阅读理解活动的实践模式，并根据心智技能的形成规律对阅读理解进行培养，可以有效地提高小学三年级学生的阅读理解水平；②小学三年级学生的阅读理解水平尚不存在明显的性别差异，男女学生可以同等程度地接受阅读理解技能的培训；③学生原有智力水平和阅读技能水平对于当前的阅读活动有一定影响，教师在教学前应设法了解学生的阅读理解水平。

关键词：小学生；阅读水平；阅读技能；阅读模式。

一、问题提出

阅读理解是指读者在阅读活动中将课文的层次结构、段落大意、主要内容及中心思想提取出来的过程。有关阅读理解的研究，是目前认知心理学和心理语言学中最活跃的领域之一。国内外心理学家在阅读理解的理论模式、发展特点、影响因素、训练策略等方面都取得了较为丰富的研究成果（Pearson & Stephens，1994；伍新春，1996；万云英、张必隐，1997）。但是，对于如何成功地完成阅读理解过程，如何使儿童从小掌握控制阅读理解活动的心智技能方面，目前的研究尚较薄弱。因此，在借鉴国内外有关研究的基础上，揭示阅读理解的实质，构建科学的阅读理解活动模式，找出学生阅读理解技能的形成规律，并采取有效的措施进行培养，就具有十分重要的理论价值和实践意义。

二、研究方法

为了检验阅读理解模式的有效性，本研究采用了自然教学条件下非随机

[①] 本研究系全国教育科学"九五"规划教育部重点课题"关于基础教育教学改革的心理学研究"的一部分，是在冯忠良教授的指导下完成的。

实验组和控制组前后测实验设计。

（一）被试及无关变量的控制

1. 被试的选择

本实验是在天津市河北区增产道小学三年级进行的，其中三（3）班（43人）为实验班，三（6）班（45人）为控制班。实验班和控制班的学生是随机分班的，入学初的水平相当。但实验班在进行此项实验前，一直是"结构—定向教学"课题的数学实验班。

2. 无关变量的控制

本实验欲考察的是阅读理解模式的教学效果，并了解三年级学生在阅读理解技能方面是否存在明显的性别差异。为了保证实验的有效性，我们对无关变量进行了控制，实验班和控制班的学生在年龄、性别比例方面无差异；实验班和控制班的语文教师的年龄、工作经验和教学水平都基本接近；实验班的阅读理解技能的培养在语文课的阅读教学中完成，其阅读教学课时与控制班相同。对难以平衡又可能影响实验结果的学生的智力水平、初始阅读技能水平等因素，则作为本研究的协变量，进行统计控制。

（二）测验的编制

由于难以找到现成的标准化阅读测验，因此，我们根据小学三年级语文课本的内容和现行教学大纲的规定，在广泛收集材料的基础上，自行编制了阅读理解测验。首先，我们从有关刊物上选择了40篇文章（30篇短文、10篇长文），以天津市河北区育婴里小学三年级学生为被试，进行了预测。然后，根据文章的难度水平，编制了基本等值的两套测验（每套测验含3篇短文和1篇长文），作为前测和后测之用（等值性系数为0.86）；并选择难度水平稍高的3篇短文和1篇长文，作为迁移测验试题。最后，让语文教师对每个学生的阅读能力进行了等级评定，发现学生在三套测验上的总分与教师评定的相关为0.766。三套测验的内容均涉及主题句的选择，重点词、句的理解，分段、分层和概括段意、节意，归纳文章的主要内容和中心思想，拟小标题等。题型均包括选择、填空、判断正误及简答等。

（三）实验程序

1. 前测

为了考察实验班和控制班学生在智力水平和阅读理解技能初始水平的基本情况，我们对被试在同一时间内进行了瑞文标准推理测验和阅读理解前测。

2. 教学活动

实验班按照阅读理解模式及心智技能形成的三个阶段加以训练。每个阶段约一个月，共计三个月时间。控制班则按照常规教学方法组织教学活动。

3. 后测与迁移测验

在实验实施三个月后的三年级上学期末，进行了阅读理解后测；并于实验结束六个月后的三年级下学期末，进行了阅读迁移测验。

三、实验结果与分析

（一）阅读理解测验的描述性统计结果

为了直观地了解阅读理解教学实验的效果，我们首先对被试的智力水平及前后测的数据进行了描述性统计（平均数 M 和标准差 S）。结果见表1。

表1 阅读理解前后测的描述性统计结果

班级	瑞文测验	前测	后测	迁移测验
实验班	43.95	57.51	76.07	78.86
	(6.56)	(15.69)	(13.03)	(11.03)
控制班	39.07	47.64	60.22	45.24
	(9.42)	(16.35)	(17.59)	(14.10)

（二）阅读理解后测结果分析

在实验班依据阅读理解活动模式进行三个月的阅读理解技能培训后，我们对被试实施了阅读理解水平的后测。为了明确按阅读理解模式进行分阶段培训的实验处理主效应，并探讨其他因素对阅读理解的影响，我们对实验数据进行了多因素的协方差处理。结果见表2。

表2 阅读理解后测成绩的协方差分析

变异来源	SS	DF	MS	F	P
回归系数	4 034.04	2	2 017.02	16.86	<0.001
教学方法	15 769.47	1	1 579.47	131.81	<0.001
性别	54.49	1	54.49	1.17	>0.05

由表2结果及表1的有关数据（前测、后测）可知，教学方法对于三年级的阅读理解测验成绩有着极端显著的影响（$P<0.001$），按照阅读理解活

动模式进行阅读理解技能培训的实验教学方法明显优于现行的阅读教学。性别的主效应在统计上不显著（$P>0.05$），说明三年级上学期末的学生在阅读理解技能上没有明显的男女差异。而回归系数的作用在统计上极端显著（$P<0.001$），则说明协变量对阅读理解后测成绩有明显影响。为此，我们进一步对有关协变量进行了回归分析。结果见表3。

表3 协变量对阅读后测成绩影响的回归分析

协变量	B	SE	T	P
智力水平	0.442 70	0.171	2.591	<0.05
初始阅读水平	0.535 87	0.124	4.316	<0.001

由表3的结果可知，智力水平和初始阅读技能水平对于三年级学生的阅读测验成绩均有明显影响，且分别在0.05和0.001水平上显著，说明智力水平越高的学生，其阅读理解成绩越好；初始阅读技能越好的学生，其阅读测验成绩越高。

（三）阅读迁移测验结果分析

在实验教学结束六个月后，为了考察实验班的学生所掌握的阅读理解技能的保持情况及其迁移价值，我们对实验班和控制班的学生再次进行了阅读理解测验，并同样对实验数据进行了多因素的协方差分析。结果见表4。

表4 阅读迁移测验成绩的协方差分析

变异来源	SS	DF	MS	F	P
回归系数	90.46	2	45.23	186	>0.05
教学方法	4 272.31	1	4 272.31	17.32	<0.001
性别	134.70	1	134.70	0.55	>0.05

由表4的结果及表1的有关数据（前测、迁移）可知，教学方法对于三年级学生阅读理解迁移测验成绩有着极其显著的影响（$P<0.001$），按照阅读理解活动模式进行阅读理解技能培训的实验班学生，其掌握的阅读理解技能能够很好地保持，并能灵活地迁移到新的阅读课题中去，说明实验教学具有明显的远期效益和迁移价值。性别的主效应在统计上不显著（$P>0.05$），说明三年级下学期末的学生在阅读理解技能上仍没表现出明显的男女差异。而回归系数的作用在统计上亦不显著（$P>0.05$），则说明学生的智力水平

和初始阅读技能水平等协变量对于此时的阅读理解测验成绩没有明显影响,协变量没有明显的远期效应。

四、讨论

(一) 按照阅读理解模式对学生进行阅读理解技能培养的有效性分析

从表1至表4的实验结果可以看出,实验班学生在经过三个月的阅读理解技能的培养后,其阅读理解测验的成绩在原有的基础上有了很大的提高,与控制班表现出明显的差异。根据对阅读理解后测成绩的协方差分析,可以得知教学方法对学生的阅读理解技能的形成有着重要的影响,其差异达到了极端显著($P<0.001$)的水平;并且实验班的学生所掌握的阅读理解技能具有极大的迁移价值,实验教学的影响在一学期以后的阅读理解活动中仍然极端显著($P<0.001$)。这些都说明按照阅读理解模式对学生进行阅读理解技能的训练是成功的。

另外,根据收集到的观察材料,我们发现实验班学生的阅读兴趣有了很大的提高。绝大多数学生在语文课上专心听讲,积极发言,而且喜欢阅读与课文内容有关的课外书籍。我们认为,学生阅读兴趣的提高除了受实验效应的直接影响外,更重要的是由于他们阅读技能水平的提高。在学生掌握了基本阅读理解技能后,他们知道了如何有效地阅读,并在阅读实践中体验到了成功地获取信息的乐趣,从而激发了他们更大的阅读兴趣。这说明按照阅读理解模式对学生进行阅读理解的训练,也有助于培养学生的阅读兴趣。

(二) 对阅读理解活动模式有效性的原因分析

我们认为,本研究中确定的阅读理解模式之所以有效,其中一个重要的原因就在于它是建立在整体—局部—整体或综合—分析—综合的认识方式基础之上的,它反映了人们在阅读活动中理解课文所采取的一般步骤。在阅读活动中,人们往往只有在对全篇课文有个总体了解的情况下,才能准确理解其个别部分(如课文中的词语、句子和段落)的意义。同样,整体的理解也离不开对其组成部分的理解,没有对课文各个组成部分的具体分析、精细加工,就不可能深刻理解课文的主要内容和中心思想。我们所确立的阅读理解活动模式中前两步"解析题目"和"通读感悟"是在初步综合的水平上进行的,通过分析题目所提供的线索和通读课文,获得对课文的一种整体性的笼统认识。而后通过"划分段落"和"概括段意",对课文的各个部分进行逐步深入、细致的分析,获得对课文各个部分的认识。在此基础上再进行进一步的综合,即概括主要内容和中心思想,从而达到对课文意义的全面、深入的理解。这样,学生就能在头脑中构建起一个关于课文图式的完整结构,从而更好地实现对课文的理解。

此外,阅读理解模式也是以阅读过程的相互作用理论(Rumelhart,1994)为依据的。在阅读活动中,最初进行的是自下而上的加工,由所感知的信息激活高一水平的图式;在此之后,就会出现自上而下的加工,将所接受的信息纳入被选择的图式之中,做出合理的解释。在阅读理解模式中的第一步解析题目,要求学生在读题后根据题目提供的线索,推测课文可能会写些什么,激活有关的背景知识,这是一个自下而上的加工过程。在读者形成对课文内容预期的条件下,通过初读课文来分段和概括段意则是一个自上而下的加工过程。然后,在正确分段和概括段意的基础上,逐步检验和修正假设,形成对课文内容的正确理解,这又是一个自下而上的过程。阅读过程的相互作用理论在当前阅读心理学中是比较有影响、有说服力的理论,在一定程度上揭示了阅读活动的特点。我们所确立的阅读理解模式也正体现了这一理论的思想,从而保证了这一模式的有效性。

(三) 对影响阅读理解技能形成的其他因素的分析

从对阅读后测和迁移测验成绩的协方差分析中可以看到,性别的主效应在统计上均不显著($P>0.05$),说明在小学三年级的阅读理解学习中不存在显著的性别差异,即男女学生可以同步地学习和掌握阅读理解技能。这一结果与有关语言发展特点的已有研究结论(黄仁发,1990;林崇德,1992)是相一致的。

对阅读后测和迁移测验的协变量的回归分析则表明,学生的初始阅读技能水平对于学生的阅读理解技能的形成有着极端显著的影响($P<0.001$),这与现代认知心理学的生成学习观(Osborne & Wittodk,1983)和阅读的相互作用观是相吻合的。但是,学生的初始阅读技能对于长期的阅读理解水平没有显著影响。不过,这并不说明已有技能不影响他的阅读,而是因为学生经过一个学期的学习后,已经弥补了他原有的不足,其间的个别差异从而缩小了。

就智力水平对阅读技能形成的作用而言,存在显著影响($P<0.05$),但对于学生远期的阅读效果的影响则不明显($P>0.05$),表现出不稳定的特点。这可能是因为测试题的编制标准化程度不够,每次需要学生的心智活动的参与程度不同;也可能是因为儿童此时的智力仍处于发展变化期,其本身具有不稳定性，因而对阅读理解的影响也有起伏。这一问题有待进一步探讨。

五、结论与建议

根据本实验的结果及分析，我们可以得到如下几点基本结论。

——运用心理模拟法，确立阅读理解活动的实践模式，并据此对小学三年级学生进行阅读理解技能的培训，教学成效是显著的，具有推广的价值。

——阅读理解技能的形成遵循心智技能的形成发展规律。按照模式定向、模式操作和模式内化的步骤进行培养，可以有效地提高学生的阅读理解技能水平。

——确立合理、有效的阅读理解模式是培养学生阅读理解技能的前提。只有深入分析阅读理解活动的实质及过程，才能确定有效的阅读理解模式，从而为阅读理解技能的培养打下基础。

——小学三年级学生在阅读理解水平上不存在明显的性别差异，男女学生可以同等程度地接受阅读理解技能的培训。

——学生原有的阅读技能水平对于当前的阅读活动有明显影响，因此教师在教学前应设法了解学生的阅读水平状态。不过，经过教学，学生的原有不足可以补救。

——智力水平对于学生的阅读理解技能存在一定影响，但不很稳定。

六、参考文献

略。

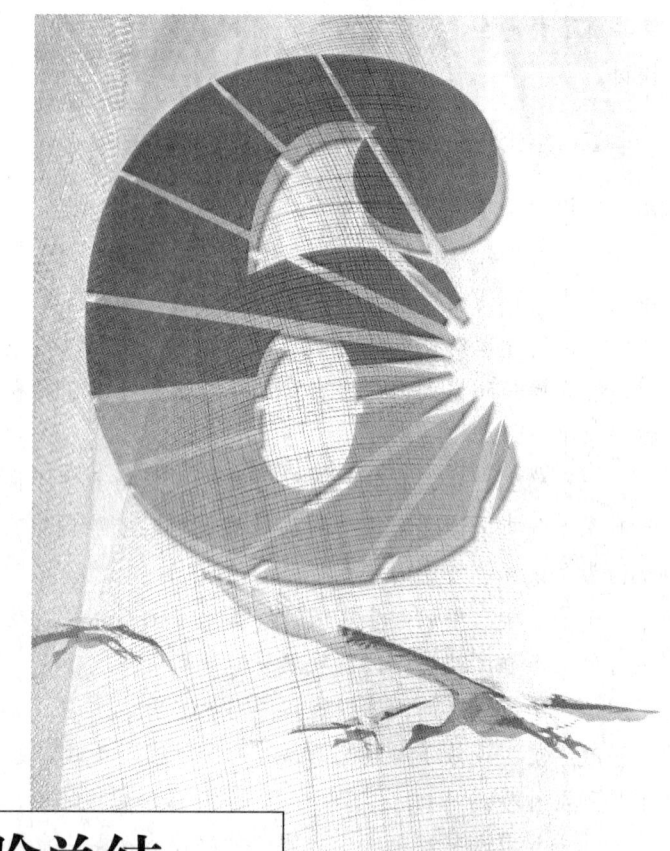

第六章
教育经验总结

第六章　教育经验总结

本章学习要点

- 经验、教育经验、教育经验总结的含义
- 教育经验总结的方式、过程
- 运用教育经验总结的一般要求

在教育科研活动中，经验总结是使用频率较高，也是最简单易行的方法。学习教育经验总结的基本理论，掌握教育经验总结的操作步骤、方法及其具体要求，对于师范生未来从事的教育工作将有积极作用。

第一节　教育经验总结概述

要有效地运用教育经验总结，首先要认识经验总结，弄清"经验总结"是什么，它与其他研究方法有何不同，它们的本质区别在哪里，等等。

一、经验、教育经验、教育经验总结

经验是一个被广泛使用的概念，指人们在实践过程中积淀的体验性、感悟性认识，它反映着行动与结果之间的联结，是主体在实践过程中与环境相互作用的结果。从不同角度可以对经验做出各种分类。就经验来源而言，可将经验划分为生活经验与工作经验；就经验获得的时间而言，可将经验划分为历史经验与现实经验；就经验的社会化程度而言，可将经验划分为个体经验与群体经验；就经验所属而言，可将经验划分为本人经验与他人经验。

教育经验就来源看，属于一种工作经验，专指教育工作者在从事教育教学实践活动过程中形成的体验性、感悟性认识。它同教育的理性认识相比，具有生动、具体和零碎的特点。

教育理论来自教育实践，又对教育实践发挥着指导作用。而教育理论的概括与形成，并不能直接来自实践，它必须借助于教育经验这一中介，也就是说教育经验是教育实践向教育理论转化的中介环节。没有教育经验，教育

理论的产生就缺乏实践根基。人们在教育实践活动中，直接接触教育客体，首先会对客体的表面现象与外部联系产生反映，并形成大量的体验，这便是教育感性认识，即教育经验。在这个基础上，如果再进一步进行思维加工，就会使教育经验上升为理性形态，成为教育理论。不仅如此，经验还是提出科学假设和检验科学理论的重要依据。

经验总结是人们在社会实践活动中普遍使用的研究方法。教育经验总结指研究者带着一定的价值取向在不受控制的自然状态下对教育实践活动结果进行归纳，并探索结果产生的原因，以揭示其中蕴涵的教育规律的研究活动。

这里的教育经验，可以是研究者本人的，也可以是他人的。同样，教育经验总结可以总结自己的经验，也可以总结他人的经验。

二、教育经验总结的特点

教育经验总结与其他教育研究方法比较，既有研究方法的共性，又独具个性，其特点可以概述如下。

（一）回溯性

教育经验总结总是在教育实践活动结果已经显现的基础上发生，它不容许也不可能超越教育实践活动，其结论是通过归纳思维获得。它在研究过程中不对研究对象施加任何影响，以求得某种效果，而只对自己或他人实践中的经验进行回顾、反思，并总结与挖掘其中的价值。

（二）追因性

教育经验总结是面对自己或他人的教育结果发问，一步步追寻形成这一结果的影响因素，以发现客观存在的教育规律，即教育活动的因果关系。

（三）生动性

由于教育经验总结总是从教育结果出发，沿着结果回溯过程，而过程往往是丰富的，同一结果常有不同过程，或虽是相同过程，但引起过程的因素常常也不一样，这种丰富性便决定了教育经验总结活动具有生动性。

教育经验总结的上述特点形成了它在教育科学研究活动中特有的地位与作用。

三、教育经验总结在教育科研活动中的地位与作用

教育经验总结在教育科研活动中使用频率很高，它是教育科研发展史上较早出现的方法之一。早在原始社会，人们在直接的生产和生活过程中为了

把知识与技能传授给下一代,就注重通过反思活动,以总结经验,提高教育效果。只不过那时文字没有出现,人们还无法通过文字来记载经验,只能言传身教。人类进入古代社会后,随着文字的出现、学校教育的产生与发展,教育经验总结成了教育工作者认识教育现象间因果联系、探寻教育规律不可或缺的手段。我国古代第一部教育古籍《学记》,就是对先秦教育实践经验的概括、总结。

现代社会,虽然教育实践活动的范围不断扩大,教育实践活动的内容不断丰富,但教育研究仍然需要通过归纳方法来发现规律、形成理论,教育经验仍是教育研究的起点之一。因此,教育经验总结这种古老的研究手段仍然风采十足。广大教育理论工作者和实践工作者都会借助教育经验总结这一基本方法主动分析、思考教育现象,获得对教育的规律性认识。

当然,教育经验总结在教育科研中的地位与其在该活动中发挥的实际作用密不可分。它在教育科研活动中发挥的主要作用可以陈述如下。

(一)揭示潜在的教育规律,丰富教育理论

教育规律客观存在,它不以人的意志为转移,只有遵循它才能获得教育的成功。但教育规律的存在往往具有潜在性,它隐藏在五彩缤纷的教育活动中,研究它才能认识与运用它。人类在长期的教育活动中积累了大量正反两方面的经验,随着教育现代化实践的深入,人们会积累更多的经验。因此,只要我们坚持总结经验,善于反思,就能使教育的客观规律不断得到揭示,促进教育科学的逐步繁荣。例如,一种新教学方法的成功尝试,就存在着教育行为主体对客观规律的尊重,否则,就难以在实践中取得成功。所以,师范生在未来的教育工作中,一定要善于积累经验,学会总结自己和他人的教育经验,善于从点滴的教育经验积累中构筑丰厚的教育理论资源,形成更为灿烂夺目的教育理论之光。

(二)促进教师专业化和教育质量的提高

教师的专业水平不仅建立在他们所受教育与训练的基础之上,更与他们工作中善于运用所学技能,不断自觉地、有意识地总结和认识自己与他人的教育教学经验,提高理论知识水平有关。因为知识就是对经验的概括与总结,经验总结的过程本身就是认识过程、提高过程。实践反复表明,一个善于总结经验的教师往往掌握了更多的教育教学规律,从而也就掌握了更多的教育教学主动权。小学著名特级教师李吉林、窦桂梅等之所以能取得辉煌的教育业绩,与她们注重反思、不断总结自己与他人的教育经验是分不开的。

只有将经验提升到理论的高度，才能提高教师的专业水平，而教师专业水平的提高又会促进教育教学质量的提高。

（三）简单适用，便于操作

教育经验总结在教育研究诸方法中是适用范围较广、易于操作的方法之一。它既不需要特定的条件限制，也不需要控制无关因子的干扰，一切都在自然状态下进行。因此，它的适用范围特别广泛：既可用于宏观教育研究，也可用于微观教育研究；既可用于群体研究，也可用于个案研究；既可以用于研究他人，也可用于研究自己。而且经验总结活动本身又渗透着经验的作用。例如，富有教育科研经验的教师在教育研究活动中往往选题比较合理，研究方法的运用比较恰当，对教育科研成果的评价也把握得比较准确，对教育科研成果的推广往往也富有成效。

第二节　教育经验总结的方式、过程

由于教育经验总结使用频率极高，所以人们在实践中不仅对其有了较系统的认识，也形成了较成熟的实施方式、过程。

前面已谈到，就教育经验的形成主体而言，教育经验可分为本人的教育经验与他人的教育经验，因此，相应地，教育经验总结也就分为本人的教育经验总结与他人的教育经验总结两种。不同的教育经验总结，其方式与过程也不同。

一、本人教育经验的总结

当一名优秀教师，首先要善于总结本人的教育经验。中外教育史告诉我们，在许多时候，教育效果不是表现为直接的因果关系，特定的情境只有特定方式的教育才会生效，或相同的情境，不同施教者采用不同的教育手段也会收到不同的教学效果，其间包含了教育经验的作用，说明了经验产生于具体条件下，且具有零碎、分散的特点。因此，只有通过总结，进行系统归纳整理，才能发掘各类教育经验。实践证明，凡存在教育实践活动的地方，就一定存在着反映教育客观规律的教育经验。因此，重视对这些经验的研究与提炼，可以使自身掌握更多的教育主动权，指导自己并帮助别人提高教育教学效果。

本人教育经验的总结过程包括以下几个步骤。

（一）确定经验方向

在进行本人教育经验总结前，我们应与熟悉自己情况的同行、学生家长、学生斟酌，初步定下关于本人教育经验的总结方向。如果以教学为总结方向，要明确是课堂教学还是课外活动的经验；如果以班级管理为总结方向，就要明确是关于学生个别教育方面的还是班级集体建设方面的经验。只有定下本人经验总结的方向，才能为做好后面的工作打下基础。虽然总结本人的教育经验有方便之处，因为经验是自己经历过的，体验总是比较深刻，但并不是每个教师都能意识到在自己成功教育的过程中隐藏着可贵的教育经验。所以，确定自身教育经验的方向也并不容易，它需要经过一个"悟"的过程。确定经验方向的参考标准有如下三条：①不赶风潮，而是选择教育实践迫切需要的经验；②选择本人体会最深刻、最有成就感的经验；③选择别人很少涉及的经验。

（二）做好经验总结前的准备工作

总结本人的教育经验也需要做好充分准备，这里有两项工作特别重要。

1. 做好理论知识准备

这是因为在研究过程中有许多方面，如经验方向的确定、理论体系的构建，都需要有足够的理论帮助，离开了前人提示的经验总结，只能获得盲目的、低层次的、缺乏根基的、没有体系的经验，而这种经验可推广的价值不大。为此，经验总结者本人必须努力学习哲学、社会学、心理学、逻辑学、教育学等学科知识，积累他人成功教育的诸多案例及他人成功教育的经验，即积累关于教育的感性与理性认识。在这样的基础上进行本人的教育经验总结就容易产生联想，迸发出出人意料的思想火花，总结的教育经验也就能得到更多人的认可，给他人以新的启示。

2. 做好总结研究的计划

总结本人的教育经验，其方便之处是随时随地都可以进行，表面看来易行易做，实则并非如此。真正要找出自己的成功经验，也要经过一番艰苦的探索过程，正是"不识庐山真面目，只缘身在此山中"。本人的许多经验往往自己是看不到的，只有"旁观者清"。为此，总结本人的教育经验还要"借双眼睛看自己"，即从他人那里了解自己。而且，总结自己的教育经验往往容易大而化之，所以，在进行经验总结的准备时，要严格计划，使总结的全过程都规范而有序。例如，总结过程中先做什么、再做什么，什么事什

时候做、怎样去做，某件事在做的过程中需要哪些部门或个人的支持和配合，等等，事先如能有所考虑，并及早做好准备，对于自我经验的成功总结无疑有极大的帮助。

（三）搜集资料，归纳经验

在做好了充分准备的基础上，便可着手进行本人教育经验的总结。这一过程中的一项重要工作是搜集资料。一般说来，反映本人教育经验的资料较多地集中在以下三个方面：一是自己身边的，包括本人曾经写下的或是公开发表过的观察报告、调查研究报告、教育笔记（随笔）等；二是学生身边的，如学生的日记、作文以及自己任教的学科作业本；三是学校档案室保存的个人业务档案，如个人总结、体会、评价、学生考评意见等资料，还有同行及领导对自己的考核意见等。在获得一系列资料之后，就可尝试着进行经验的归纳整理。具体做法是将搜集到的资料集中起来，然后按经验方向这一线索加以排列组合，并运用归纳与演绎，做出由个别到一般，又由一般到个别的推理与判断。这样，有关本人的教育经验就会慢慢浮现出来。实践表明，不少人平时只顾工作，忽视了经验总结，一旦静下心来认真总结自己的工作时，绝大多数人都会有意想不到的收获，这些关于本人工作的经验不仅可以指导自己今后的工作，而且还能提高自信心，激发工作热情。

（四）构建经验理论体系

在经验被初步揭示出来后，还需要对它进行理论升华，即构建经验的理论体系。由于经验属于感性认识，只有被升华为理论，才能使其闪烁出理性的光辉，才能告诉别人"为什么这样做"，促进别人去思考与实践，也促使自己逐步成为一个丰富的思想者。我国著名小学特级教师窦桂梅不仅是课堂教学的能手，也是班级管理的专家，她在总结自己的班主任工作经验时不是就事论事，而是把她的做法上升到理论高度，从自己每一成功教育的现象中揭示出规律性认识。这不仅使她的经验更有说服力，也使她的经验包含了更多的理性成分，有了育人的共性，也就有了供人借鉴的可能性。她认为，班主任工作是管理人，而"世界上最宝贵的就是人，就是人的生命。用爱心培育爱心，用生命培育生命，用爱心回报社会，用生命铸就未来"。短短几句话，向我们道出了她班主任工作成功的真谛。

二、他人教育经验的总结

他人教育经验中的"他人"可能是个体，也可能是团体，一般说来实际工作中总结团体的经验较多。他人教育经验总结的步骤一般如下。

（一）确定研究课题，明确研究对象

总结他人的教育经验，研究者首先要考虑总结什么教育经验和谁的教育经验这两个问题。在教育过程中常出现一些新问题、新现象，身处教育第一线的教师们也会提出解决这些问题的各种办法。有些办法行之有效，具有普遍性，它们往往是我们教育研究选择的课题。例如：提高教育质量所采用的新教法与学法；教学内容和教学组织形式的调整；转变学生思想与行为的理念、影响方式、策略及其手段；个人对教育问题的新体会、新设想与新尝试等。研究者要善于从纷繁复杂的实践经验中确定有价值的研究课题，从而进行系统的研究。

在确定了研究课题的同时，研究者还必须根据经验总结的目的与任务，选择具有代表性的地区、单位或个人的经验，并按照一定的计划，有步骤、有目的地进行。例如，2005年4月，《中国教育报》组织了一批专家深入江苏省洋思初级中学总结他们的改革经验，《中国教育报》以"洋思现象"为题，面向全国推广洋思初中全面改革的经验，特别是"先学后教，当堂训练"的课堂教学结构改革，引起了基础教育界的广泛关注和好评。

经验除第一节所做的分类外，还可以按照它形成的性质分为成功经验与失败经验。通常情况下，经验总结是以单位或个人的成功经验为前提来确定研究对象的，但有时为了全面考察教育的实践过程，特别是考察某一教育行政部门在贯彻教育方针政策或实施教育改革方案等方面的情况时，就需要总结正反两方面的经验与教训。为此，选择的研究对象应包括好、中、差三种类型，使研究范围有点有面，点面结合，以取得完整和可靠的经验。我国第八次基础教育课程改革没有在全国一下子推开，而是先在全国建立若干个实验区，通过组织实验，认真总结实验区正反两类经验后才正式施行，这种做法是符合教育科学研究要求的。

此外，教育经验总结中的教育经验还存在着直接与间接、有关与无关的区别。直接经验指总结经验者所在单位或其本人在教育实际工作中形成的体验性、感悟性认识。间接经验指总结经验者所在单位或其本人通过学习他单位或他人的经验和方法，或通过文献资料的学习而获得的理论观点及其实际做法。当然，一个单位或个人在工作中运用了他单位或他人的经验后，自己又形成了新认识，并对工作做了创新性改进，这种新认识和改进就不是间接经验而是直接经验了。有关经验一般是指与本研究主题关系密切的经验，无

关经验则指与本研究主题关系不大或完全没有关系的经验。它们都是教育经验总结研究过程中需要考虑的对象。

（二）搜集信息，记录经验

落实了研究课题与对象后，接下来的工作便是对研究对象的经验进行认真搜集与记录。研究者应通过广泛而深入的调查，尽可能搜集大量而有益的经验信息，努力抓住直接经验与有关经验，剔除无关经验与间接经验，掌握大量第一手资料，为后面的分析研究提供重要的基础来源。

在搜集教育经验的同时，研究者一定要从客观实际出发，尽可能真实、准确、详细地进行记录。对经验获得者（单位或个人）经验取得的方法、手段、途径不篡改，对经验带来的效果不缩小、不拔高、不扩大，忠实反映。经验记录要求做到全面而准确，它包括以下内容。①对经验所呈现的问题或现象的具体描述，如问题或现象发生的时间、地点、人员等当时环境的描述，相关人员的心理状态分析，以及问题产生的原因和背景介绍等。②经验获得者对问题的分析与思考，是对经验所反映的深层次问题的探讨。③解决问题的一系列方法，指经验获得者在解决问题过程中的具体方法、操作步骤以及采取的相关态度，如经验获得者讲了哪些话，采取了哪些行为，做了哪些具体工作，它们分别在何种场合下进行等。④解决问题的实际效果如何，特别要认真记录经验获得者工作过程中的变化情况和不同收获，如经验者在改变了教育影响后所产生的一系列变化，包括被影响者的行为方式、学习效果等。人才的培养是一个渐进的过程，它并非施加影响后就能产生立竿见影的效果，而往往需要一段时间才能表现出来。这就要求研究者必须认真耐心地做好长期的观察记录，甚至对某一成功的教育经验需要不断调查、跟踪记录。⑤对不可控制因素影响的估计记录。学生在成长过程中，他们心理行为的变化受到多种因素的影响，其中有些是实质性影响，有些是非实质性影响。有些效果的获得并非是经验者施加影响的结果，而是不可控因素影响造成的。例如，一小学教师曾要求学生讲究公共卫生和个人卫生，一周后班上学生都做到了"饭前便后洗手"。对此，研究者认真做了记录，发现在教师教育后，学生讲究卫生的那一周，正好电视台报道我国广州发现了第一例"非典"。学生们做到讲究卫生，一方面是教师的教育，另一方面是受了电视报道的影响。可见，记录过程中全面地了解情况、掌握实质性资料对分析概括经验是十分有益的。

（三）初步整理，归纳经验

当研究者通过多种途径搜集到一定的经验材料之后，便可对这些经验材料进行整理。通过整理，一方面可以发现哪些材料比较齐全，哪些材料尚不充分，及时加以补充。另一方面，可以将零碎的材料系统化，并在此基础上归纳、提炼出初步经验。在这一过程中，研究者必须注意两点：一是切不可改变原始的经验记录，以确保经验的客观性；二是归纳时应按种类分层次进行，以防遗漏经验创造者的某一宝贵经验。

例如，某实验小学近年来坚持全方位、多角度地改革教育教学，使全体学生的素质大幅度提高。研究者对此认真做了记录，通过对经验材料的整理，他们按种类、分层次归纳的初步经验如下。

（1）筹措办学资金，改善办学硬件设施。

（2）加强教师培训，提高教师水平。

（3）办"少年体校""少年艺校""少年军校"。

（4）改革各科课堂教学，尤其是作文课，全面推行学生作文互批自改的教学模式。

（5）学生自办语文、数学学习小报成绩斐然。

（6）组织学生广泛参加社会实践活动。

（7）承担课改研究项目，推广"自能化教育"。

（四）鉴别筛选，提炼经验

原始经验材料大量存在，且丰富多彩，这些经验材料所记载的教育经验有些是有理论价值或应用价值的先进教育经验，有些是价值不大的教育经验，这就需要进行筛选，把那些有意义、有研究价值的经验作为进一步研究的对象挑选出来，其余的则放置一边。一般来说，判断教育经验是否有意义、有价值的标准有以下四项。

1. 有效性

它应是实践中真实存在，且被初步证明是有效果的经验。因为有效的经验才有推广的价值，而有效性的前提是真实性，那些不真实的、人为的假经验无论如何也不能进入被选之列。

2. 创新性

一般来说，先进的、有研究价值的教育工作经验不是新瓶装旧酒，而应独具匠心，应是经验获得者在教育实践中新的发现，是对某一潜在的教育规律的新认识，他们对教育规律的认识手段非同一般，往往另辟蹊径。

3. 普遍性

指经验占有广阔空间，具有推广运用的可能性。它不仅在某人、某处使

用时才表现出明显效果，而是在别人、别处使用时也有明显效果。

4．稳定性

指经得起时间考验并有良好发展前景的经验。

依据上述四条标准，我们可以对初步归纳的经验逐一分析，进行经验整合。合并与保留其中符合标准的那些经验，果断舍弃那些不符合标准的经验，坚持有所为，有所不为。只有这样，才能真正达到经验总结的目的，揭示出更多的教育因果关系，推动教育实践向着科学、高效的方向发展，提高人才培养质量。上例中，研究者认为该实验小学这些年能够大幅度提高学生的综合素质，他们创造的经验很多，但对照标准，推广"自能化教育"是本质经验，应该成为主选经验，而有些经验只不过是这一经验派生出来的，因此，可予以合并。还有些经验因不符合选择标准被舍弃掉了。

（五）核实与验证经验

总结研究教育经验的目的是为了推广。因此，对经验的认可必须慎重，以防误导，对教育事业造成危害。为达到这一要求，在教育经验总结研究过程中，往往对筛选出的教育经验还要进行认真核实与验证。教育经验的核实与验证是指采用科学的检测手段或实验方法对经验加以检验，检验教育经验中各类数据的真实性、经验行为产生的成果的可靠性和有效性。对教育经验进行核实与验证是开展进一步研究的必要环节。因为经验来自教育教学的自然状态，经验所提供的结果在取得过程中缺乏对无关变量的严格控制，所以往往难以揭示因果关系。只有通过实验的方法来加以科学的验证，才能证明某种因果关系是否客观存在着。例如，经验认为，在新一轮课程改革中编写的教材都比旧教材好，某种新教材的使用使学生学习成绩明显提高了。其实，学生学习成绩的提高可能并不是由于新教材使用，而可能是教师在课改环境下教学态度转变或学生的心理期待发挥了作用。如果不通过实验进行核实，误认为是教材引起的，这种经验就靠不住了。

对教育经验的核实与验证是既有联系又有区别的两种活动。它们的同一性表现在：它们的目的都是验证经验的真实性与可靠性。它们的区别表现在：核实指的是把经验提供的方法和效果与实际情形进行比较，看经验提供的方法和效果与实际是否相符。而验证采用的是实验方法，依据经验提供的方法和结果，设计一项或几项实验，验证此方法是否真实有效，或鉴定这一方法是否是导致结果的真正原因。它们的区别还表现在二者所处的层面不同，一般说，核实应在验证之前，核实是验证的基础，验证总是在核实的基础上进行。

对教育经验进行核实侧重于以下三大内容。首先，核实经验所提供的方法的具体内容和形式。例如，经验创造者在解决某一问题时采用了什么手段，这些手段的具体形式是什么，经验创造者说了些什么话，采取了何种态度，要求学生做了些什么以及使用了哪些材料、教具等。其次，核实方法的实施过程。包括实施过程中所涉及的时间、地点、人员、环境、背景、过程、阶段、步骤等。最后，核实效果。包括教育者施加教育影响后学生行为的变化、学习成绩的变化、能力的提高以及个性特点的变化等。上述核实内容直接影响着经验所反映的教育因果关系，认真核实与认定这些细节，可以进一步帮助研究者判断经验主体创造的教育教学成果的真正原因所在。因此，为确保核实工作真正有效，最好在不被对方觉察的自然状态下进行。一般采用座谈、观察、问卷等方法核实教育经验所提供方法的内容和形式；采用录音、录像等手段核实方法的实施过程；采用测验（书面的、口头的、技能操作的）手段核实经验产生的效果；等等。

对教育经验的验证有两种形式，即实验室验证和自然实验验证，而后者居多。实验室验证用来验证经验所提供的自变量与因变量的关系，确定经验中涉及的变量，哪些为有关变量，哪些为无关变量，以及经验提供的方法是否真实有效等。自然实验的验证，一般通过配设实验学校或实验班级，在一定样本范围内实施某种先进教育经验，观察并记录其是否有相同效果。

教育经验通过核实与验证，便可鉴定出哪些属真实有效的，哪些属虚假无效的；还有哪些经验需要做进一步修改与完善。这使经验的科学性大为提高，因为它是在因果联系中探求事物的本质。

这里需要说明的是，目前我国运用经验总结法进行的教育科研活动，达到上述要求的不多，因此，通过教育研究活动总结出的教育经验令人信服的也不多，被实践证明能够推广的就更少。

（六）教育经验的理论化

经过一系列工作，某一对象的教育经验就会全部显现出来，而且得到了初步提炼。但提炼了的教育经验尚未完全成为理论形态，因此，需要对教育经验进行分析综合、抽象概括的思维加工，提炼出科学的概念或基本假设，从而创立一种新学说或理论。可见，这一环节是至关重要的，没有这一环节，该活动就失去了它存在的价值，它也就不称为教育经验总结研究，而是日常工作中的经验总结了。

将日常工作经验总结上升为一种研究方法，其理论化过程可分三步

进行。

第一步，提炼经验主题。所谓经验主题，就是指反映经验实质的主题思想。它通常可用一句精练的语言来表示，如"实施分层教学可大面积提高教学质量""教科研乃提高教学质量之先导"……研究者提炼经验主题时，必须注意以下三条。一是运用科学的逻辑思维方法。实践过程中常有以下情况：有的经验事实所体现的思路、目标一开始就比较明确，提炼主题时可沿着经验者的思路和行为过程，概括出他们最具特色的思想观念；但有的经验者一开始构思笼统模糊，没有形成主导思想线索的经验，则可以将经验先分项，再逐层提炼，从而概括出经验各层中共同的且贯穿始终的主导思想。二是要善于透过现象看到本质，摒弃非本质因素的干扰。例如，搜集与记录经验时有这样的事实：某班主任，一般学生反映他很少到班上指手画脚；学生干部反映他经常召集学生干部开会，研究与布置班级工作；学校领导反映他管理的班级很好，既生动活泼又紧张有序。如果仅从现象上分析，难以找出其班级管理经验的思想观点，若深入本质就不难发现该班主任的经验是注重培养班级干部，善于通过学生干部管理班级，这便是经验主题。三是善于把经验事实纳入教育理论框架，为经验寻找高新的理论支撑。只有从理论的高度来审视经验事实，才能抽取出更为深刻的经验主题，构建出更有价值的理论体系。

第二步，形成理论术语。要使教育经验不只停留在认知水平，而是达到理论高度，必须通过一系列概念来组合，这些概念的语言表现形式便是术语。一般说来，术语化的程度反映出理论的抽象水平，所以，在教育经验理论化的过程中，应重视术语体系的建立。例如，合作学习理论，就组织学生学习情境而言构建了"竞争性情境""个体性情境"和"合作性情境"等术语，揭示教育情境与教学效果的关系。构建术语的方法很多，通常的做法有：①改造，即将日常用语科学化，赋予日常用语以科学内涵，并做出界定；②借用，将其他学科的术语移来解释教育问题，如"同构""共生"等；③引进，从国外引进适合本经验理论体系使用的一些新术语；④创新，研究者通过类比等方法创造一些新术语。

第三步，构建理论模式。有了经验主题和术语还不够，因为这只是教育经验中相关问题的呈现，还不足以揭示教育经验中的本质联系，只有把这些术语用经验主题科学地、有层次地组合起来，才能使经验成为真正的理论，以发挥经验对实践的指导作用。例如，江苏省常州师范学校特级教师邱学华将自己的数学教育经验概括为"尝试教学理论模式"就是一例。

第六章 教育经验总结

这里需要强调的是，被用来分析综合、抽象概括的教育经验一定是经过核实和验证的。因为没有经过核实与验证过的经验，往往是不可靠的，对不可靠的经验做理论概括，形成的新理论也可能是不科学的，不科学的理论会对教育实践产生误导。我国报刊介绍了诸多的改革经验，至今被应用推广的并不多，原因固然很多，其中缺乏可靠性和科学性恐怕是最重要的原因。当然，对经验进行抽象与概括的理论化过程也要有正确的方法与科学的理论作指导，特别是应有先进正确的哲学思想作指导。教育经验总结是教育研究方法之一，教育研究不仅要分析大量的教育事实，更要对这些事实做出说明和解释，这是教育研究的必然结果。

这里还要说明的是，任何理论或学说总是在一定条件和范围内才是可信和正确的。因此，人们在看到教育经验总结具有广泛适用性的同时，还必须看到其局限性，要辩证地考察。

第三节 运用教育经验总结的一般要求

教育经验总结虽然被广大教育研究工作者与实践工作者广泛运用，但人们尚缺乏对这一研究方法的深入研究。就目前国内研究来看，人们对如何运用这一研究方法提出了一些基本要求。

一、教育经验总结必须有坚实的客观基础

教育经验总结作为一种科学的研究方法，必须建立在客观事实基础之上，无论是研究所取样的经验材料还是研究者所秉持的研究态度，都不可掺杂个人的主观因素。由于教育经验总结常在自然状态下进行，如果研究者思想路线不端正，就容易使经验被歪曲。因此，研究者必须坚持辩证唯物主义的实事求是态度：研究对象提供什么事实，就总结什么经验；有什么经验，就提供什么理论依据，不得为赶时髦而杜撰经验。为防止主观随意性的产生，经验总结必须坚持定性、定量分析相结合，尽量让客观数据说明问题，防止主观臆断。

二、教育经验总结应具有代表性

总结教育经验可以多层面、多角度进行,但在研究的过程中要明确一点,即教育经验总结所选的研究对象应具有代表性。因为有代表性的经验才具有更多的共性和普遍性,才能上升为一般理论,使经验提升的教育理论具有更大的适用性。因此,在运用教育经验总结法的过程中要选取有代表性和典型意义的研究对象,选择的标准有三条:(1)研究对象本身所提供的主要内容是否建立在广泛的群众基础之上;(2)研究对象的经验内容能否推动面上实践的开展;(3)提炼的经验是否真实有效。

三、教育经验总结应全面研究相关教育经验

教育是十分复杂的社会活动,任何教育的成功都是多种因素共同起作用的结果。因此,总结教育经验决不能一叶遮目、只见树木不见森林,必须全面考察,深入研究。否则,不仅搜集的资料是支离破碎的例证,难以真正揭示出教育内部的必然联系,可能还会歪曲事实真相,形成错误的理论,贻误教育实践。全面考察要求教育研究者将影响教育结果的各种原因结合起来分析,既要考察教育外部的纵向、横向联系,又要把握教育内部各要素之间的关系。如果不全面考察就轻率地下结论,总结出的经验很难产生有益的社会效果。例如,进入21世纪以来,我国各地中小学校中的厌学学生人数明显增加,有人认为是网吧的引诱,也有人认为是"应试教育"、学生压力太大的缘故,还有人认为是独身子女娇气使然。应该说上述三点都是引起学生厌学的原因,消除学生厌学情绪应该"多管齐下"做工作,我国已有教师在这一方面取得了成绩,积累了宝贵经验。

四、教育经验总结应抓经验的内在本质

唯物辩证法告诉我们,事物的现象与本质之间的关系有时是很复杂的,有的现象反映本质,有的现象并不是本质的真实反映。教育是育人的活动,其复杂性不言而喻。因此,研究者一定要保持清醒的头脑,分清现象与本质,任何时候都不能被表面现象所迷惑,而应透过现象把握本质,坚守经验总结的目标,唯有如此,才能达到经验总结的目的。

五、教育经验总结应以创新为最终追求

以往的经验总结存在的一个突出问题是用已有的理论来剪裁经验，使得新经验的形成局限在既定的理论框架之中而无突破。因而，尽管这里出典型，那里出样板，结果推广一阵子，人们仍然回到老路上去，这与经验总结时缺乏创新不无关系。为使经验上升为理论，而且上升为新理论，研究者一定要有创新的意识。在总结经验的过程中，不能只是用已有的理论套经验，而应依据经验所揭示的规律，概括形成新的教育理论。这样做，不仅可以加速教育新观念、新理论的生成，也可增强教育理论对教育实践的指导作用。

思考与练习

1. 什么是教育经验？谈谈你对教育经验的理解。
2. 什么是教育经验总结？
3. 他人教育经验总结的基本步骤有哪些？

拓展性阅读导航

1. 李方：《现代教育研究方法》，广东高等教育出版社2004年出版。

该书对多种研究方法均进行了较全面的介绍。其中对教育经验总结的历史、意义、特点以及教育经验总结的基本步骤进行了提纲挈领的分析。

2. 杨小微：《小学教育科学研究》，北京师范大学出版社1998年出版。

该书介绍了教育研究整个过程的环节和方法。其中教育经验总结一章中通过理论介绍和案例相结合，详细介绍了教育经验总结的基本问题，并分别介绍了个人经验总结与群体经验总结的方式与步骤。

第七章
教育行动研究

第七章 教育行动研究

本章学习要点

- 教育行动研究的产生与发展
- 教育行动研究的含义与特征、适用范围与局限
- 教育行动研究对教师的意义
- 教育行动研究的一般步骤

第一节 教育行动研究概述

一、教育行动研究的产生与发展

教师从事教育研究,可有多种方式,例如,他可以像专业研究人员一样,确立一个课题,进行实验或调查,收集数据,最后分析数据,产生研究结果。但由于一线教师教学时间紧张,很难像专业研究人员一样有比较充裕的时间从事研究,加之一线教师对教育理论的背景了解不多,在研究的视野、分析的方法等方面可能会受到比较大的限制,所以,这样的研究方式在实践中往往并不可行。一线教师从事的研究,是从实践中来、到实践中去、在实践过程中进行的研究。以参与和合作为特征的行动研究(action research),正是这样的一种研究方式。

(一) 约翰·考利尔最先提出行动研究

行动研究究竟产生于何时,众说纷纭。一般认为,美国二战期间主管印第安民族事务的官员约翰·考利尔(John Collier)最早使用这个概念。考利尔于1933~1945年间任美国联邦政府印第安人事务局局长。在此之前,美国对印第安人采取的都是一种同化政策,约翰·考利尔上任后却采取了一种保护印第安土著文化、支持印第安人区域自治的政策。为了实施这一政策,他成立了一个专门的"种族事务研究所",研究具体的实施措施,研究所用的方法就是他称之为"行动导向的研究"(action-oriented research)。他认为专家研究的结果要靠行政人员和社会人士来执行,与其如此,还不如让行政人员和社会人士根据自身需要,自己作为研究主体,其效果可能会更

好。这是行动研究一词最早的用法。

（二）库尔特·勒温将行动研究引入社会科学研究领域

美国社会心理学家库尔特·勒温（Kurt Lewin）是行动研究的又一创始人。他不但将行动研究引入社会科学研究领域，还对行动研究的特征进行了阐述。二战结束时，针对美国由于战争消耗而导致物质匮乏所产生的社会问题，勒温对此开展了一系列的社会心理学研究，并将行动研究策略直接应用于研究中，于1946年发表了《行动研究与少数民族问题》一文。在这篇论文中，勒温提出"没有无行动的研究，也没有无研究的行动"的论断，强调行动与研究间的密切关系，并且认为"将科学研究者与实际工作者的智慧、能力结合起来，以解决某一实际问题的方法"就是行动研究。在这篇论文中，勒温将行动研究的一些特征做了阐述，如研究人员和实际工作者共同参与、研究过程的反复循环等。1948年，在另一篇论文中，勒温指出了行动研究的另一个特征，即为了改变（行为）而做的基于小组的、参与式的研究。

（三）斯蒂芬·柯雷将行动研究引入教育研究领域

哥伦比亚大学师范学院院长柯雷（Corey）将行动研究介绍到教育界，并积极加以推广。在《改进学校措施的行动研究》（1953年）一书中，他认为"所有教育上的研究工作，经由应用研究结果的人来担任，其研究结果才不致白费。同时只有教师、学生、辅导人员、行政人员及家长、支持者们能不断地检讨学校的各项工作，学校才能适应现代生活的要求。所以，学校的所有这些人员必须个别或集体采取积极态度，运用其创造思考，指出应该改变之处和如何改变的措施，并勇敢地加以实验；并且讲求方法，有系统地收集证据，以决定新措施的价值。这种方法就叫行动研究"。他不仅将行动研究引入教育行政管理、课程、教学等各个方面解决实际问题，而且详细介绍了行动研究的理论基础、特点、实施原则、实施程序和注意事项。

（四）约翰·埃利奥特等人使行动研究再度兴起并广泛受到关注

教育行动研究发展了近十年，到20世纪50年代末期开始逐渐衰退，因为在对具体教育问题的研究中，研究人员倾向于将研究者和实际工作者的责任区分开来。当20世纪60年代中期"研究—开发—推广"（RDD）模式创立并得到推崇后，导致了理论与实际的脱离，也导致了行动研究之研究及其在教育中应用的停滞不前。

直到20世纪60年代末、70年代初，行动研究才再度兴起。当时，在美国和欧洲以"RDD"模式开发的"新三艺课程"正被严厉批评,"新三艺课程"虽有著名专家指导、有设备优良的实验室和实验基地,但它远离了常态的学校生活和课堂实际,忽视了教师的作用,因而在教育实践中遭遇挫折。至此,人们开始反思教育革新和研究的方法,逐渐认识到,那种认为实际工作者(教师)不过是专家理论设想的执行者和验证者的想法和做法其实是很不明智的。

行动研究再度兴起的另一动力来自于英国,1973~1976年间,由约翰·埃利奥特(John Elliott)和克莱姆·阿德尔曼(Clem Adelman)主持的"福特教学计划",致力于倡导合作行动研究,提出"教师即研究者"(teacher as researcher)的口号。最初这一计划只是以东英吉利大学教育应用研究中心为基础的,但所有参与这一研究的人员,都投入到关于教和学的领域的调查、讨论等实践中去,因为他们认为中心的每一个成员都是一个研究者,同时也是一个"扩展的教师"。正是这种理论和实践相结合的研究推动了行动研究的发展。

目前,行动研究已在世界各国普遍推行。例如,英国建立了"课堂教学行动研究网络",支持研究人员和实际工作者的对话与合作;美国教育协会的一个分会——"辅导及课程发展协会"宣布,每一合格的会员应该对行动研究有足够的了解和应用能力。今天,在教育领域,行动研究已经成为一项声势浩大的国际性运动,每年都有大量的行动研究的文献出现。在我国,台湾地区的教育学者自20世纪70年代以来对行动研究做了许多介绍与研究工作,大陆从20世纪90年代开始逐渐形成行动研究的理论与实践热潮。

总而言之,行动研究的兴起,是教育理论和教育实践相结合的需要,是研究机构及其成员和学校教师对各自角色、担负的责任进行重新认识的结果,也是行动研究本身被作为一种通过连续不断的反馈、为教育实践发展提供简便易行的方法,而受到人们日益重视的结果。

二、教育行动研究的含义与特征

许多学者都尝试对行动研究下定义。《国际教育百科全书》行动研究词条的撰写人、澳大利亚学者凯米斯把行动研究定义为:"由社会情境(包括教育情境)的参与者为提高对自己所从事的社会或教育实践的理性认识、为加深实践活动及其依赖的背景的理解,所进行的反省研究。"行动研究的积极倡导者、英国学者约翰·埃利奥特的定义是:行动研究是对社会情境的研

究，是以改善社会情境中行动质量的角度来进行的一种研究取向。

由于理论背景众多，今天要为行动研究做一个明确的界定已经很困难。因为行动研究无论在实践上，还是在理论上，都已形成了一个庞大的"家族"，很难用一个定义把这个"家族"中各个成员的具体旨趣、范围与途径概括出来。不过，它们在目的上还是一致的：行动研究意在帮助实践工作者省察他们自己的教育理论与他们自己的日复一日的教育实践之间的联系；它意在将研究行动整合进教育背景，以使研究能在实践的改善中起直接而迅捷的作用；并且它意图通过帮助实践工作者成为研究者，克服研究者和实践工作者之间的距离。

有人把行动研究的特征概括为"为行动而研究（research for action）""对行动的研究（research of action）"和"在行动中研究（research in action）"。我们还可以从以下几个方面来进一步理解行动研究与其他研究方法相区别的基本特征。

（一）实践性

从研究目的看，行动研究的根本旨趣不是为了理论的产出，而是为了实践本身的改进。行动研究把解决实践问题放在第一位，研究者基于实践中所发生的问题，将它直接或间接地发展为研究课题，并将可能解决问题的各种方法作为变量，然后系统地在行动过程中逐个加以检验。行动的过程便是解决问题的过程，行动的结果也就是问题的初步解决。

从研究环境看，行动研究既不是在实验室里进行的研究，更不是在图书馆中进行的研究。行动研究的环境就是教师工作于其中的实际环境，从事研究的人员就是将要应用研究结果的人，研究结果的应用者也就是研究结果的产出者（至少是其中之一）。

（二）合作性

从研究主体看，行动研究要求实践者与研究者相互协作、共同研究。在这种研究过程中，教育实践工作者通过不间断地对自己教学行为的观察与反思，通过与理论工作者的经常性对话，增强教育实践的科学性，提高自身理解和应用理论成果的能力；而专业研究者也从教育实践的"局外人"转变为"参与者"，从只对"发现知识"感兴趣转变为担负起解决实际问题的责任，并用教育实践工作者能理解的语言把共同研究的成果表述出来。这样，就在专业研究者与实际工作者之间架起了桥梁，他们的合作与交流缩短了理论研究与实践活动、研究成果与实际应用之间的距离。

(三) 系统开放性

从研究过程看，行动研究是一个不间断的螺旋、反复的过程。行动研究不像实验研究那样呈现出假设与结果、计划与行动之间的必然联系，可以随时根据实践中出现的新情况、新问题调整研究方案，修改研究计划，甚至更改研究课题；行动中一旦有值得肯定的结果出现，也立即反馈到研究过程中。行动研究不是僵硬地遵循某一个严格的程序，而是在行动与研究之间保持一种良好的互动状态。

从研究方法看，行动研究并非一种独立于其他具体教育研究方法的特殊方法。严格地说，行动研究并不是一种独立的研究方法，而是一种教育研究活动，是一种教师和教育管理人员密切结合本职工作综合运用各种有效的研究方法，以直接推动教育工作的改进为目的的教育研究活动。这决定了行动研究往往对各种流派的研究方法、研究技术采取一种兼容并包的态度。

三、教育行动研究的适用范围与局限

（一）适用范围

行动研究是针对教育教学实际情境而进行的研究，因而它适用于解决实际问题，而不是理论问题；适用于解决中小规模的教育教学实践问题，而不是宏观的问题，真正做到从实践中来、又到实践中去。具体表现为：① 在教学中将新的改革措施引入原有体系，如实施新的教学方法等；② 对课程进行中小规模的改革，如改革课程设置、开发校本课程等；③ 作为职业训练的手段，提供新的技术和方法，提高教师的职业分析能力和自我意识；④ 学校管理评价，如班级控制与管理、学校控制与管理等；⑤ 对已确诊的问题进行补救，如差生的教育、态度的改变、不良心理的调适等。

（二）局限

自行动研究产生以后，就有这样或那样的非议，有的是行动研究本身存在的问题，有的则是对行动研究的误解误用。例如，有人认为，行动研究具有以下局限性：① 研究质量不高，难以将结果推广应用；② 研究者本身在观念方面、时间方面和能力方面存在限制；③ 由于研究中主管人员不支持或群体间意见不一致，造成协调上的困难；④ 研究是自行应验效果，难于客观地诊断问题。

第一点属于对行动研究的误解,行动研究的出发点并不是将结果扩大化,在更大范围内推广开来,它是以解决具体问题为出发点的。第三点属于对行动研究误用后产生效果的批评,并不是行动研究本身的弊端。第二与第四点则与行动研究自身的缺陷密切相关。

确实,在实际运用中,因为研究者或教育实际工作者较强调行动研究的简单易行、要求松缓的一面,而忽视其计划性、系统性和潜在的控制性,使得某些行动研究显得缺乏起码的可靠性和说服力。抛开这种误用不论,行动研究本身常以具体实际情境为背景,研究的样本受到限制,不具代表性,对自变量的控制成分很少,因而内外部效度显得都不高,在某些方面不符合科学的严格要求。考虑到这一点,行动研究不能取代其他的研究方法,如实验研究、教育经验总结等,而应吸纳其他研究方法的有利因素,使行动研究更加完善。

表7-1　行动研究、实验研究、教育经验总结三者的比较①

	实验研究	行动研究	教育经验总结
1. 必要的科研水准	需要在测量、统计知识和研究方法等方面经过较广泛的训练。有许多教育科学研究之所以科学性不强,其主要原因在于研究者缺乏足够的专业素养。	由于通常不需要进行严格研究设计与分析,所以对研究者在统计知识和研究方法方面的要求不很高。在教育测量知识方面,可能比一般教师所掌握的要求更高些,假如达不到这种要求,也可以通过咨询取得帮助。	由于不强调事先提出假设,不严密控制条件,一般教师不需训练就有能力进行研究。
2. 目标	获得可供较大范围的总体应用的概括性知识,发现教育规律,发展和检验教育理论。	获得能够直接应用于当前教育情境的知识,改善本地教育现状,优化教育过程,锻炼教师的研究能力。	获得能有效指导教育实践或能充实教育理论的有规律性的结论。
3. 研究主体	教育研究人员。	教育实践工作者。	教育实践工作者。

① 参见刘电芝主编:《中小学教育科研方法》,西南师范大学出版社2001年版,第291页。

续表

	实验研究	行动研究	教育经验总结
4. 问题的起源	通过各种途径提出研究的问题，研究者必须了解问题，但通常并不直接涉及其中。	从实际工作者面临的困难中确定课题，与改进研究者本身的教育教学工作的效果有直接联系。	来自于教育教学工作中急需解决的问题。
5. 假设	需要提供可供操作化处理和检验的相当专门化的假设。	问题的特别说明常视同假设。就理想而言，行动研究的假设必须接近于正式研究所要求的严谨程序。	由于是"回溯"研究，它不强调事先提出假设。
6. 文献查阅	通常需要查阅和评述大量的第一手材料，以便研究者对这一课题的实际状况有一个全面了解，使研究者站在前人的肩膀上。	让教师阅览间接资料，使其对被研究领域有一般性的了解。往往不对直接资料做完整而无遗漏的探讨。	需要充分占有第一手资料，它是研究之本。同时也要广泛收集相关资料，为研究提供可靠依据。
7. 取样	研究者试图从研究总体中获取随机样本或其他类型的无偏见的样本，但这一点并不能常常做得完美无缺。	班级中的学生或教师本身都可以作为研究对象。	研究对象的选择必须具有代表性、典型性、现实性。
8. 设计	在开始研究之前，进行详细、有计划的设计，注意维持供比较的条件，控制无关变量，减少误差。	在开始研究之前，按一般方式设计程序。研究期间，根据变化调整计划，对条件控制和降低误差不做过高要求。由于教师本人直接介入了研究情境，总会带有某种偏见。	不控制研究条件，不干预正常的教育教学活动过程，不对研究者施加任何获得预期结果的影响。在开始研究之前，要对研究过程进行总体构想。该构想由于始料未及的事情出现，需进行及时修订。
9. 测量	努力选取最有效的测量工具，对可用的测量工具进行评价，并在研究之前对测量工具进行预测试验。	不需要对测量工具进行严格的检验。参与者缺乏使用与评价教育测量工具的训练，但可通过咨询者的协助，进行令人满意的工作。	不需要对测量工具进行严格的检验。

	实验研究	行动研究	教育经验总结
10. 资料分析	经常要求复杂的分析。由于将结果普遍化是研究的目标之一，通常要求进行统计检验具有显著性。	简单的分析通常就够用，强调实际意义而不是统计意义上的显著性。	对收集的经验事实的思维加工和实践筛选是重要环节，主观性强，论证具有不确实性。
11. 结果应用	结果是可以普遍应用的，但许多有用的发现无法应用于教育实际。研究工作者与教师之间所受训练与已有经验的差异，易产生严重的沟通问题。	研究发现可立即应用于参研教师的班级，并经常可导致持久性的改良。	结果（先进经验）可以通过直接和间接两种形式推广。

四、教育行动研究对教师的意义

苏联著名教育家苏霍姆林斯基说：如果你想让教师劳动能给教师一些乐趣，使天天上课不致变成一种单调乏味的义务，那么你就引导每一位教师走上从事一些研究这条幸福的道路上来。行动研究正是教师所需要的研究方式，因为行动研究可以帮助教师达到以下目标。

（一）提高教育效果

"如果一个人在进行教学的同时也进行研究，那么他的教学效果一定会得到进一步的提高。即使他的研究工作并不像他希望的那么成功，但他可以继续有效地进行教学。一般说来，总会得到答案的。"[①] 教师开展研究有着得天独厚的优势。教师置身于现实的、开放的、动态的教育教学情境中，能够随时随地考察教育教学活动、背景以及有关现象的种种变化，及时准确地把握住实践中亟待解决的新问题，能够依据自身丰富的工作经验直觉地对假设、方案的可行性和有效性做出较准确的判断，以最快的速度解决问题，提出最贴切的改进建议。这种务实高效的解决教育教学实践问题的行动研究最有利于提高中小学教育教学质量。这已为众多的行动研究事例所证实。

[①] 叶澜著：《教育研究及其方法》，中国科学技术出版社1990年版，第9页。

（二）改变教师的传统形象

长期以来，中小学教师与专业研究者是两种不同的形象，而在这种传统的形象中，中小学教师总是处于无权的地位，他们只是被动地听从管理者、课程与教学专家、教科书编撰者的指导，而他们自己对教育教学理论与实践方面的意见不被关注，长此以往，他们也失去了思考问题的积极性和主动性。

行动研究传递了一种新的见解：作为实践者的教师，这个与一切专业理论研究者一样有着自己特定的知识和思想，有着理解能力、认识能力和思考能力的人，应该结束长期以来的消极被动的"教书匠"形象，而代之以积极、主动的新形象。他们拥有一种"扩展的专业特性"，有能力通过系统的自我研究、通过研究别的教师和通过在课堂研究中对有关理论的检验实现专业上的自我发展。这意味着，理论观念的倡导者与教师之间建立起了一种平等的关系，教师成为"研究共同体"中的重要一员。事实上，教师从事行动研究，就能真正成为教育教学专家，真正体验到职业的乐趣，感受到职业的内在尊严、价值与自信，焕发出自身生命的活力。

（三）促进教师专业发展

行动研究过程实际上成为教师的一个学习过程。教师在行动研究过程中通过不间断地对自己教学行为的直接或间接的观察与反思，通过与专业研究人员或其他合作者的交流，不断地加深对自己、对自己实践的理解，并在这种理解的基础上提高自己。这样，行动研究就超越了传统上对研究功能的界定——真理知识的增加，而成为"教师的发展"的一个过程。正因如此，近年来，行动研究作为一种专业发展途径的作用越来越受到人们的重视。

第二节 教育行动研究的步骤

行动研究自产生以来，所有的倡导者们都试图寻找一种能普遍推广的实施步骤，然而，几十年过去了，人们除了公认行动研究法是一个扩展的螺旋式发展过程之外，对于其具体的步骤或过程，有着种种不同的认识和表述。

在实施行动研究的具体步骤上，行动研究的创始人勒温确立了一些基本

思想：行动研究的起点是对问题的界定与分析；行动研究中应该包括对计划及其实施情况的评价及在此基础上的改进；行动研究的过程是螺旋式发展的过程。

柯雷在20世纪50年代初期提出了行动研究的五个连续步骤：明确问题；确立解决问题的行动目标与过程；按设计行动并对行动做记录，收集资料以确认目标实现的程度；整理相关资料，概括出行动与目标之间关系的一些一般原则；在实践中进一步检验这些原则。

凯米斯和麦克塔格特（Kemmis and Mc Taggart）对行动研究过程步骤的描述更多地继承了勒温的思想，认为行动研究是一个螺旋循环的过程：计划、行动、观察、反思，然后重新计划、进一步应用、再观察、反思。

我国台湾学者综合了有关行动研究的观点，提出了操作性较强的七个连续的步骤：发现问题；分析问题；拟订计划；搜集资料；批判与修正；试行与考验；提出报告。

其实，整齐划一的行动模式是不可能的，也是不必要的。不过，为了给行动研究法的运用者提供既可以参考又可以变通的模式，我们将行动研究法归纳为四个步骤：计划、实施、观察、反思。它们构成了一个不断扩展的螺旋式循环的过程。

一、计划

计划是行动研究的第一个环节，其主要任务是：发现问题，明确问题，分析问题和制定计划。

行动研究是一种以问题为中心的研究方式。发现问题是行动研究的起点。这里的问题指的是教师在日常教育教学中遇到的看似平常的问题。例如，学生学习某门课程积极性不高的问题，学生上课纪律不好的问题，新的教学方法能否提高学习成绩的问题，等等。

教师发现了某一问题之后，还需要进一步明确问题和分析问题，即对问题进行澄清和界定。因为要解决这些问题，关键是要对这些问题本身进行确认，要尽可能地明确这个问题的种类、范围、性质、形成过程及可能影响，以期对问题的本质有较为清晰的认识，为下一步研究提供依据。

在对问题做了界定与分析之后，接下来要考虑的是如何解决这一问题，提出一个总体计划，即对问题做了界定与分析之后，行动者可以根据自己或他人的经验，根据一定的教育理论，凭借自己对问题的理解，设计出可能解决这一问题的总体计划。一般说来，总体计划应该包含以下内容。

一是预期目标。这是计划实施后可能达到的目标状态。在陈述预期目标时要尽可能做到客观、具体，使预期目标具有可操作性和可检测性，防止模棱两可。

二是拟改变的因素。这是行动研究者为了解决问题而采取的一些方式方法，如准备采用新的教学方法、准备改变教学内容的呈现方式等。当然，这种改变绝不是随意改变的，它必须是在深入分析问题的基础上结合行动研究者的理论修养和经验而提出来的。并且，一次拟改变的因素不宜太多。

三是行动步骤与行动时间安排。即研究中先做什么，需多长时间，再做什么，又需多长时间……行动步骤安排是行动研究中十分重要的一个环节。为了能妥善处理一些始料未及的影响研究结果的一些因素，要求行动研究者对行动步骤的安排要表现出开放性和灵活性特点，同时在时间安排上也要反映出这个特点。

四是研究人员及任务分配。为了使研究顺利进行，计划中对任务的分配尤其重要。

五是搜集资料的方法。准备用哪些方式和方法来搜集资料。

例如，某学校姜老师任教小学高年级两个班的数学课，其中一个班的数学成绩在全年级五个班中排名第五。姜老师决心要改变这个班数学差的现状。他一方面改进课堂教学，另一方面加大作业量，除了课本上的习题一律全做外，还要做区里发的大量练习。一个学期结束后，期末考试平均分仍排年级第五。姜老师深感这个成绩与学生做作业所付出的精力相比，相差甚远（发现问题）。于是他决定用行动研究来解决提高班上学生的数学学习质量问题。为此，他阅读有关学习理论及作业改革方面的文献资料，请市教科所研究人员做指导，在获知数学作业的目的、形式、作业量与练习效果的关系等相关理论后，确定了"改进数学作业的量和质，提高练习效果"的研究课题（明确问题）。姜老师还收集和整理学生对数学作业的意见，发现学生对数学作业兴趣低落，练习效果不佳，原因是重复练习多，缺乏有一定难度的习题且题型单调（分析问题）。因此，姜老师决定对数学作业进行结构调整，即每次作业中模仿性练习题和创造性练习题的比例为7：3或8：2，以提高数学作业的练习效果。数学平均分最低的这个班为实验班，姜老师同时教的另一个班为对照班，采用观察法、实验法、测验法进行数学作业练习的研究

（制定计划）。①

研究者在计划时应注意：① 任何行动必须是行动者能够做到的；② 了解拟研究问题的研究现状；③ 行动研究不能干扰正常的教育教学活动；④ 所采取的行动研究必须在一段时间内能测量出结果。

二、实施

实施是行动研究的第二个环节，它的主要任务是行动。它是整个行动研究工作成败的关键。行动就是行动研究者在获得了关于行动背景和行动本身的信息，经过思考并获得一定程度的理解后，有目的、按计划采取的行动步骤。

如上例中，姜老师根据行动方案，开始进行改进数学作业的实验。他观察并记录了学生的作业时间和作业正确率，发现中等以下学生完成创造性练习题有一定困难，于是不断调整创造性练习题的难度，使多数学生能通过创造性思考解答创造性练习题。

研究者在行动时应注意：① 行动是不断调整的，在行动过程中，随着行动研究者对问题的认识逐渐深化，以及行动过程中各种信息的及时反馈，行动研究者可以不断吸取参与者的建议，对实施中的计划进行修改、调整，甚至是重新选择问题，开展研究；② 行动的目的是为了解决实际问题，而不是为了检验某一计划。

三、观察

观察是行动研究的第三个环节。它主要是对行动过程、结果、背景以及行动者特点的考察。究其实质是搜集研究的资料、检查行动的全过程。由于教育教学实践的复杂性决定了行动研究必然要受到多种因素的影响和制约，而且许多因素不可能事先确定和预测，更不可能全部控制。因此，需要行动研究者在行动过程中仔细观察，不断发现，获得反馈意见，修改行动计划，因此，行动研究法赋予观察以重要作用。

如上例中，姜老师在采用了新的作业结构后，学生的作业态度发生变化了没有？发生了多大变化？什么原因？这些都需要观察才能及时获得相关信息。

---

① 参见陶文中：《行动研究法的理念》，《教育科学研究》1997 年第 6 期。

研究者在观察时应注意以下四点。

一是观察的内容要全面。一般说来，观察的内容主要包括：①行动背景因素及其制约方式；②行动过程，包括什么人以什么方式参与了计划的实施、使用了哪些材料、安排了什么活动、有无意外的变化、如何排除干扰，等等；③行动的结果，包括预期的和非预期的、积极的和消极的，等等。

二是搜集的资料要全面。在观察中，要注意搜集三个方面的资料：① 背景资料，它是分析计划设想有效性的基础性材料；② 过程资料，它是判断效果是不是由方案带来的和怎样带来的观察依据；③ 结果资料，它是分析方案带来什么样的效果的直接依据。

三是观察的方式要灵活、有效。一般说来，可根据具体情况选用以下三种方式中的一种或几种合用。①行动研究者可邀请自己的同事或相关领域的专业研究人员来帮助观察和记录。这种方式的优点是易于发现研究中出现的新问题，也易于促进行动研究者与专业研究人员的相互交流与合作。但这种方式的最大缺点是研究环境中出现的第三者会影响行动研究的效果。②行动研究者可委托一个或几个研究对象对情况进行观察和记录。这种方式固然可以消除因第三者出现在研究现场而带来的负效应，但是由于研究对象对环境等方面情况的理解可能与行动研究者的想法相去甚远，从而导致记录的结果可能会出现偏差。③现代化的记录观察手段，即对整个研究实地进行多方位的录音录像。这种方式便于行动研究者准确地、反复地观察，但需要相应的设备，研究费用较高。

四是观察的方法要科学。要根据研究情况选取相应的一种或几种观察方法。

四、反思

反思是行动研究的第四个环节。它是对行动实施的效果和过程全面进行总结、评价，并在此基础上计划下一步的行动。所以，它是行动研究第一个循环周期的结束，又是过渡到新的循环周期的中介。

如上例中，姜老师在实施新的数学作业结构后，该班学生的数学成绩逐渐上升，在期末年级统一考试中，实验班的平均成绩位于年级第二，进步非常显著。这表明，"改进数学作业的量和质，提高练习效果"的实验确有成效。姜老师总结了成功的经验，撰写了研究报告，并决定在今后的数学教学中扩大实验成果，不断提高教学质量。

研究者在反思环节应注意以下四点。

一是反思的内容要全面。一般说来，反思环节至少应包括以下几方面内容：① 问题界定是否明确？② 行动的操作定义是否清楚？③ 研究计划是否周详？④ 行动中是否按计划实施？⑤ 资料搜集和记录是否翔实无误？⑥ 研究的信度和效度如何？⑦ 资料的分析与解释是否慎重恰当？

二是反思要以科学的理论作指导。

三是反思要以实际问题解决的程度为依据，而不追求解释是否完善。

四是写出研究报告，拟订下一步行动计划是否需要修正及应做出哪些修正的结论。

第三节 教育行动研究的策略

一、问题发现

一般说来，教师是凭借自己的经验及观察力，捕捉实践中存在的问题，这些问题主要包括：① 教育教学情境中发生了什么问题？从什么意义上讲有问题？与自己的期望或价值有什么冲突？② 这些问题对你、对班级、对学生的重要性如何？③ 那个问题不解决不行吗？哪一个问题将成为解决的突破口？①

对教师来说，产生行动研究的问题领域主要是以下几个方面。②

一是学生的个性发展。学生的个性发展是学校教育的一个十分重要的方面。以往的教育改革较多的是侧重于教学质量的提高，而没有将发展学生的个性放到应有的地位加以重视。行动研究强调研究过程的参与性，专家、教师、学生都是研究过程的重要角色，彼此之间的广泛接触交往，非常有利于调动相互间的积极性。在教育过程中，一旦发现某些学生产生教育上的问题，这种参与式的行动研究法，将集专家、教师的智慧，并在具体过程中根

---

① 参见郑金洲：《行动研究：一种日益受到关注的研究方法》，《上海高教研究》1997年第1期。

② 参见李酉亭、邹芳：《行动研究法和教育》，《上海师范大学学报》（哲社版）1995年第1期。

据学生的实际反应进行调整补救,直至妥善解决问题。行动研究还将心理咨询与行为矫正结合起来,针对学生心理和行动上存在的问题提出有效的建议、措施,从而使学生的个性得到健康的发展。

二是课堂教学。课堂教学是学校教育活动中最主要的环节,行动研究与课堂教学改革的结合不仅是可能的,而且是可行的。上海青浦县的数学教学改革可看作是行动研究的范例(参见本章附录二)。

三是课程研究。行动研究在课程发展研究中的运用已有二十多年的历史了。早在1967年,英国开始实施一项"人文课程计划",试图发现一种能在课堂上落实的人文课程体系及与此相关的教学策略。结果,行动研究在该项研究中发挥了重要作用,教师因为不再被简单地当做研究对象或研究的操作者而表现出很高的热情。目前我国有些学校进行的课程改革,如"板块结构课程"也是运用了行动研究的结果。他们首先看到了原有课程结构的弊端,于是邀请科研人员,结合本校的教师、行政人员、社区的力量,提出改变原有结构的总体设想。第一步,他们发现要丰富学生的课余生活,应增加学生的活动课时;随着实践的深入,他们又提出"开发学生的潜能",于是开设了"选修课";当迅速发展的时代对青年一代的知识量、信息量提出新的挑战的时候,"微型课"应运而生了。

四是学校管理。行动研究可用于确定学校的工作重点,避免因一两位领导的决策失误而导致学校工作的损失;行动研究可用于制定合理的规章,因为它能不断得到与此有关的教师和学生们的意见;行动研究可用于学校管理的评价,因为在它的整个运行中,不仅有日常的观察记录、谈话录音录像、开会记录、各种小结评定,还有研究人员对这一研究所做的统计分析、数据处理、图表等,因此,可为学校工作的评估提供全面客观的依据。

许多教师由于长期埋头于日常教育教学事务中,常常将许多问题视为理所当然,不加以质疑。行动研究就是要发展教师发现问题的敏感性,敏于其所看、所闻,并深入思考其意义。发现问题的方式有:① 无中生有,有中生新;② 化熟悉为新奇;③ 制造问题,而非接受问题;④ 从反面看问题。

二、资料收集

行动研究的资料是多元的,研究者的所听、所闻、所想、所感都是资料,都要收集,不可放过。我们经常用到的收集资料的方法有调查、观察、访谈与问卷(参见本书第四章)。另外,要注意个人资料的收集与记录。个

人资料主要有两大类：学生的个人资料和教师的个人资料。

学生的个人资料可能包括学生的家庭背景、简历、以往成绩表现、兴趣爱好、个性特点等，视不同的问题，可能会设立新的内容项目。行动研究是以改善实践为宗旨的研究，因此，鼓励教学实践中的重要主体——学生参与到行动研究过程中来，并把自己在这一过程中的一些体验表述出来。这不但对行动研究的进行具有积极的意义，而且也可以收集到许多有价值的资料，有利于全面地分析研究结果，以便为以后的进一步研究工作打好基础。

教师自己的个人资料也是行动研究的重要材料。加拿大教育学家康内利和柯兰迪宁通过对"教师个人实践知识"的研究发现，教师通过分析自己的实践经验、个人历史，可以获得对于自己所从事的教学实践的清晰认识，并在这一认识的基础上提高自己的实践能力。教师有意识地记录自己从事教学工作的所见、所闻、所感，并适时地分析和总结这些资料，往往能够获得对于自己实践的比较全面的认识。因此，我们建议教师在从事行动研究的过程中记录和积累自己的"教历"，主要内容可以包括：自己对某堂课或某个单元的设计、实施的情况，自己对实际教学过程中出现的一些问题的观察与分析，通过分析提出的可能解决方案，这些方案在下一节课或几节课中的实施情况，等等。这样比较系统地记录教师个人对教学实践的设计、观察与思考，一段时间后进行分析与总结，不但能使教师对自己的实践有一个比较清晰的了解，而且也能为行动研究结果的分析提供真实的、体系化的材料。

行动研究要尽可能使用第一手数据，因此，非结构性观察、深入访谈、文件分析等成为主要的数据来源。文件又包括日记、田野杂记、自传、随笔、心得、报告、考卷、作业、录音（影）带、照片等，都可根据实际情况相机而用。教师要拿起笔来，用心观察，随时发问，努力记录，缜密思考。撰写研究日志，即行动研究者每天将自己的研究实践记录下来，并且进行反思。这是一个伴随着研究全过程的重要方法。

为了更好地收集资料并思考其意义，研究者还必须熟悉研究的基本技巧，教师可以通过以下途径逐步提高：学校可将教育研究法列为教师进修课程，安排系列讲座；教师可利用教学研究会共同讨论，分享心得；可参阅教育研究基本书目，用心体会；组成小组一起检讨某篇研究报告，或请原作者来分享经验；等等。教师熟悉了研究的基本概念或技巧后，实施行动研究就容易了。

三、人员组合

由于参与行动研究的成员的成分不同,行动研究可以有如下三种模式。

一是合作模式。在这种研究中,专家(或传统意义上的"研究者")与实际工作者一起合作,共同进行研究。研究的问题是由专家和实际工作者一起协商提出的,双方一起制定研究的计划,共同商定对研究结果的评价标准和方法。

二是支持模式。在这种类型中,研究的动力来自实际工作者,他们自己提出并选择需要研究的问题,自己决定行动的方案。专家则作为咨询者帮助实际工作者形成理论假设,计划具体的行动以及评价行动的过程和结果。

三是独立模式。在这种类型中,实际工作者独立进行研究,不需要专家的帮助和指导。他们摆脱了传统的研究理论和实践规范的限制,对自己的研究进行批判性的思考,并且采取相应的行动对现实进行改造。

根据以上三种模式,一般教师参与教育行动研究的方式也表现为三个层次:某教师单独对该班某学科的教学实行新方法,或将自己的新观点转化为行动;学校组织若干教师组成研究小组,自行开展研究,或在外来研究者指导下进行研究;由专业研究人员、教师、政府部门、资助者、学校行政领导等组成较为成熟的研究队伍,支持从事的研究。

行动研究的本质是合作的,即由多方面人员共同开展结合教育实际的研究。合作的方式有多种,但无论何种合作,都应本着平等互利的原则,倡导"教育研究自愿者组合"。在实际的行动研究中,人员组合应注意什么问题呢?下面的案例也许能提供一些启示。[①]

尽管课堂行动研究可由课堂教师独立完成,但是,由教育研究者、协作教师和课堂教师共同组成的"行动研究小组"最为恰当。那么,在这种结构的人员构成中,教育研究者和协作教师如何帮助课堂教师提高专业实践水平、改进课堂教学呢?在实践中,我们主要采用了"临床诊察"方法,取得了良好的"组合效果"。

"临床诊察"这一术语是我们借用皮亚杰的"临床法"和巴班斯基的"教育会诊"两个术语嫁接组合而成的。所谓"临床诊察",就是教育研究者

[①] 参见宋秋前:《中小学教育行动研究的实践模式及其基本原理探讨》,《普教研究》1995年第5期。

和协作教师与课堂教师一起有目的地对课堂教学过程进行严谨的理性观察和面对面的分析讨论,并提出改进策略的一种课堂教学诊断方法。具体操作如下:

1. 诊察前讨论。教育研究者、协作教师与课堂教师共同讨论教学计划,初步制定诊察重点和记录诊察结果的方法等。

2. 课堂教学诊察。教育研究者和协作教师到课堂听课并做有关记录,以便课后与课堂教师共同讨论和制定改进策略。

3. 行动研究小组成员个体分析。行动研究小组成员并不急于发表具体意见,而是首先各自反思课堂上所发生的一切,分析存在的主要优缺点,提出克服缺点的行动策略,决定在讨论中需要解决的问题。

4. 会诊与讨论。教育研究者和协作教师分别向课堂教师提出反馈意见,共同讨论和提出改进措施。

5. 反思。行动研究小组成员分别对自己的诊察过程和行为进行反思,不断提高对教学过程的自我分析能力,并由此进入下一轮临床诊察的发展研究。

在实践中,我们体会到,按上述过程运用临床诊察方法进行行动研究,下述两个方面应特别引起注意。① 教育研究者应发挥自己作为顾问、观察者、反馈者和评价者的作用,努力使课堂教师对自己采取的行动产生信任和开放的态度,乐意与自己一起检验课堂教学效果。一开始,课堂教师会觉得这种研究方法是学校和研究者强加的,对研究者和协作教师进入自己的课堂产生一种威胁感。因此,研究者和课堂教师一定要在思想上沟通。这是极为重要的环节。② 除教育研究者外,还需要课堂教师和协作教师对预先商定的教学的某个方面互相做出非判断性的观察评价和分析性研究,尽量给已发现的问题寻找可能的解决办法,共同对有关教学事件做出分析讨论。因此,有关方面应慎重选择协作教师,并注意配合与协作。

四、成果表达与评估

行动研究的研究报告有自己的特色,允许采取很多不同的写作形式。其最大的特色是把"他人"纳入研究报告的写作中,让所有的参与者都参与写作,让具有批判能力的朋友、协同研究者和同行参加到对研究报告的评议中。比如,参与者可以共同撰写叙事故事,一起创造试验性的杂乱文本,让不同的、多元的声音一起说话;也可以编制一系列自传、个人的叙述、生活经验,甚至文学文本,让当事人直接向公众说话。行动研究的文本已经超出了科学与文学的界限，正在向科学研究的极限挑战。①

目前，我国中小学的教育行动研究已创造出了不少新的成果表达方式，② 我们可以参照应用。

一是案例解读式。由教师自己提供或从其他教师处获得一个或多个教育教学中的案例，从自己对这个问题的认识出发进行解读。可以从不同视角运用不同理论根据，提升对这个问题的理性认识。

二是叙事式。内容是教师日常教育教学工作中发生的事情，方式是由教师自己向别人讲述这些事情，有人称"讲述自己的故事"。教师在叙事过程中提出自己思考的问题与同事讨论，各抒己见，见仁见智。

三是对话引领式。教师十分喜欢就自己工作中的问题与理论工作者对话，与教育教学专家对话。他们往往就一堂课中的问题或学生发展中的问题，与学者对话，希望在对话过程中得到专家们对自己研究方向或研究内容的引领。

四是听课反馈式。就教师上的某一堂课进行评课。这种评课区别于一般教研论文的特征是：这类课一般体现某项课题研究的内容；参评教师非单一学科教师。这种研究活动有助于不同学科教师、不同类型教师以及不同研究课题的相互沟通。

五是反思式。教师以自己的职业活动为思考对象，对自己在职业中所做出的行为以及由此产生的结果进行审视和分析。反思的本质是一种理解与实践之间的对话，是这两者之间的相互沟通的桥梁，又是理想自我与现实自我的心灵上的沟通。反思总是指向自我的，在教学反思过程中实际上是将"学习教学"与"学会学习"统一起来，努力提升教学实践的合理性，使自己真正成为教学和教学研究的主人。

但我们必须清醒地认识到，行动研究的本义是强调行动的改善，并不以理论的产出为根本目的，它强调行动研究的过程应是循环往复的过程。然而在已有的行动研究尝试中，经常会出现这种状况：无论是有关学校领导，还是一般教师，往往一开始就只注重"研究成果"的外在表现形式（如专著、文章等）上，而不大在意研究内在的一些价值。就成功的行动研究而言，转变"成果"观念，不但是进行行动研究的必要保障，而且能够产生比专著、

---

① 参见陈向明：《什么是"行动研究"》，《教育研究与实验》1999年第2期。
② 参见单本荣：《中小学教育科研范式的转换》，《江苏教育研究》2003年第3期。

文章更有实质性价值的效果。关注"行动"的改善、强调"研究"过程中的交流与研讨，不但会大大提高教师对研究的兴趣，而且，它对教师素质的提高——行动研究的培训价值——也能起到很好的效果。而这后一点，对我国中小学教师来讲，意义尤为重大。

因此，行动研究质量的衡量标准可以从以下几个方面考虑：① 研究是否有利于发展和改善目前的社会现实，是否解决了实际的问题或者提供了了解问题的思路；② 研究是否达到了解放实践者（教师）的目的，使他们不再受到传统科学研究权威的压迫，提高了他们自己从事研究的自信和自尊；③ 研究设计和资料收集的方法与实践的要求是否相容（如时间、经济条件、专业文化等）；④ 研究是否发展了实践者的专业知识，加深了他们对实践的了解，改进了他们的工作质量和社会地位，使他们的专业受到社会更大的重视；⑤ 研究是否符合伦理道德方面的要求，是否与具体情境下的行动目标以及民主的价值观念相容。①

思考与练习

1. 教育行动研究有什么特点？
2. 教育行动研究对教师有何意义？
3. 结合实例谈谈教育行动研究的一般步骤和操作要领是什么？
4. 利用教育实践机会，体验一次行动研究的过程，要求写出研究报告。

拓展性阅读导航

1. 袁振国：《教育研究方法》，高等教育出版社 2000 年出版。

该书第十四章对教育行动研究的理论背景、基本特征、基本过程以及行动研究对我国中小学教师的意义等问题逐一进行了概括性介绍。

2. 陈桂生：《到中小学去研究教育——"教育行动研究"的尝试》，华东师范大学出版社 2000 年出版。

该书结合实例，具体介绍了我国中小学教育行动研究的过程与方法。

---

① 参见陈向明：《什么是"行动研究"》，《教育研究与实验》1999 年第 2 期。

附录一：青浦数学教改实验[①]

上海青浦县十年教改实验采用行动研究法，研究成员主要由一线教师组成，并组成领导挂帅、专家指导、教研推进、教师操作的科研群体。整个研究工作分为以下几个阶段。

1. 三年调查。课题组通过听汇报、检查教学计划、考察课堂教学、看历年教学总结、抽查学生作业和试卷、开座谈会、个别交谈以及各类针对性测验等形式，对全县教学质量进行普查。每次普查学生数千名，共进行22次。结果发现学生有两个值得注意的问题：一是停留于模仿，独立思考能力较差；二是知识遗忘率很高。部分教师尚未掌握教材，上课常出知识性错误；习惯于机械的、灌输式教学，搞死记硬背。通过调查，发现问题，有利于采取对策进行解决。

2. 一年筛选。课题组充分分析和总结优秀的教学经验，了解学科教学以及与它有关的其他学科如心理学等的研究成果，然后运用这些经验和成果，结合施教对象的现状和要求提出计划。经过计划、实施、评价诸环节的多次反复，直到筛选出有效的教学措施。

3. 三年实验。为了深入摸索筛选所得的主要经验在教学过程中的作用以及在不同类型学校、不同程度班级中运用这些经验的可行性，课题组开展了为期三年的教学科学实验。实验前，根据实际制定出较为详细的研究计划；实验中着重落实各项行动措施，同时非常注意反馈的结果；实验后对每个教学单元及学期结束时进行统一考试，每学年进行一次阅读能力及思维能力测验，及时反馈矫正。

4. 三年推广。推广过程中不断修正、检验和反馈原先制定的计划和得到的结论，再进入下一轮实践。

从青浦教改实验的流程中，我们不难发现，该项研究是按照行动研究的计划—行动—观察—反思等环节持续地推进实验进程，使之从第一轮向第二轮螺旋式向前发展。

[①] 王守恒主编：《教育科学研究方法基础》，安徽大学出版社2002年版，第166～167页。

附录二：关于解决大多数儿童唱歌走音问题的研究过程①

1. 问题。某教师在新学期接手了一个由其他教师执教的中班后，发现该班大多数儿童在唱歌时严重走音，其中在唱某三首歌曲时走音的情况特别严重。

2. 第一次诊断。经与年级教育小组其他教师共同讨论，推断其原因可能是：该班在小班阶段教师教歌曲的进度太快，致使儿童没有能够真正掌握。

3. 提出解决方案。经共同讨论后提出：该班暂时不教新歌，而将这三首歌曲全部重新教唱，并且在教唱时特别使用分句教唱、反复听、反复模唱的方法，以避免唱错音和唱走音。

4. 实施方案。该班教师按计划认真地重新教唱三首歌曲。

5. 评价问题的解决情况。在实施过程中，教师注意观察并记录每次教唱的效果。发现儿童对反复学唱过的歌曲没有兴趣，学唱活动过程中注意力不集中、情绪消沉、烦躁。在反复倾听、模唱个别句子或个别音的时候，儿童可以暂时达到不走音的要求，但是一旦将全曲连贯起来唱，往往又会按照习惯的方式唱错音或唱走音。有时即使在反复训练后，当时可以做到连贯歌唱也不走音，但当隔了一段时间后再唱这首歌时，又会回复到原先的走音状况。经一再反复训练后，仍旧不能改善这三首歌曲的走音状况。

6. 第二次诊断。年级教育小组再次讨论，推断其原因可能是：因儿童对这几首歌曲已形成了错误的定势，很难予以纠正。所以不能再唱。

7. 再次提出解决方案。经共同讨论决定：该班放弃对这三首歌曲的反复训练，改教其他新歌曲。

8. 实施方案。该班教师按新方案教唱新歌曲，并请幼儿园比较有经验的教师到场旁听。

9. 评价问题解决情况。在实施过程中，发现儿童仍旧容易唱错音和唱走音。同时，执教教师和旁听教师都发现：该班儿童学习歌唱的方法有问题。这些问题表现在：该班儿童没有倾听范唱的习惯，教师或录音磁带一

---

① 许卓娅主编：《学前儿童音乐教育》，人民教育出版社1996年版，第393～395页。

第七章 教育行动研究

唱，儿童马上就跟着一起唱；该班儿童没有倾听自己歌唱声音的习惯，一开口就用很大的声音唱，而不注意自己的歌声与范唱的歌声、伴奏的琴声是否一致。

10. 第三次诊断。经共同讨论推断：该班儿童不会倾听，总是在尚未形成正确、清晰的声音表象之前就开口唱，这是造成容易唱错音、唱走音的重要原因。该班儿童不会用适中的音量歌唱，不会监听自己的歌声，总是只顾唱不顾听，没有反馈调节的过程，这是造成唱错音、唱走音的情况难以避免和纠正的重要原因。

11. 再次提出解决方案。经共同研究后决定：以培养该班儿童良好的学习歌唱的习惯入手，坚持要求儿童先听、反复听，听熟了再开口唱；坚持要求儿童用适中的音量歌唱，并且反复提醒儿童边唱边注意倾听教师的范唱、伴奏和其他儿童的歌声，力求和大家的声音协调一致。

12. 实施方案。该班教师认真实施新方案，并请幼儿园比较有经验的教师经常到场旁听，指出教师指导中没有注意到的问题。

13. 评价问题解决的情况。经过一段时间，该班教师和旁听教师一致认为：问题已基本得到解决。

14. 总结。该班教师与有关人员一起总结研究工作的全过程，撰写研究小结，并将研究结论向有关人员报告。

第八章

教育叙事研究

第八章 教育叙事研究

学习要点

- 教育叙事研究的含义、特点及意义
- 教育叙事研究的内容
- 教育叙事研究的过程
- 教育叙事研究的实施要求

第一节 教育叙事研究概述

一、什么是教育叙事研究

叙事就是"讲故事",教育叙事就是讲述教育故事,教育叙事研究就是以叙事的方式开展的研究。它是研究者(可以是教师本人)通过对有意义的教育教学事件、校园事件、个人生活事件的描述与分析,感悟或揭示这些事件背后的教育论断、教育理论或教育思想,从而改进教育行为的过程。

叙事原本是文学写作的手法之一,将叙事引入教育领域并作为教师的研究方法,是在 20 世纪 80 年代加拿大几位课程学者开始倡导的。他们认为,教师从事实践性研究的最好办法,是说出并不断地积累一个个"真实的故事"。这些故事源自于教师的生活,它们并不直接规定教育的定义或特征,但可以让读者从故事中体验教育是什么或应该怎么做。我们在中外教育名家的成长过程中都可以看到这种教育故事的积累。苏联的苏霍姆林斯基一生积累了 2 700 名学生的教育记录,能指名道姓地说出 25 年中 178 名"最难教育"学生的曲折成长过程。中小学第一线的著名教师如魏书生、斯霞、马芯兰、孙维刚以及在新课程改革中涌现的年轻一代专家型教师,他们的教育经验往往都存在于一个个的教育故事中,我们也正是从这些故事中领略他们的教育思想和教育艺术。

教育叙事研究从方法论层面看,是一种"质的研究"。所谓质的研究,是"以研究者本人为研究工具,在自然情境下采用多种资料收集方法对社会现象进行整体性探究,使用归纳法分析资料和形成理论,通过与研究对象互

动,对其行为和意义建构获得解释性理解的一种活动"。① 具体来说,教育叙事研究是从教师的教育生活中选取一些有价值的事件,收集记录事件发生全过程的资料,对事件(故事)所包含的教育问题、冲突、策略进行分析研究,最后通过这些个别事件归纳出带有一定普遍意义的教育认识、思想、方法的过程。因此,教育叙事的实施过程与传统的个案研究、经验总结有几分相似,但是,教育叙事研究更强调叙事,而不是理论创新或论证,其成果形式往往就是一篇"有意义的故事"。因此,相比于其他教育研究方法,教育叙事研究有其独特的特点与意义。

二、教育叙事研究的特点

(一) 教育叙事研究的主角是教师

教育叙事研究是讲述和解释教师的教育故事,一般是教师"叙说"自己的故事,研究者把它"记述"下来写成一份报告。在这个过程中,教师必然是研究的主要参与者,他至少是故事中的主角。根据故事的叙说者和记述者的不同,教育叙事研究有两种不同方式。

1. 教师自身同时充当故事的叙说者和记述者

这时,故事中的主角是"我"或者"我们",叙事的内容是教师自己的教育实践或解决某个教育问题的过程。目前国内可见的大多数叙事研究都是由一线教师自己完成的,这时的研究者就是教师本人。这种教育叙事可以看作是"教师叙事的行动研究",它追求以叙事的方式反思和改进教师的日常工作与生活。当然,这个过程中一般也会有其他教师或研究者的参与,他们通过示范、启发、讨论或指导等方式帮助教师认识故事的教育价值,洞察故事中的教育问题或教育理论(参见本章附录一)。

2. 教师只是故事的叙说者,由教育研究者来记述

这时,教育故事的主角被称作"他"或"他们",研究者以教师为观察或访谈的对象,在倾听了教师的叙说后,对故事中包含的教师的生活、教师的思想、行为做出解释,这种教育叙事可看作是"研究者叙事的观察(或调查)研究"。它与普通的个案观察(或调查)研究最大的区别在于它以故事叙述为主线,并不倚重对现象或数据的描述分析,因而往往显得更真实、更生活化(参见本章附录二)。

---

① 陈向明著:《质的研究方法与社会科学研究》,教育科学出版社 2000 年版,第 12 页。

第八章　教育叙事研究

上述两种叙事研究以不同的方式表达了教育叙事的研究价值。在"叙事的行动研究"中,讲故事的是"我",故事的主人公也是"我",两个"我"是教师自我中不同的侧面,这种叙事方式促使教师以旁观者的角度审视自己的教育生活,形成教师的自我认识,促进教师的自我建构。"叙事的观察研究"一般由专业研究者来做,他们更关注教师所陈述的教育事件内在的关联,并尽量使教育故事呈现出某种理论意义,给故事一个更有意义的主题。当中小学教师与专业研究者进行合作研究时,双方完全可以就同一节课或同一件事分别进行两种叙事研究,中小学教师以"叙事的行动研究"方式叙述,研究者以"叙事的观察研究"方式叙述,两种叙述相互碰撞的结果往往是双赢的:教师的体验和经验因为教育理论的介入得到提升,而研究者也实现了其教育理论与教育实践的良好互动。

(二) 教育叙事研究的内容是"有情节"的教育故事

教师的教育生活中随时有故事发生,教育叙事研究就是关注这些故事,研究者以讲故事的方式表达对教育的理解和解释。不过,并不是任意一个故事都有研究的价值,教育叙事研究所关注的故事应该具备一定的"情节",即故事应该包含教育中的某种矛盾冲突、争执或其他任何使教育复杂的因子,从而使故事显得有特殊的意义。下面,以笔者给小学骨干教师培训班上的公开课——《金斧头》为例,加以说明。①

星期四上午第二节,我给全区小学骨干教师培训班上公开课,这是我第一次上学校以外的公开课,事前足足准备了两周,不过上课前还真有点紧张。课文是《金斧头》,教育孩子们要诚实。上课时孩子们表现得很好,虽然中间有一点小问题,我还是顺利地上完了这节课。下课后,区教研员杨老师和我交换了意见,对我这节课还是比较满意的。

虽然第一次大型公开课对每个教师来说都是值得纪念的,但上面这个故事往往吸引不了读者的兴趣,显然它缺乏了教育研究者所感兴趣的"情节",对他们来说,也许最有研究价值的,正是故事中略去的那个"一点小问题"。

星期四上午第二节,我给全区小学骨干教师培训班上公开课《金斧头》。这篇课文讲樵夫的儿子把旧铁斧头失落到河里,神仙先帮他捞上金斧头和银斧头。他都说不是他的,神仙就把三把斧头都给了他;财主的儿子也照样

---

① 笔者根据自己的教育工作日记整理而成。

做，却向神仙要后捞上来的金斧头，最后神仙一把斧头也没给他。这篇课文的目的是教育学生做人要诚实。

课文学习很顺利，最后一个课堂环节是总结道理。我向全班提问："同学们，在这个故事当中，你喜欢哪一个人物呀？"提问的意思当然是樵夫儿子和财主儿子当中我们应该肯定哪一个，然后我就可以引出故事的主题了。谁知，第一个站起来的李勇军兴冲冲地回答："老师，我喜欢那个神仙！"我一下愣住了，没想到还会有这样的答案，一时不知道该怎么回答他。其他一些同学已经在座位上议论开了，看样子也对神仙挺感兴趣。眼看课堂要乱，我灵机一动，不动声色地叫李勇军坐下，又问了一次，这回改成："在樵夫儿子和财主儿子两个人中，你喜欢哪一个呀？"再专门抽平时最乖的赵珺珺来回答。还好，她的答案很理想，课堂这才按计划进行下去。当时我心里多少有点得意，还好我反应快。看来，在小学低年级课堂上提问可不能马虎，用词一定要严谨，否则很容易导致小学生的注意力偏离课堂。

上面这个故事就是有情节的。对课堂意外事件的处理方式最突出地反映了教师的教育机智和教育艺术，它和教师的教育经验、教育观念、教育技术水平密切相关。故事中的这个"喜欢神仙"的答案，系教师课前准备不充分所致，而"我"对此的处理也反映了该教师教育机智和教育敏感的明显不足。这样的故事，便可成为教育叙事的一个有价值的研究题材。

（三）教育叙事研究的方法是反思与归纳

教育叙事研究以叙事为载体，但绝不是简单地为叙事而叙事。和其他研究方法一样，教育叙事研究也以探索教育规律为目标，其研究方法就是对故事的反思。

教育叙事中的故事都是已经发生的故事，研究者和故事的主角（很多时候这两者是同一个人）要对整个事件的过程进行回溯，重新去体验讲述者的亲身经历，用某种教育理论或观念来鉴定、评价故事中教师的教育行为，提出问题解决的设想。在事件回溯中，一种常见的思考方式就是从不同的角度设想故事发展可能的不同进程和结果，从而比较不同教育行为的优劣利弊。在教师的教育叙事报告中，我们常可以看到"当时我想……""假如我……事情就会……"等表达方式，都反映了教师对故事中教育行为的反思。

教育叙事研究获得的教育理论或教育信念是"从故事中来的"，因此，教育叙事研究的思维方式是归纳而不是演绎。教育叙事研究就是从一个或几个有限的教育故事中理解、感受、生成新的教育认识或态度，这种结论从实验研究的角度看有时显得缺乏严密的逻辑基础，对其他同类现象不具备推断能力。从这个意义上说，教育叙事研究的最大价值在于它对教育实践的贡献，通过促进教师教育观念、教育思想和教育策略的改造而提高教育实践水平。如果要形成具有广泛意义的理论性成果，叙事研究的成果还需要经受其他方法（特别是实验法）以及实践的检验。

（四）教育叙事研究的成果是"有主题的故事"

首先，教育叙事研究报告的基本格式是记叙文，而不是议论文、说明文。这一点是教育叙事研究与传统的经验总结最直观的区别。传统的经验总结也是从教师的事实经验中提取教育思想、精神和方法，但它更看重理性成果而不是事实过程。经验总结报告一般是议论文或说明文格式，重在阐述总结获得的教育结论，很少描述原始的事件过程，即使有时需要陈述一些现象或事实，也是作为例证为说明道理服务的，这使传统的经验总结具有很强的理论色彩。教育叙事研究报告则要求向读者讲述一个完整的故事，包括故事的所有要素：时间、地点、人物、事件、原因、经过、结果，并特别强调描绘故事中人物的内心体验、矛盾冲突，突出戏剧效果。这样，教育叙事研究中的叙事部分在很大程度上具备了小说的若干要素，很像一篇短篇或微型教育小说。

其次，教育叙事研究本质上仍是一种科学研究，因此教育叙事研究报告所讲述的故事应该是有"主题"的。这个主题应该是故事自然包含的、生成的那个教育认识或观念，而不是将某个理论作为"帽子"先确立下来，再选择几个教育案例为例证。从成果的表现形式来看，教育叙事报告常具有融细腻情感与科学理性为一体的叙事风格，既有翔实生动的故事情节陈述，又有基于事实的深刻分析；既要创造一种真实的现场感，把真实的教育生活淋漓尽致地展现出来，又要从各个教育事件具体、偶然的现场因素中透射背后的规律性，从而使教育故事既有真实的震撼与亲切，又充满了理性的光辉和智慧的魅力。

"文以载道"是一种古老的写作观念，在教育叙事报告写作中，有许多文学叙事手法可以借鉴和采用。教育叙事报告，一般包括故事的讲述和解说两部分，常采用夹叙夹议的方式，故事的情节主线与研究者的分析交叉出现，使所叙之事通过研究者的解说而有了特殊的意义。教育叙事报告甚至可以是手记式的、散文式的，以便在形式上更贴近读者（听众）。

(五) 教育叙事研究的结果是教师教育教学的改进与重建

教育叙事研究的基本理想是"以叙事的方式反思和改变教师的日常生活"。① 教育叙事研究赖以生存的营养就在教师的日常生活中，它贴近教师的需要，关注教师的生活故事，倾听教师的声音，探询教师存在的意义。对教师来说，教育叙事研究不仅是一种研究范式，更是一种发展方式，在反思中实现自我发展的方式。

美国教育家杜威认为，反思是对经验进行重构或重建，使之增加经验的意义并增强指导后续经验方向的能力。教育叙事研究为教师审视、反思自己提供了新的视角和有力的工具，促使教师重温自己的教育故事，反省自己的行为与态度。并且由于有了同事或教育研究者的参与，会极大地促进教师体验新的思想、观点和方法，获得新的教育经验，从而改进或重建教师的教育教学策略。事实上，教师每天的生活都和叙事交织在一起，教师就是在叙事中学习的。叙事给教师每日看似平凡普通、单调琐碎的活动赋予新异的体验和韵味，将教师那些看似平淡无奇的教育教学经验串缀成有现实意义和理论意义的链条，教师的教育经验因此得以提升。在现实中，优秀的教师总是习惯并善于自我反思的，我们推广教育叙事研究，正是要把教师的自我反思变得更广泛、更自觉主动、更科学有效。

在教育叙事研究的成果评价中，是否取得了新的认识、教师的教育行为是否因此已经或将来可能发生改变，是一项重要的标准。在一份教育叙事报告中，教师所发生的变化往往自然地融合在对故事进展的陈述中，如"今后再遇到……我会……""现在想起来，我应该……"都是教师所发生的改进或重建。

三、教育叙事研究的意义

教师叙事研究进入我国只有短短数年时间，现已受到中小学一线教师的普遍欢迎。特别是 2001 年基础教育新课程改革后，教育叙事研究更被认为是教师专业化发展和中小学校本研修的重要方式，在中小学教师的教育研究中有其独特的价值。

(一) 教育研究与教育实践的完美结合

在中小学的许多教育课题研究中，我们常看到教育研究与教育实践脱节

---

① 刘良华：《改变教师日常生活的叙事研究》，《全球教育展望》2003 年第 4 期。

的现象。例如，某些严格的教育实验，研究主题（如某种新教学方法）是由专家规定好的，教师只需按这种"新教学方法"操作，就可以提高教学效率。在这种研究方式下，教师不需要有自己的思考，教师对实验操作做创造性的解释或改动甚至可能被视为"无关变量"而被禁止。对这样的研究，教师会认为它是"别人的"，与自己工作无关，研究很难成为教师改进实践的动因，也提供不了实质性的理论或方法的指导。

教育叙事研究把研究权还给教师，让研究内容回归真实生活，沟通了研究与实践的隔阂，在中小学教师身上实现了教育研究与教育实践的完美结合。在叙事研究中，教师本人就是研究的主角，研究的内容来自教师身边再熟悉、再亲切不过的生活环境，教师与同事、研究者亲和地坐在一起，自由地叙说各自的教育故事，自由地发表各自对故事的理解和构想；在讨论中，故事所包含的教育信念、教育认识逐渐清晰起来，教师也开始为自己今后的教育策略展开个性化的构想。可见，教育叙事研究把教育研究与教师日常教育实践有机地融合起来，使教育研究真正可能变成教师"自己的"研究。

在教育叙事研究的条件下，我们一直倡导的教师的理想工作状态有可能成为现实，即"以研究的方式工作"——在工作中研究，在研究中工作。教育叙事研究，其素材从工作中来、其过程在工作中进行、其成果在工作中体现，它能有力地促进教师工作方式的转变，使研究成为教师基本的工作态度。

（二）"特别适合教师"的研究方法

教育叙事研究特有的研究方法特别适合教师。叙说教育故事不像量化研究那样需要教师具有较高的专业知识技能。叙事的研究方法易于被一线教师和研究者掌握和使用，其研究素材、研究资源及其他研究条件更容易获得。叙说、讨论、建议、批评，这些对教师而言都是驾轻就熟的，这种叙事的研究方法使教师感到亲切和方便。

教育叙事研究特有的成果形式也特别适合教师。教育"记叙文"显然比教育论文好写、好读，它保留了教育过程最有价值的"情节"，原汁原味地呈现教师的所为、所言、所思、所感，这种真实与亲切对读者内心情感世界的冲击是科学论文难以达到的。故事的主题也往往比教育论文中"提纯的"理论更易于被读者接纳，就像人们从天然的肉蛋果蔬中获取的营养总比从维生素片中得到营养更直接有效一样。因此，对一线教师而言，教育叙事研究的成果不仅易于完成，也易于阅读和传播。

教育叙事研究特有的开放性也使之特别适合教师。每一个教育故事都是开放的，教师每一个个性化的解说和构想都会受到尊重，这使教师可以克服现实中普遍流行的科研焦虑，参与教育研究的积极性大大提高。

（三）教师在自己的故事中成长

对教师个体而言，某些教育事件在其职业生涯中可能具有里程碑式的意义，教师做叙事研究可能会成为教师转变教育教学观念和行为的突破口；而对教师群体而言，那些记录下来的有价值的、有意义的教育故事是一笔宝贵的共同财富。在现代网络环境下，教师们甚至可以在全世界范围内共享彼此的教育故事和教育体验，每个教师的成长空间都被极大地拓展，教育故事的利用价值也被发挥到极致。叙事、交流、共享，在当代教师专业化成长中已经显示出其不可替代的作用和地位。

在基础教育新课程改革背景下，中小学教师的教育叙事研究受到空前的重视。新课程强调教育要联系与尊重学生的生活，教育不仅是为未来的幸福生活做准备，教育本身也应该是学生幸福生活的一部分。在教育研究领域，教育叙事研究执行着同样的价值观：研究要联系与尊重教师的生活，研究不仅是为改造教师生活做准备，它本身也应该成为教师真实生活的一部分。因此，在新课程实施背景下，无论是学校层面的课题研究，还是教师的培训与研修，都在逐渐走向叙事。

第二节　教育叙事研究的内容

教师的教育活动是丰富多彩、绚丽多姿的。教育叙事研究通过教师的言行举止了解教师的个性特征，通过教师的机变应答诠释他的教育智慧，通过教师的生存方式推知教育的时代特征。可以说，教师职业活动的范围有多宽，教育叙事研究的内容就有多广；教师职业的触角有多深，教育叙事研究的延伸就有多长。一般来说，教育叙事包括以下几个方面。

一、教学叙事

教学叙事以教师的课堂教学为研究内容，研究者（多数时候是教师自己）将某节课堂教学叙述出来，使之成为一份相对完整的案例。教师的课堂表现全面地展示着教师个人的教育观念和教育水平，同时受学校管理、教育政策、社会教育风俗等诸多因素的影响，课堂上那些精彩故事集中地反映了教育中的矛盾冲突，具有很高的研究价值。课堂教学是教师日常的工作，教学叙事也是教师做叙事研究的主要内容。

教学叙事的基本成果形式是"课堂教学实录"，即把教师一节课的全部或其中某个片段相对完整地记录下来，国内的一些研究者将这个过程称为"用钢笔录像"。由于单纯地"用钢笔录像"很难反映教师的"反思"以及反思之后引起的教学改进与教学重建，所以，教师在写作时可以"夹叙夹议"，将自己对过程的体验、对教学的反思、对教育的理解插入到相关的教学环节叙述中，教师可以用"现在看来……" "如果再有机会上这一节课，我会……"等方式来表达自己对教学改进或教学重建的思考。这样，课堂教学实录就变成了有主题的教学故事。

中小学教师的教学叙事常会有同事和专家的参与，这就是学校中普遍存在的"集体备课"制度和"公开课"制度。教师课前以集体备课的方式与同事共同设计教案，上课时其他教师观摩，课后以集体讨论的方式发现自己的教学收获与教学遗憾，然后由教师个人将这节"公开课"（或称"观摩课"）记叙下来，使之成为一份教学叙事。这一过程可总结为"集体备课—集体听课—集体说课—个人叙事"。一些学校还专设了固定的"教师沙龙"，讨论学校近期的典型教学事件或生活事件。集体备课制度和公开课制度可以帮助教师更有效地反思自己的教学。特别可贵的是，当教师们围绕一节公开课进行集体备课和集体说课时，常会有更多类似的教学故事被牵引出来，教师们各自的教育故事得到交流和共享，这些故事间的相互碰撞往往更易于导致新思想的产生和新方法的发现。

笔者在前面提到的《金斧头》公开课的课后集体说课中，情况正是这样的。①

教学叙事案例　　**集体说课——《金斧头》**

一、区教研员杨老师的故事："向小猴子学习"

当那个小男生兴高采烈地说"我喜欢那个神仙"时，我突然感到一阵

---

① 笔者根据自己的教育工作日记整理而成。

激动，因为你得到了一个"天上掉下的馅饼"。我曾经遇到过，可惜那位老师也没抓住。

那是《猴子下山》一课，小猴子下山来先掰玉米，又摘桃子、抱西瓜、撵兔子，最后什么也没得到。老师问学生："我们应该怎么看这只小猴子呢？"标准答案当然是它做事三心二意，结果一事无成。于是引出课文的中心思想——做事要认准目标、持之以恒。一个男生却站起来大声说："我认为我们应该向小猴子学习！"这个答案太离奇了，看得出来老师完全给震住了，本想让他坐下，但实在很好奇，同学们也全都睁大眼睛想知道他的理由，于是犹豫几秒后，老师还是问他"为什么？"他说："因为小猴子先拿玉米，又换成桃子、西瓜，桃子比玉米好，西瓜比桃子好。您平时不是教育我们要不断向更高目标努力吗？我觉得小猴子就是在不停地追求更高的目标，值得学习！"他的同桌站起来继续补充说："是的，我们商量过，小猴子的精神可贵，但问题是方法不科学，不动脑筋。其实这几样东西完全可以一起拿走，左手拿玉米、右手拿桃子……所以，这个故事是告诉我们，做事既要努力追求，又要动脑筋想办法才行。"

老师表扬了这两个学生，但实在没法当堂对他们的答案给出评价，事实上，直到今天我仍然没有想清楚该怎么评价这两个学生的答案。当时我确实为他们的奇特的思维创新所震惊。这应该是一个很难得的教育契机，只可惜老师还没有足够的智慧来利用好这个机会，我想这正是一般教师需要学习的地方。至少有一点我可以肯定，学生在课堂上某些奇异的回答，往往是最闪亮的东西，再加上教师的智慧，说不定能成就一个经典的课堂故事。

二、教研组王老师的故事："南辕北辙"

你说得太对了。迄今为止我自认为最经典的一节课，就出自这种"天上掉下的馅饼"。

那节课是学寓言故事《南辕北辙》，在最后总结故事主题时，我像往常一样问："同学们，这个人路费很充足、车很好、车手技术高，他要去南方，却向北方走，能到达目的地吗？"在大家整齐的"不能！"声中，夹杂着一个响亮的"能！"全教室人的目光一下子集中到声音的源头——我们班的"小诸葛"冯亮，在大家的注视下他更得意了："因为地球是圆的嘛！"

"是啊,地球是圆的,绕一圈又到了嘛!""可故事的意思是'做事要认清方向'啊。"在我还没来得及理清思路时,学生们已经议论开了。我顺水推舟地问学生:"是啊,绕一圈也能到,那向北走也可以,对吗?"学生讨论,我抓紧时机思考对策。讨论的结果很理想——"向北走,要跨过最冷的冰原、北极、南极,最热的丛林、辽阔的海洋,几乎不可能,反正马车是走不成的。所以,还是应该认清方向!"最后,全班同学鼓掌对"小诸葛"的精彩设想表示感谢和鼓励。其实我想,最应该感谢他的是我。

课堂上学生的意外答案最考验教师的机智,也是一节课最可以出彩的地方。从那以后,我认识到,多问一个"为什么",说不定就有意外的收获。

三、在集体说课之后,小林老师最后完成的课堂实录

在课后的讨论中,教研组的老师们全都对那个"喜欢神仙"的答案表现出极大的兴趣,杨老师、王老师还回想起他们以前相似的故事,对当时我的做法提出不同意见。大家都认为,"喜欢神仙"是很值得挖掘的,我不该错过。

现在想起来,我好像确实丢掉了一个大"馅饼"。"喜欢神仙"可不可以呢?当然可以。对诚实的人,三把斧头都给了他;对不诚实的人,一把斧头也不给,我们就是应该这样区分对待诚实者和说谎者嘛!在这个故事里,神仙还真是一个爱憎分明的好榜样,过去备课时我们一直忽略了这一点,学生"喜欢神仙"又把机会送回来,可惜还是被我错过了。要是当时我多问一个"为什么",说不定"喜欢神仙"还真能成为这节课最经典的情节。

由于兴趣、生活经验、思维特点的差异,孩子在学习中常会出现成人始料不及的奇谈怪论,这是儿童独特的创造成果。这时候,不要因为它"不符合教学预期"就一棒子打死,多问一个"为什么",说不定就可以收获一次意外的精彩。当然,如果教师一时理不清对策,把问题还给学生,让他们去讨论,很容易为自己赢得那宝贵的一两分钟思考时间。

二、德育叙事

德育叙事以教师的德育工作为研究对象,教师组织的专题教育活动或教

师与学生发生的某些特别的事件都可以记录下来成为一份德育叙事。除了课堂教学，教师对学生的品德影响广泛地存在于师生之间的所有接触中，如班主任工作、课外活动、师生交往、言行表率等，德育叙事的题材也就十分广泛。当前，青少年思想道德教育问题受到空前的关注，提高中小学教师的德育工作水平势在必行。在这方面，叙事研究有它不可替代的价值。德育叙事是教师记录、提升、传播德育经验的最佳方式之一，就像通常是童话故事教会儿童勇敢、诚实、互相帮助一样，教师的德育艺术也常是从自己和别人的德育故事中学到的。

德育叙事的主要内容之一是对专题德育活动的记叙，其成果是类似于课堂教学实录的"德育活动实录"，最典型的是"班会实录"或"队会实录"。与上课一样，教师组织主题班会（队会）或其他专题教育活动同样可以按与"集体备课—集体听课—集体说课—个人叙事"相似的过程进行。只不过与教学不同的是，在教育活动里学生的参与会更多更广，因为班（队）会原本就是学生自主的活动。因此，在这一类德育叙事研究中，教师的合作者、讨论者甚至可以是他的学生，"班会实录"中可以看到更多的来自学生的体验和思想。

班会实录——外号让我们更美丽①

吉林省吉林市第一实验小学　张曼凌

最近我发觉学生之间称呼名字的越来越少了，取而代之的是名目众多的外号，而且也经常听到这样的告状声："老师，王一（化名）说我是胖子何。""老师，刘鹏（化名）说我是瘦猴子。""老师，赵学（化名）说我是蠢驴。"……

每每此时，我都会摸摸学生可爱的小脸，对他们说："原谅他们没有好好表达他们对你的喜爱之情吧！"

为了让盛行一时的"外号风"美丽起来，高雅起来，我特意组织学生开了一次以"外号，让我美丽起来"为主题的班会。班会上，我先给学生讲了自己的一段往事："你们知道吗，在我上学的时候，我的同学都

---

① 参见《中国教师报》2004年11月17日。

喜欢称呼我'小鳗鱼'，起外号的同学告诉我，这样称呼我是因为她喜欢我，我觉得这个称呼很美，后来班里越来越多的同学都这样称呼我了。我知道那是因为有越来越多的同学喜欢我了，这个外号让我觉得自己很幸福！现在，只要和我的同学一见面，他们还是这样称呼我，它会让我们想起很多学生时代幸福的往事。所以，我一直以为，那些给我们起外号的人，就是想表达一下对朋友的喜欢之情……接下来，班会以比赛的形式进行，给你喜欢的同学起一个最美丽的外号，注意要符合这个人的特征，表现出这个人的最大特点。"学生跃跃欲试，开动脑筋，给自己最要好的朋友起最雅致的外号，这可不是一件简单的事情，更何况要参加比赛的！最后，我们评选出了最佳创意奖、最佳名称奖……并把获奖情况作为一个小栏目列在当月的板报中。

大部分学生都很满意同学们给自己起的"外号"。现在，班级里经常可以听到这样的称呼：

"飞毛腿柴华参加这次长跑比赛，咱们班一定能夺魁！"

"诗人张津铭又有文字见报了。"

"小才女刘佳霖出的板报又评上一等奖了。"

"白雪公主陈佳琪又为班级做贡献了。"

……

我发现，这样的称呼被学生们乐呵呵地接受着。我再也听不见因为外号而告状的声音了，因为这些外号让学生们美丽了、幸福了，也自信了！

德育叙事的另一个主要内容是对偶发事件的研究，教师在事后把事件过程记录下来，有人称之为"事件回放"。学校里的偶发事件，一般都是学生突然发生的错误，集中体现了教育要求与学生品德状况之间的矛盾冲突，对教师的教育机智、教育艺术、教育修养是很大的考验。不同教师在处理同一个偶发事件时甚至会有完全不同的态度与办法，这就鲜明地反映了教师的个性风格与情感特征。因此，在这种事件回放中，特别强调描述当事人的内心活动与情感体验，同时采取类似心理分析的技术，对教师或学生的行为作出解释和合理想象。

德育叙事案例

你们也可以喝水①

今天，学校组织全体学生义务劳动，张老师班上分到的任务是在学校操场边的空地上种蓖麻。随着一声令下，学生们热火朝天地开始劳动，搬树苗、挖坑、提水。李强、闵锐、张群三个男生却跑到张老师面前来，手背在背后，吞吞吐吐地说："老师，可不可以不劳动，我们想打乒乓球？"背后漏出了乒乓球拍的一角，看样子这三个小家伙是有预谋的。本来，张老师只需说："不行，学校规定，人人必须参加劳动。"就能打发掉他们的妄想，可看到三人眼里流露出的渴望，张老师忽然有点不甘心这么简单地"放过"他们。于是，犹豫了一下，张老师说："行，可以。"三个小家伙显然喜出望外，一声欢呼，连"谢谢老师"都忘了说，一阵风地跑到操场对面球台去了。

望着三个快乐的小背影，整个劳动过程中，张老师一直在思量着怎么"收拾"这三个小家伙。临近结束时，学校工人抬来了保温桶和杯子，招呼老师们喝水。张老师心里一动，有办法了。

"同学们，快过来，休息啦，大家来喝水。"三个打乒乓球的小家伙也满头大汗地跑过来。张老师给劳动的学生分发杯子，一边大声说："大家劳动辛苦了，老师请大家喝水。"三个人有点犹豫，推让了一下后，李强走上前怯怯地问："老师，我们可以喝水吗？"张老师正等着这句话呢。

"你们也很累，你们也可以喝水。"张老师尽量平静地回答，手上把三只杯子递了出去。这个时刻张老师心里的紧张，恐怕不亚于对面这三个心虚的小家伙。

三个男孩看了看周围快乐地喝着水的同学，你看看我，我看看你，犹豫着，终于没有伸手来接杯子。然后，闵锐站出来说："老师，我们也要劳动。"

接下来的事就很简单了，张老师心里已经笑开了花。

"没有劳动了，同学们都把劳动做完了。"

"不，我们要劳动。"三个小家伙着急了。

"真的没有了。你看，挖坑、种树、培土、浇水，都完了。真的没有了。"

"不，我们要劳动。"三个小家伙更着急了。

---

① 笔者根据张玉仁老师的口述整理而成。

"虽然你们没参加劳动,但也可以喝水。将来我们班来收获蓖麻时,也可以邀请你们三个人一块来参加嘛,而且……"张老师继续着。

"不,我们要劳动。"三个小家伙全哭起来。他们到树坑周围着急地搜寻了一番,终于找到一个"劳动":给每棵蓖麻插几条木棍,扎起来围成栏杆。

当三个小家伙做完他们的劳动,第二次到张老师身边来时,脸上全是极其幸福的表情。他们端着水杯畅快地和其他同学打闹着,为重回集体感到无比的高兴。

教育是一门创造性的劳动,教师职业的魅力正来自这种挑战与创造带来的成就感。张老师说:"下辈子我还当老师。"她得到了教育带给自己的幸福、快乐、满足。

(文中"张老师"为四川省成都市实验小学特级教师张玉仁)

三、管理叙事

管理叙事是以叙事的手段来研究教育中的管理问题,它一般指向教育管理的具体和微观层面,如教育行政部门对学校的管理、学校内部管理、班级管理等。研究者可以是专业人员,也可以是校长、普通教师。教育中的管理都是为教育服务的,教育管理叙事就是通过记录与研究管理中有教育意义的事件,改进学校管理工作。

班级是学校管理的基本单元,班级管理是教师最日常的工作之一,教师将班级管理中发生的某些学生生活事件叙述出来,就是一份有教育意义的"班级管理叙事"。由于教育管理产生的效果常需要较长时间才能显示出来,如果教师对某个教育管理事件做一些追踪研究,那么这种"班级管理叙事"会变得更有价值。

管理叙事案例

反思扣分教育[①]

广东省广州市南阳里小学 林竹君

中午放学后,我正在办公室改作业,我班有个同学战战兢兢地跑到办公室对我说:"老师,我和几个同学一起玩飞碟,不小心,飞碟碰着了

[①] 参见广东省广州市星海中学:《叙事研究》(内部资料),2002年12月印制。

日光灯，把学校的日光灯打碎了。"

看到这位同学那副神情，我知道这孩子是诚实的，不忍心再批评他。我安慰他说："你做错了事能主动认错，是个诚实的孩子，以后注意就是了。好，现在我们一起去把那儿打扫干净吧。"他妈妈接他的时候知道了这事，不断地向我表示歉意，并马上买回了日光灯安装好。

可就因为这事，我们班那一个星期没有评为文明班。学期末评文明班，我们班也没有被评上。因为学校有制度：只要有一个星期评不上文明班，学期末就不能评为文明班。后来我们班也就因为上学期没评为文明班，与先进班也无缘了。当然，我不能告诉学生评不上的真正原因，让他在同学面前抬不起头，更怕学生以后丢失了诚实的美德。

前一段时间，我班有两个同学打架，在本班同学劝停后，他们就到大队部去承认自己打了架。按学校扣分条例，打架者一个人扣五分，其后果可想而知。大家都在笑，笑我们班的学生愚蠢。

我没有笑，我在反思。我班的学生是"愚蠢"吗？是的，这样做不是太"幼稚"了吗？如果他们不向大队部报告，就没有人知道，我们班就不会被扣分。然而，从教育的角度去思考，学生诚实的美德，难道不是我们教育者梦寐以求的品质吗？我们班的学生在文明班的评比中是扣了分，但在诚实上他们加了分。我庆幸我的教育没有失败，在我管辖下还有一方净土。我不能批评学生，我应该为他们喝彩。

想起上个星期一的早晨，学校洗手间发出一声巨响，办公室的老师跑过去发现洗手盆不知被谁打破了。为了这事，学校曾在全校大会上呼吁，请那位同学主动承认错误，也请目睹这事的同学到老师那里反映；在教师会议上也要求老师认真调查这件事。但这件事却如石沉大海，杳无音信。这不是一件令人深思的事吗？是洗手盆自己破的？还是我们的学生已经"成熟"了？或者是我们的老师给"包容"了？

这几年，我们学校实行了规范管理，定下了很多扣分条例；而这些条例就成了我们一些领导者、一些教师的口头禅："不准……否则扣分。"他们把禁止、防堵作为立足点，进行消极防范，忽略了正面的引导。当学生一旦触及禁区，不由分说地扣分，没有申辩的余地，更没有将功补过的机会。现在我们的学生一般都具有判别是非的能力，他们对自己犯下的错误是有所知觉的，但当他们看到勇于承认错误的人不得"好下场"，为求自保，逃避可能受到的批评和惩罚，避免累及班级，他们就不得不想方设法来掩盖真相，不得不要自己尽快"成熟"起来。学校的教育管理方式、教师的师表作用都是导致学生"成熟"的催化剂。

近几年，在日渐流行的中小学学校管理诊断中，管理叙事常被视为一种重要手段。这类研究一般是由外来的专业人员主持，内容涉及学校的文化、管理策略、资源运用、不同人士角色、人际关系、行政人员素质等。在综合这些因素确诊学校的管理效能时，管理故事往往是最有说服力的线索之一。特别是中小学校长和教师做学校管理自我诊断和校本管理研究时，叙事的方式就显得更为现实可行。

管理叙事案例　　　　**整齐给学校带来生机**①

有一位校长到任不久，熟悉他的朋友来参观。参观者看到学校财物的归置情况后，问道："是不是某人调到你们学校来了？"原来，学校的面貌已经鲜明地表现出校长的情趣和追求。

这事发生在某个大城市，学生上学的主要交通工具是自行车。以往到这所学校，看到的自行车阵容也是比较整齐的。但是，新上任的校长到学校不过一周，情况又发生了变化。从这里经过的路人都会发现一道自行车的风景，原来只是简单摆放着的自行车已经按照车的型号大小和颜色分门别类地重新归置过，那些车竟然显得那么鲜亮、精神抖擞，学校更焕发出了生气。

人的审美和创美能力有天生的成分，但也能够通过境况和习染形成。学校之所以要开设美育课程，其目的就是要进行这方面的教育。而学校环境和教职工的行为语言则对学生产生着有形和无形的影响，校长必须要掌握和运用文化和艺术去装点学校，因为这是学校的一种不可忽视的责任。

四、生活叙事

生活叙事是对教育外的生活事件的叙事研究，如教师的人际交往故事、

---

① 参见姚文忠等著：《学校诊断》，四川教育出版社2004年版，第137页。

普通人的教育经历回顾等。现代教育是全民的、终身的、全方位的，每一位社会成员都经历着不同的教育故事，对教育都会有不同的感触与理解。生活叙事就是通过这种普通人生活事件的研究，拓展教育叙事的视野，从那些平民的、平凡的故事中寻找教育的本质。

生活叙事常表现为两种形式。①"学校外的人"来叙述他们看到的教育，如专业理论工作者、受过教育的成年人、学生家长甚至学生本人，对他们来说，教育不是自己的职业，而是他们生活的一部分，他们通过叙述他们看到的或亲身经历的教育故事来描绘他们眼中的教育。②教育工作者来叙述他们的"学校外的事"，如教师的家庭生活、人际交往、个人经历等。教师可以叙述自己或同事的生活故事，以隐喻、类比、迁移的方式完成对教育的思考。上述两种方式在教育研究中有不同的价值，前者为教育研究提供了一个全新的视角，叙事者是从俯视者（如理论工作者）、旁观者（如"外行"）、用户（如学生、家长等）的角度提供的故事，对教育工作者全面理解教育有不可或缺的作用。后者则关注教师在生活中的职业成长。教育是对人的影响，日常生活中与人沟通、说服、情感影响的经验都可以迁移到教育中，因此，对教师生活事件的记录与反思可以有效地帮助教师积累和提高教育教学智慧。

"学校外的人"的生活叙事可归入"叙事的观察（调查）研究"范围，具体形式可以是教育观察报告、访谈记录、报告文学甚至个人自传。近年国内有不少这类叙事作品，其中一些还产生了巨大的影响，如旅美博士高钢的《我所看到的美国小学教育》一文，介绍了他九岁的儿子到美国读小学的一系列故事，这些故事所展示的中美教育的差异深刻并极具震撼力，使该文成为我国上世纪末最经典的普及性教育文献之一。这些类似自传体的生活叙事，题材都是生活中最能反映教育矛盾冲突的典型事件，渗透了作者强烈的情感体验，对教师来说不仅具有可读性，也有很高的研究价值。

教师对"学校外的事"的叙事研究可归入"叙事的行动研究"范畴，具体形式可以是生活纪实、随笔或者个人日记。当教师把他的研究视野从校内扩展到校外后，就可能随时从生活中获得教育观念或教育技能的滋养，其中最有价值的故事一般来自教师的人际交往和家庭教育，它们往往有与校内教育教学相似的场景，很容易引起教师的注意并自然迁移到学校教育教学中去。

第八章　教育叙事研究

生活叙事案例

罚款20元后①

星期五下午，丈夫去接上小学二年级的女儿，车往回开了快一半路了，女儿才想起来作业忘在教室里没带。这是她一个月里第三次忘带作业了，按上次和她的约定，应该"责任自负"了。在她的一再央求下，丈夫还是同意开车回学校取，但条件是"自己负担因此多用的汽油费20元"。女儿最怕不做作业被老师批评，马上就答应了。

回家后女儿从她的"秘密仓库"里拿出钱包来，先数了两遍（这些钱是平时大人们给她的零花钱和奖励，总共有122元，她从来舍不得花），才恋恋不舍地拿出一张20元给我，还一再跟我们商量："能不能只罚5元嘛？"直到被我们坚决地拒绝后，才跑到邻居家玩去了。星期六一早，不到7点，女儿居然起床了，而且自己穿好衣服、收拾好床铺、洗漱完毕，才跑过来请爸爸妈妈给她做早饭。这可是从来没有过的事，我和丈夫面面相觑，都猜不透这小家伙怎么了。吃过饭，女儿自己拿出作业来做，很快就做完了，然后帮着我把家里全部地板擦了一遍。一整天既没闹着要看动画片，也没缠着去公园，一直帮大人做事，或者自己读书画画。我们实在想不出这是怎么回事，只能说："也许我们女儿一下子长大了吧。"晚上，我们奖励了女儿一份肯德基，看样子她很满意。

星期天照样是前一天的重复。下午我们带女儿去超市按她的指点买了一大堆东西，女儿兴奋地在她的小房间里忙碌着，把吃的、玩的分别放进她规划的地方。看着女儿高兴的样子，我们觉得她真的是一夜之间长大了。

晚上临睡时，女儿却不见了。一找，在小房里趴在被子上哭呢。我心痛地把她抱起来，问她为什么哭？没想到她哭得更伤心了，丈夫也跑来哄她。小家伙好半天才稍稍收住哭声，从怀里摸出她的钱包，又气又伤心地说："我都已经乖了两天了，你们还不把20元钱还给我！呜……"

天哪，原来是这么回事，哄睡女儿后，我和丈夫一直笑到肚痛。

儿童的愿望常常有它特别的表达方式。做父母的天天守着一个孩子，有时都摸不透孩子的心，做教师的一天面对几十个学生，稍不留意说不定就会忽视了、委屈了哪个孩子。看来，要当一个好教师，爱心、关心、细心，一样都不能少啊。

---

① 该案例来源于笔者一位同事的家庭教育日记。

需要特别说明的是，虽然教育叙事的内容可以划分为以上几方面，但绝不是一个叙事研究只研究某一方面内容。实际上，许多叙事研究会同时涉及教师生活的不同领域，特别是在一些希望回答宏观问题或理论猜想的叙事研究中，往往需要综合研究教师课堂教学、班主任工作、业余活动、婚姻家庭、事业成就等多方面的资料，此时的叙事往往会覆盖教师的全部生活。

第三节　教育叙事研究的过程

教育叙事研究首先要有"事"可"叙"，这就需要选择、观察、收集、整理故事；教育叙事研究还要对"事"进行"研究"，这就需要对资料进行分析和理性的反思；叙事研究还需要加工"事"作为成果，这就需要语言表达或文字写作。因此，教育叙事研究一般包含了这样的流程：确定研究问题—选择研究对象—进入研究现场—收集资料—整理分析资料—撰写研究报告。在由专业研究者所做的"叙事的观察（调查）研究"中，这个流程会十分清晰，但在中小学教师以"叙事的行动研究"方式反思自己的故事时，由于教师自己就身在故事中，研究的流程自然会大大地精简。

从成果形成看，教育叙事研究把一个原始的生活事件变成一个有主题的教育故事，中间会有一系列加工过程，分别围绕事件的三种不同形态进行：现场、现场文本、研究文本。

一、从问题到现场——教育叙事的准备阶段

（一）确定研究问题

确定问题是进行研究的前提。教育叙事研究虽然总的框架是"说故事"，但其研究范围仍然很广泛，大到国家教育制度、教育政策、教育环境，小到教师个人的教育观念、素质结构、日常生活、言谈举止都可以用叙事来研究。教育叙事研究就是善于以"小故事"折射"大生活"，借助细小的、普通的教育事件研究教育的真谛与本质。

教育叙事研究的问题来源不外乎两方面：理论来源与实践来源。前者是从某种理论需要出发，有选择地寻找相应的对象和故事，以回答某个理论猜想或宏观问题。教育理论工作者和普通教师都可以从理论中寻找教育叙事的

问题。当我们对某个理论问题有兴趣时，我们可以搜集研究相关的故事获得答案。例如，2001年，广西师大教育科学学院徐丽玲为研究优秀教师的教学风格，设计并实施了"优秀女教师特质的叙事研究"。课题选择广西某小学28岁的优秀女教师刘敏（化名）为研究对象，采用访谈、实地观察、实物收集等方式记录了刘敏在家庭生活、学校活动、课堂教学、班主任工作、学习和教研五方面的一系列故事，分析概括出优秀女教师的三类特质："创造、反思""具有亲和力、充满激情""谦虚勤奋、富有合作精神、乐学不厌倦"。后者则是问题从实践中来，就是教师身边已经发生的教育事件，研究者选取典型的、突出反映教育冲突、矛盾的事件作为研究的题材，去回答"这件事告诉了我们什么"。如教师对自己或同事的课堂教学、班级偶发事件、班主任工作事件的研究，都属于实践来源的课题。

对中小学教师而言，实践来源课题是教育叙事研究的主流。无论从研究目标、研究方法及所要求的研究视野来看，针对实际事件的叙事研究都显得更为必要、更适合一线教师。每个教师的生活中都随时会有各种"带问题"的事件发生，从报纸、电视、网络等媒体上也能很容易获取其他教师的教育事件，只要教师具有研究的态度和学术的敏感，就绝不会缺乏叙事的题材。

（二）选择研究的对象

选择研究对象需要做的是决定"说谁的故事"，这是一个抽样的过程，与研究的目标密切相关。教育叙事研究的对象应该是研究对象总体中有代表性的样本，比如，要研究"非师范毕业教师的教学境况"，我们就需要在这个群体中选取若干有代表性的教师，去记录他的教学故事。

此外，教育叙事研究的特殊性决定了它选择对象时必须高度关注对象的个人特点。这是因为叙事研究要较深地介入教师的生活，挖掘教师课堂教学与教育实践的内心感受，它需要研究者与被研究者的合作与互动。在很多时候，被研究的教师不是简单的研究对象，而是研究的合作者，他们应该具有一定的研究者素质。因此，除了样本代表性之外，叙事研究的对象选择一般还强调下面几个条件。

一是研究对象对研究的合作态度。这是教育叙事最基本的研究伦理要求。叙事研究需要把研究对象个人生活的某些事件变成公开话题，必须事先征得对象的同意。因此，研究者要如实说明研究的目的、可能涉及的生活内容、将来成果的使用范围等，取得研究对象的认可与信任。这是研究前不可省略的环节。

二是研究对象具有研究的热情。叙事研究的对象不是被动地被观察，常需要他主动参与资料的收集，积极介入事件的讨论和主题的构建。所以，除了研究者对研究有足够的热情外，研究者的工作还需要得到被研究者的认同、理解和合作，双方都应具有在研究中共同进步的要求。如果研究对象不具备这样的前提，叙事就不可能获得充足的、真实的第一手资料，研究就无法顺利进行。

三是研究对象是易于交往的。大多数的叙事研究中，研究者和对象之间最终会成为一种"朋友式的"合作伙伴关系，这使研究的深度和广度得到有效保证。研究对象的年龄、性别、个性、地位、空间都对研究者与对象间的关系有一定影响。因此，选择一个易于交往的合作伙伴，是叙事研究的重要一步。

2002年，浙江师范大学教育科学学院肖正德、李长吉做"山村教师需要的教育叙事研究"，选择浙江省永嘉县北山乡北岙小学李老师为研究对象（参见本章附录二），就是基于以下考虑：① 该教师所在学校为浙南地区典型的贫困山村小学，该教师已在此任教10年，能典型地展现山村小学青年教师的现状；② 李老师自愿参加研究，并希望借研究引起有关方面对山村教师生存状态的关注；③ 研究者也是永嘉县人，与李老师年龄相近、早期生活经历与环境相似，双方易于交往。

（三）进入研究现场

"现场"是指所研究事件发生的环境，它包含了事件最初的面貌，即在某个时间、有某些人、由于某个原因，在这里发生了一件如此这般的事情。故事存在于现场中，研究者从现场获得事件线索。因此，叙事研究的"现场"往往代表了"未经加工的原始状态下的事件面貌"。

由于教师的工作、生活环境主要在校园、学生中，因此，教育叙事研究者进入研究现场就意味着要走进学校，与研究对象一同工作、生活。没有实在的现场研究，就难以获得原汁原味的事件资料，也无法把握教师的行为，观察其所赖以产生的深层原因；不深入教师生活的现场，就无法理解教师行为的背景。因此，研究现场是教育叙事研究获取真实资料的直接来源。

进入研究现场的方式是多样的，在取得研究对象的许可后，可以到中小学课堂听课、到办公室看教师的工作、以朋友的身份走进教师的家庭生活。作为叙事研究的准备，进入现场要求研究者去熟悉研究对象及其生活、工作的环境,特别是要与被研究者建立不同程度的亲密关系和开放的、平等的对话关系。有了这种关系,研究者才能探究到一个真实、真诚、自由的心灵世界,收集到真实的材料,构建起一个相对完整的教育故事。从这个角度来说,研究者进入现场的过程,也就是他被现场接纳的过程、被研究对象接纳的过程。

以上三个环节是叙事研究的准备阶段。在由旁观者所做的"叙事的观察研究"中,这三个环节会十分完整和清晰。但是,在教师研究身边的故事时,教师自己往往既是研究者,又是研究的对象,而且教师本来就置身于事件情境中,甚至本来就是故事的主角,既无须"选择研究对象",也无须由外向内地"进入研究现场"。当教师以叙事的方式研究自身的困惑、遭遇、想法并尝试行动时,一旦选定问题,就可以直接进入资料收集阶段。

二、从现场到现场文本——教育叙事研究的实施阶段

现场文本是研究者和参与者共同创建的代表事件各方面面貌的文本,是研究者在充分收集资料后形成的经过选择、演绎解释的现场记录,包括访谈笔记、观察记录、口述史以及诸如日记、照片、作业、书信之类的实证材料等。现场文本已有了叙事的性质,它使事件不再是"不经加工的原始状态",而是"经过描述与解释的文本状态的事件面貌"了。

叙事研究收集资料的基本方式是"听叙说者说他的故事"。比如,在"集体听课—集体说课"模式下的教学叙事研究中,先由上课的教师"叙说"自己的教学设计、教学过程以及教学体验;然后由听课的教师或教研员"叙说"自己的看法;最后研究者"叙说"整个教学过程和讨论过程中所发生的事件。整个讨论过程以"叙说"为基本方式,这几种不同角度的叙说一起呈现出一个相对完整的"文本状态的事件面貌",这就是现场文本。

在旁观者所做的"叙事的观察(调查)研究"中,研究者收集资料的主要方式是"听别人叙说故事"。这里的叙说者不仅包括教师、学生、家长、学校管理者等"人的叙说",还应包括叙说人的日记、信件、照片,学生的档案、日记、作业本,学校的文件档案、建筑环境、校风校貌等"物的叙说"。所以,教育叙事研究的资料收集一般有以下途径。

一是开放式访谈。研究者与研究对象进行有目的的谈话,倾听教师的叙说。这种谈话应该更像亲切的、宽松的"聊天"而不是严肃的调查对话,双方可以在教室里、操场边、上班的公交车上轻松地围绕某个话题进行交谈。

开放式访谈要求研究者有很高的提问与倾听的技巧,善于自然地引发自己所关心的话题,并善于倾听和鼓励对方叙说。

二是参与性观察。研究者深入到现场情境中,取得研究对象及其学生、家人、领导的接纳,以"自己人"的身份贴近研究对象,近距离地观察其生活。这种观察对全面了解研究对象、把握事件背景和意义非常必要。

三是文献收集。文献在叙事中具有特殊的价值。一些纪念性物品,如照片、奖品、纪念品、笔记等,对唤醒当事人记忆具有重要意义。教师的日记、教案、工作计划、学生的作业、周记、作文、学校的文件、工作记录、通知等,不仅有助于研究者了解事件的背景,而且常常是描绘事件"真相"、评价事件意义的重要线索。

在教师做"叙事的行动研究"时,教师是在"听自己叙说自己的故事",这时,资料收集的主要方式是回忆和内省。教师回忆事件的过程,尤其是事件中那些特别的"情节",体察回味自己当时的感受、情感、动机、态度等,然后把这些东西记录下来。特别要强调的是,当教师叙述自己的故事时,"听别人叙说故事"仍然是不可缺少的。在任何一个教育事件中,教师都绝不会是唯一的参与者,教师要全面了解事件的真相,就有必要倾听其他参与者不同角度的声音,特别是来自事件对象——学生的叙说。教师在研究自己的故事时,切忌单纯从自己的立场出发简单认定事实,一定要充分了解情况,而观察、访谈、文献收集等都是不能忽视的工作。

资料收集案例　　　　**老师说我是小丑**①

柯老师教小学高年级数学。他是典型的"很数学"的老师,喜欢安静、严密地思考,不喜欢活跃但不踏实的学生。

周二第三节是五(四)班的课,预备铃响时,柯老师准时到了教室。教室里正热闹着,孙强蹲在他的椅子上正表演孙悟空,抓耳挠腮学得倒也惟妙惟肖,其他同学围在他身旁又叫又闹。看见柯老师进来,围观的同学赶紧缩回座位,背对门口的孙强毫不知情,嘴里还直叫一个男生"该你学猪八戒了!"柯老师皱着眉头走到孙强背后,一拍他肩膀,待他转

---

① 笔者根据自己的教育工作日记整理而成。

过头后，冷冷地盯着孙强说了两个字："小丑!"孙强愣了两秒钟，似乎一时没反应过来，然后赶紧坐好。班上同学全都偷偷笑起来。整节课上，孙强表现得还好，随后的几天里，他也比平时显得老实多了。

课后，柯老师与我谈起这件事，说："孙强这学生就是浮华，太不踏实，我早就想收拾他。你看，刺激他一下，还是有用的。"

后来的几天里，从早到晚，看见孙强不像平时那样顽皮，我心中总觉得不对头。一直想找他谈话，却总是没时间。周五我特地请五（四）班的班主任布置学生写周记。果然，周一早上，班主任急急地送来孙强的周记，写的正是这件事。

"小丑！柯老师说我是小丑！！！"

"星期二朱磊和我打赌，我能学孙悟空，他就学猪八戒。我正在学孙悟空时，数学柯老师进来，在全班同学面前说我是小丑！我真的不是有意和老师捣乱，我真没听见上课预备铃响。如果我知道柯老师进来了，我肯定会坐好的……"

"但是柯老师说我是小丑，现在全班人都叫我小丑，我不想别人叫我小丑！我不是小丑！！！"

接下来的事很顺利，柯老师在全班同学面前向孙强道歉。但这件事对孙强的学习兴趣和人际交往是否会有长期影响，我认为还需要继续关注。

教师出于自己的个性倾向和审美原则，会易于喜欢某类学生而同时易于不喜欢另一类学生，这在普通人的人际交往中是很正常的，但发生在师生之间就十分有害了。所以，教师必须做清醒的交往者，避免个人好恶掺杂到教育行为中，否则，教师就会犯错误。

三、从现场文本到研究文本——教育叙事研究的总结阶段

研究文本是叙事研究的最终成果形式，即叙事报告，它源自现场文本又超越现场文本。研究文本在现场文本的基础上对事件情节进行了组织，增加了揭示性文字，以回答事件的重要性或教育意义问题。它最终使研究的事件成为一个"有主题的故事"，展现出"经过组织和意义化的文本状态的事件面貌"。

教育叙事研究最后的工作，就是对收集到的故事资料进行整理分析，完

成事件的研究文本——教育叙事报告。

（一）整理分析资料

教育叙事研究离不开对所收集事件的整理分析，其主要工作是对事件资料的反复阅读与反思。在资料收集完成后，研究者手中会有关于事件的一系列"叙说"——教师的叙说、学生的叙说、旁观者的叙说、档案材料的叙说等。研究者需要反复阅读这些叙说，就像考古工作者把零散的碎片还原成远古的陶皿一样，研究者也从这些不同角度的叙说中还原出事件的"真相"和全貌，并对事件所包含的教育思想或理论做出意义解释。教育叙事研究所强调的反思在这一过程中体现得最为明显，研究者（也许就是教师本人）每一次清理资料、阅读资料，都是他与事件的再次遭遇，都可能令研究者产生新体验、新感悟，进而对事件产生新的解释。

整理分析资料的中心任务是形成故事的主题，即形成叙事研究的认识结论。一份完整的教育叙事必须有一个照亮整个文章的主题，这个主题是对事件整理中获得的教育认识或教育观念进行高度概括后形成的，它简明地回答了"这件事告诉了我们什么"。为了更好地表达主题，叙事研究常需要完成一个重要任务，就是从收集的资料中寻找"本土概念"。所谓"本土概念"，就是表达故事主题的概念，但它不是用理论术语来陈述，而是用研究对象们经常使用的，符合他们生活环境、文化背景、表达习惯的语言形式，因此它是"本土"的、生活化的。因为"本土概念"，叙事研究才具有独特的"个性"特征，叙事报告才具有个性色彩。比如，在一份"农村人口生活水平与受教育程度关系的叙事研究"中，研究者收集记录了若干受教育程度不同的农民的生活境况，证明了农民文化程度与生活水平成正比。在采访中，农民们以他们自己的语言对研究者的话题发出感想，其中重复最多的话是"有文化就是好"，于是，这个说法自然就被作为表达研究结论最合适的"本土概念"。

教师整理事件资料、形成主题、寻找"本土概念"通常不是独自完成的，与合作者、与专家对话往往很有必要，这就是教师叙事研究中的"专业引领"，即专家为教师提供必要的引导。这里的专家既包括大学或研究机构的专业研究人员、各级教研室的教研员，也包括中小学教师中的骨干教师。"与专家对话"可以是面对面的，也可以是电话的、书信的或者以电子邮件和网上论坛形式进行的对话和交流。"与专家对话"使教师的叙事汇集了众人的智慧，即使是教师间的讨论，也往往会给教师带来很大的收获。因此，当前中小学校中的"集体备课""教师沙龙""对话午餐",网络上的"教师论坛""博客"网站这类"同伴互助"式的对话平台十分普遍,吸引了无数教师活跃其中。

(二)撰写研究报告

教育叙事研究报告的主体通常是一篇故事,研究者叙述故事并解说主题。它通常像一篇夹叙夹议的记叙文,既包含研究者对所观察到的"事"的故事性描述,也包含研究者对"事"的论述性分析,两者并行不悖,相辅相成。教育叙事的写作格式没有一定之规,就像文学创作没有标准答案一样,即使是对同一事件的叙说,不同教师的作品也会有很大不同,能明显反映出教师间理论修养与写作功底的差异。

专业研究者以旁观者形式研究教师的故事时,一般按这样的结构来写叙事报告:① 介绍研究背景,包括研究关注的理论问题、选择对象的依据、进入现场的方式、收集资料的过程等;② 叙述故事、议论;③ 阐明结论,即故事的主题。这时,叙事研究报告和经典的教育研究报告颇为相似。而对研究自己故事的教师而言,研究过程在故事叙说中就可以自然地呈现出来,无须专门介绍。这样一来,中小学教师的叙事报告往往集中于叙事与议论,这使它更像一篇"小小说"或"随笔""手记",而不像传统意义上的研究报告。

教育叙事报告是"研究文本",应展示研究的过程和结果。因此,教育叙事的写作中要突出研究结论(即故事主题)的形成过程并为结论提供充分的依据,这需要作者合理组织故事情节,尽可能地描写当事者的内心体验和心理活动,对事件的发展做合理猜测,引用某些理论观点等。同时,教育叙事报告又是"叙事",有明显的文学创作色彩。因此,教育叙事的写作可以广泛地借鉴各类叙事手法。故事的主人翁可以是第一人称"我",也可以是第三人称"他"或"他们";情节的叙述可以是顺叙、倒叙、插叙、平叙;故事的"解说者"可以是"在场"的,也可以是"隐身"的。在场的叙事表现为研究者夹叙夹议,不仅描述过程,还以自己的立场和理论视角提出评论和判断;隐身的叙事则力求客观再现故事本身,尽可能不夹杂作者的判断,而由读者凭借各自的立场来评判。

在同样的故事素材基础上,能写出什么样的教育叙事,与研究者的素养有关。一方面,研究者应有足够的理论修养,只有这样,他才知道如何组织事件,才知道事件能表达什么样的主题。另一方面,研究者应有足够的写作技巧，以保证他的作品是可读的、生动的、有吸引力的。在这两点上，一些伟大的作家可以作为我们的榜样，他们不仅有巧妙的叙事艺术，而且分析事件的能力绝对不会低于任何一位社会学家或心理学家。因此，广泛地阅读是十分重要的。就像有专家所言，教师想要做好叙事研究，最有效的办法就是"向伟大的作家学习"。倘若一个人非常熟悉五位作家，而另一个人一位也不熟悉，那么他们之间的叙事才能就会有差异。相应地，他们之间谁能表达什么，谁不能表达什么，就泾渭分明。

第四节　教育叙事研究应注意的问题

教育叙事研究基于叙事，但绝不是简单地讲故事，它在学术规范上仍是十分讲究的——既要深入反思教育经验，又要设计生动精致的叙述框架，而且研究者要能够从教育学、社会学、文化学、心理学等角度来理解、表达教育经验的意义，因而是一种非常严肃而科学的研究方法。中小学教师必须正确地把握教育叙事研究的特点，才能有效地使用这一研究方法，促进自身的专业发展和职业生涯的进步。

一、勤于学、敏于思、勇于行

教育叙事研究是"最适合教师的研究方法"，教师进行叙事研究，既是研究的过程，也是学习的过程、思考的过程、实践的过程。

（一）勤于学

教育叙事中教师要通过自我叙述反思和改进自己的教育实践，因此，掌握和使用理论工具十分重要。教师理论水平越高，他的研究视野就越广，研究过程就越规范，研究的成果也就越深刻。教师的理论学习，从内容上说不仅包括教育学、心理学理论，还需要广泛阅读社会学、文化、历史、文学方面的著作；从途径上说，不仅应有书籍文献的学习，也包括从网络资源学习、向身边的同行学习、向自己的学生学习、从自己的经验中学习。

（二）敏于思

教师生活中随时有大量的事件发生，其中哪些事是值得追究的，它们又包含了怎样的意义，需要教师用自己的眼睛去发现，用自己的头脑去思考。

教师要做好叙事研究，就要当生活中的有心人，能敏感地抓住有价值的教育事件，善于反思故事隐含的思想、观念和方法。在这个基础上，只要教师勤于写作、善于写作，就能成为一个优秀的研究型教师。

（三）勇于行

普通教师的叙事题材一般来自两方面：一是教育中的典型偶发事件，二是教师主动改变自己教育行动后发生的事件。前者往往很有戏剧性，且突出反映了教育中的某些问题，是很好的叙事题材。但它不是经常发生的，是可遇而不可求的，因而很多中小学教师做叙事研究时常觉得无事可叙。事实上，教师之所以感到无话可说，原因在于写作之前没有改变自己的教育行为，教师能够叙说的与值得叙说的，往往是在改变自己教育活动后所产生的记录冲动和反思冲动。叙说的关键在于事前的行动，"主动改变后所发生的事件"，才是教师"可求"的叙事题材，是教师做叙事研究的故事来源。因此，教师应成为主动的行动者，勇于在自己的工作中研究新问题、尝试新办法。

二、教育叙事是有意义的故事叙述

教师的叙事研究最显著的特征是自始至终围绕故事进行，选题就是选择故事，收集资料就是听故事中的人叙说故事，分析资料是通过反复阅读故事进行的，研究报告就是一篇有主题的故事。叙事研究从过程到成果都与其他研究方法有明显的不同，特别是在撰写叙事报告时，特别要与工作总结、理论证明、经验总结区分开来。

教育叙事报告的基本形态就是一篇故事，与纯粹的故事不同的只是它在故事的中间或末尾某些地方插入或"涂抹"了作者的思想和观点，以表达故事隐藏的教育意义。其他的教育文献都是非故事的，或无故事的。教育工作总结不是研究文献，它只从教师个人的立场陈述工作过程，即"我做了什么"，也不需要说明事情的具体情节，因而只能作为叙事的档案资料。理论证明是先有一个理论命题，作者来分析阐明，并提出一些具体事件作为例证，文章的中心是论证理论，事件是为理论服务的，事件的陈述也是非常概括和简单化的，不会出现叙事报告十分重视的那些对话、神态动作、心理活动描写。经验总结报告，特别是基于某个典型事件或典型个人的经验总结报告有时也有叙事的色彩，但经验总结更重视"总结"而不是"经验"，重视从经验中归纳有普遍意义的认识结论或可推广的操作办法。在报告写作中常重结论而轻事实。从文学风格、篇幅比例来看，经验总结往往更接近于议论

文,而不是故事。

教师写教育叙事时需要准确地把握叙事报告与其他教育文献的区别,要做到这一点,最有效的办法是去阅读优秀的教育叙事作品,然后多写作,多请教专家或有经验的同行。教师的写作水平只有通过学习和尝试才能提高。

三、教育故事的评价是多元的

教育叙事研究特别强调开放性,教育问题本来就没有标准答案,教育故事的评价自然就是多元的。教育叙事研究允许而且鼓励教师个性化的教育智慧,比如在"集体备课"的教学研究中,对同一节课不同教师常会有不同看法,这显示了不同的理论视角,以及教师的个性、习惯、风格等。因此,当教师面对教育问题时,常常是最适合教师个性、习惯、风格的办法就是最好的;教师在评价教育故事时,也完全不必要求自己为读者提供最正确的分析或最标准的办法。教师只需要尽可能完整地、深度地描述出故事,同时说明"我就是这样想的"就足够了。每个读者在阅读教育故事时,都会凭借自己的经验和态度做出独特的判断。"一千个读者,就有一千个哈姆雷特",在这里,没有哪一个"哈姆雷特"比其他的更正确、更合理,但故事引起了作者和读者对自己的思考,故事的价值就已经实现了。

教育叙事案例

发怒就去撞豆腐[①]

四川省成都市龙江路小学　曾　理

"哇!哇!……"教室里传来孩子的哭声。我上前一看,有个小女孩正怯怯地望着"哇哇"大哭的男孩子,问他为什么哭,男孩哭得更起劲:"哇!哇!……"女孩子说:"我不小心搞坏了他的纸飞机。""给他赔礼了吗?"我问。"说了对不起的。"男孩哭着说:"她把我的飞机搞坏了!哇!哇!……""我帮你修好行吗?"我说。"哇!哇!……"男孩哭声更大,边哭边用手捶打自己的脑袋。我说:"我再给你折一架飞机行吗?"男孩哭着跑到门边用头撞击门板。"哇!哇!……"边撞边哭。

我用手挡到他头部的前面,他撞了两下后,不再哭了,天真地问:"老师,你手痛吗?"

---

① 参见《成都教育》2004年第4期。

> 我反问他:"你的头撞门痛吗?"
> "痛!"
> "那为什么还要撞呢?"
> "不知道。我发怒的时候就用头撞东西。"
> "那我建议在你发怒的时候,用头去撞柔软的东西,比如豆腐。"
> "对,我下次发怒的时候就去撞豆腐。"
> 这是一颗纯真的种子。

"发怒就去撞豆腐",这显然不是教师处理同类事件的唯一答案,甚至可能算不得一个好答案。但作者纯真的教育观念、教育理想在事件的反思中得到巩固,也会引发读者去思考"有其他的处理方法吗?""假如我遇到这种情况,该怎么办?"等等。这时,作者、读者的个性化的教育智慧都得到激发,每一个人都从故事里得到了收获。事实上,中小学教师校本研修中,我们经常安排教师们一起来讨论某一个教学问题或偶发事件,这已经被证明是促进教师专业成长的一种有效方式。

四、自传叙事——教育叙事研究的理想状态

自传叙事是教师用自传的形式记录与反思自己的职业经历。我们在许多经典的教育著作中常可以看到这种自传叙事,如卢梭的《爱弥儿》、马卡连柯的《教育诗》、苏霍姆林斯基的《帕夫雷什中学》和《把整个心灵献给孩子》、陶行知先生的部分演讲等。

自传叙事使教师的行动叙事研究进入一个理想的境界,即系统地、全面地反思自己的职业生涯。教师一旦以类似自传的方式叙述自己生活中的教育故事,也就意味着教师开始以自己的生命历程为背景去反思自己和观察世界。自传叙事要求教师对自己的言行做出合理的解释,这就促使教师做深刻的自我剖析、挖掘和反思,从而可能激发出许多连自己都意想不到的想法;自传叙事要求教师系统整理自己的教育思想,于是教师可能开始有自己的理论体系,形成"我的教育学"。因此,当教师以自传、日记来记录、反思他的教育生涯,其教育生活本身就成为教师个人发展的有力资源,并可能成为整个教师集体的共同财富。

苏联著名教育家苏霍姆林斯基说:我建议每一位教师都来写教育日记。教育日记并不是什么对它提出格式要求的官方文件,而是一种个人的随笔记

录，在日常工作中就可以记。这些记录是思考和创作的源泉。那种连续记了10年、20年甚至30年的教师日记，是一笔巨大的财富。每一位勤于思考的教师，都有他自己的体系、自己的教育学修养。

思考与练习

1. 什么是教育叙事研究？它有哪些特点？

2. 为什么说教育叙事研究是教师专业化发展和中小学校本研修的重要方式？

3. 教育叙事研究的内容包含哪些方面？

4. 回顾自己过去中小学受教育经历中最难忘的一件事，体验自己当时的感受与想法，归纳这一事件对自己的影响，写一篇生活叙事报告。

5. 观察记录一位小学教师从早上上班到下午下班在学校工作的全过程，以《××老师的一天》为题，写一篇教育叙事报告。

拓展性阅读导航

1. 刘良华：《改变教师日常生活的叙事研究》，《全球教育展望》2003年第4期。

该文分析了实验、经验总结等经典研究方法的局限性，阐述了教育叙事研究在教师专业成长中的重要意义，对一线教师如何进行教育叙事研究提出了原则性的建议。

2. 伍英：《教案在下课以后才完成的故事》，《人民教育》2002年第12期。

该文是近年国内教学叙事研究的经典案例之一。作者用叙事的方式将自己上的一节课整理出来，包含了上课教师自己的课堂教学、自己以叙事方式所做的"说课"、大学研究者以叙事方式所做的"评课"。

3. ［苏］苏霍姆林斯基：《给教师的建议》，教育科学出版社1984年出版。

该书是苏霍姆林斯基教育随笔的精华。书中每一条谈一个问题，有生动的教育故事，也有精辟的理论分析。

4. 高钢：《我所看到的美国小学教育》，《三月风》1995年第12期。

该文是由赴美小学生家长发表的一篇教育叙事，内有显示中美基础教育观念差异的若干典型故事，对当时国内素质教育推动产生过很大作用。

附录一：教师叙事的行动研究案例：《一本手抄书》[①]

骆大华

开学第一天，发书，语文书发到最后少了一本，第8组最后一排的李毅没有拿到。学习委员急了，到处查了没有发现多的，看来是领书的时候少领了一本。李毅坐在座位上大声地抱怨，学习委员的脸通红。本来我可以很容易地找一本新书来，但看到其他同学事不关己、若无其事地只顾整理自己的书的样子，我忽然觉得不甘心，我得让他们关心这件事。

"同学们，现在有一件事情，"正在忙着的同学们都安静下来看着我，"现在语文书少了一本，李毅同学没有拿到，大家看怎么办？"

全班同学低声议论起来，很快张鹏说："老师，你说怎么办吧。"

"我可没办法，还是全班同学来商量一下吧！"我虽然可以直接找图书室以个人教学用书的名义领一本，但我更愿意学生能用他们的力量来解决这个问题。学生们开始热烈地讨论。因为李毅一直在嚷嚷："不公平，凭什么我坐在最后就该我没有书嘛！"讨论就自然地以怎么才公平开始了。

很快，第一个答案出来了："抓阄，谁抓中谁不领书。"这倒很公平，有的人赞同，更多人反对，理由很充分：少一本书又不是我们的责任，不管谁抽中，也不能因为他运气不好就一学期没教材吧。于是这个答案很快被否决。

那么，谁该为少一本书负责呢？第二个答案出来了——"学习委员不领书"。领书签字是学习委员一手经办的，少一本当然是他的责任。有人赞同，也有人反对，说班干部为大家做事很辛苦，出点错是难免的，不能这样对人家。看着学习委员的满头大汗和涨得通红的脸，这条建议也被否决了。

看来谁不领书都不行，得想办法找一本来，第三个答案有了——"全班凑钱给买一本书"。脑筋快的已经算好了，每人出2角钱就够了，确实不多。

[①] 笔者根据四川省成都市泡桐树小学特级教师骆大华的口述整理而成。

大部分人赞成,但仍有人反对,觉得因为这样的事向父母开口要钱说起来不太好听,我当然也不愿意这样的结果。这个建议最后也没通过。

"老师,您这儿不是有一本嘛!"坐在第一排的赵蕾蕾像发现了"新大陆","您把您这本给李毅不就行了吗!"我笑眯眯地对全班说:"老师很愿意把这本书给李毅,但我这学期要给大家上课,我没书怎么上呢?所以很抱歉,大家还得另外想办法。"

又不能买,老师又不给,到哪儿去找一本呢?同学们嘀嘀咕咕地犯难了。

"总不能抄一本书给他吧!"林先华小声地抱怨着,"哎,这个办法好!"我一下来了精神,同学们也一下子激动起来,从来没做过这种事,大家都很有兴趣。在学习委员的主持下,大家很快地约好了抄书的具体要求:格式位置与原课本一样,插图尽量按原样画好,包括颜色。然后分工,谁画封面、谁抄哪页,除了李毅,每个人都领了任务。人人兴高采烈,就像在做一件大工程。

三天后,一本像模像样的手抄语文书放到了我的办公桌上,加厚的封面、封底,翻开来看,文字、插图、页码、田字格,样样都仔细地照原样描得规规矩矩。学生们骄傲得不得了。最后,我把我手上的新书给了李毅,这本手抄书,我要一直保存。

在学生遇到难题时,教师直接宣布他的答案总是最省事的。但学生总要长大,他们需要学习怎么来自己做出决定。把问题还给学生,不仅是对学生的尊重,也是对他们最好的教育。很多时候我都发现,一旦让学生自我教育,他们能找到最好的办法,同时也会对他们产生最深刻的影响。

附录二:研究者叙事的观察(调查)研究案例:
《山村教师需要的教育叙事研究》(节选)①

浙江师范大学 肖正德 李长吉

摘要:叙事研究的方法对教师需要的研究可行而且有效。通过对山村小学青年教师的叙事研究发现:总体上说,山村小学青年教师的五层次需要满足水平都不是很高,从而产生了一系列不良影响;影响山村小学青年教师需要满足水平的因素是多方面的。

---

① 《教育理论与实践》2003 年第 10 期。

第八章 教育叙事研究

关键词：山村小学；青年教师；需要；叙事研究。

一、研究的背景与意义

由于多种不利因素的干扰，我国农村师资队伍潜在的问题日趋明显。其中，最突出的是山村小学青年教师，他们成为"弱势群体"，需要得不到满足，于是心理失衡，工作积极性受挫，直接影响山区学校的教育质量。因此，研究山村小学教师在想什么，有什么心理需求，影响山村小学青年教师需要的相关因素有哪些，如何满足他们的需要，不仅有重要的理论意义，也有重要的实践意义。

二、研究的实施

（一）研究对象选择

本着便利和有效的原则，以目的性抽样方法，确定永嘉县北山乡北岙小学李老师为研究对象。李老师很爽快地接受了我们的合作要求。

（二）进入现场与研究实施过程

2002年6月26日，与李老师在其办公室第一次接触……2002年11月15日，最后一次谈话。

（三）资料收集、整理与分析

综合运用结构性访谈、非正式交谈、现场笔记、实物收集、口述历史等五种方法。

在资料分析时，借鉴马斯洛的需要层次论，把山村小学青年教师的需要也分五层次，把相关事件归入不同层次，以访谈片段、观察事件、日记书信、采访札记等对该层次需要加以展示和说明。

三、研究结果与分析

（一）有关李老师需要的故事

"站在学校往四周看，除了山还是山，天空只有巴掌大。学校前有一块空地，是操场。操场上有一棵百年老槐，树叶稀疏、枯干龟裂。"

"这里的学生大多是贫苦人家的孩子，吃的、穿的都很简朴，有些学生常付不起学费。我带的班，28名学生中杂费全交的只有11名，一分钱没交的有6名，剩下的只交了一部分。"

"最使我痛心的是我带的几个学生突然不明不白地跑了。问他们干吗不

来，都守口如瓶。想方设法终于打开了'瓶塞'，居然是'我听不懂你说的话'！我简直不敢相信，我一名堂堂师范生，说的可是一口标准的普通话呀。事后，从老校长那里得知，过去从没人教过这班学生普通话！老校长和其他两位老师都不会讲普通话！"

"皇天不负有心人，等到第二年山花烂漫时，他们基本学会了普通话。6月份，全乡统考，我带的四年级语文获第一名，五年级语文获第二名。这时我满怀激动，泪眼蒙眬。"

（二）山村小学青年教师需要满足水平分析

1. 生理需要

……

2. 安全需要

……

3. 归属和爱的需要

山村小学青年教师面对淳朴的学生、热情的家长、要好的同事，归属需要满足水平较高。

李老师："在山村工作，条件是差的。但这些学生娃娃蛮可爱，有时会给我们带来一个小小的惊喜——书包里掏出几枚鸡蛋或几颗板栗什么的。这儿的家长也很热情，经常送青菜之类给我，有时还邀我喝酒。"（2002年9月3日访谈）

4. 自尊的需要

在大山里工作，条件艰苦，待遇低，社会普遍认为呆在山沟里是无能的表现。于是山村教师有许多失落感，自尊需要满足水平低。

李老师："在山沟里工作，人家认为我们窝囊，很自然地就看不起我们。下山到城里，有人问我在哪里工作，我往往吞吞吐吐。到县城学校办事，总觉得自己样样比他们差，办完事赶紧逃回来。我总有一种自卑感。"（2002年9月4日访谈）

5. 自我实现的需要

……

四、研究结论

（一）研究发现

——山村小学青年教师生理、安全、爱的需要满足水平低，归属需要满足好，自尊、自我实现需要十分强烈，但得不到实现。

——山村小学青年教师需要满足程度低，直接影响了山村小学的教育质量。

——影响山村小学青年教师需要满足的因素是多方面的。

（二）研究过程的反思

研究效度问题……

推广度问题……

伦理道德问题……

第九章
教育研究资料的整理与分析

第九章 教育研究资料的整理与分析

学习要点

- 教育研究资料的含义和分类
- 质的研究资料的整理步骤和分析方法
- 量的研究资料的整理步骤和分析方法

　　资料是指记载各种信息的载体。它是记载人类知识的重要手段，是传递交流研究成果的重要渠道。教育研究资料是指记载着各种教育事态、情况和特征并与研究问题有关的文字、数字、图表、符号、录音（像）带、CD片、计算机软盘等载体的总称。在教育研究活动中，资料有不同的表现形态，可以从不同角度、以不同标准进行分类。从记载教育信息的表现形式来看，教育研究资料可以分为文字资料、数据资料和实物资料（主要指图片、音像和物品）；从资料与研究问题的关系来看，教育研究资料可以分为第一手资料（又称为直接资料，是指研究者在教育研究活动现场，运用观察、调查、实验、测量等方法、手段获得的直接关于研究问题本身，或直接反映研究问题的资料）和第二手资料（又称为间接资料，是指研究者在教育研究活动中，运用检索、订购、阅读等方法、手段获得的间接有关研究问题的资料）；从获得资料的途径与方法来看，教育研究资料可以分为调查资料、实验资料、访谈资料、文献资料、网络信息资料等。综观涉及教育研究资料分类的教材及著作，典型的分类很多，但无论怎么分类，都要有利于教育研究资料的搜集、整理和分析。为此，我们根据资料的性质把教育研究资料分为两大类，即质的研究资料和量的研究资料。质的研究资料主要为描述性资料，是一种非数量化的资料，多以文字或实物的形式呈现。如观察记录资料、问卷资料、谈话资料、图片、教具等。量的研究资料是一种数量化资料，主要为数据资料，具体可以分为计数资料、计量资料和等级资料。计数资料是按个体的某一属性或某一反应属性进行分类记录的资料，一般用整数表示。如教育实验的学校数、班级数、学生人数，教育调查或教育观察的对象数，学生对某种意见或看法的人数等。计量资料是根据一定标准，运用一定的测量工具对研究对象进行测量后所得到的用数值表示的资料，可以用小数表示。如研究对象的年龄（岁）、智力商数（IQ）、教学测试的成绩、题目回答的正确率与错误率等。等级资料是介于计数资料和计量资料之间的半计量资料，它没有大小、高低之分，只能按某种程度分为不同类别。如研究对象的数学计算能力可分为强、中、弱；研究对象对某项语文教改措施的态度可分为非常赞成、赞成、较赞成、无意见、不太赞成、反对、非常反对等。

在教育研究过程中，运用种种方法搜集来的大量的原始的质的研究资料和量的研究资料多半是较为粗糙的，还不能充分说明所要研究的问题。只有对这些资料进行科学的整理和研究分析，才能使资料整齐、有序，做到客观、真实、完整、有效，才能探究研究对象（问题）的本质，得出科学的研究结论。对资料的整理和分析，在整个教育研究过程中具有重要的、关键性的意义。一项成功的研究往往是与资料的整理和分析水平成正比。因此，研究者在进行教育研究时务必认真对待，切不可马虎。

第一节 质的研究资料的整理与分析

质的研究资料的整理与分析指的是对所搜集来的原始的质的研究资料进行加工，使其逐步趋于系统化和条理化，以获得对研究对象（问题）的质的规定性的认识。在理论的阐述上，质的研究资料的整理和分析这两个活动是分开进行的，但在实际操作时，它们是一个同步进行的活动。整理必然建立在一定的分析基础之上，任何一种整理行为都受制于一定的分析体系。

一、质的研究资料的整理

在教育研究过程中，质的研究资料的整理一般分为审查、分类和汇编几个步骤。

（一）审查

审查就是对所搜集来的质的研究资料的真实性、准确性、完整性进行考察和研究，以便确保研究资料的可靠性和有效性。审查资料的真实性，就是审查所搜集来的质的研究资料是否源于客观实际，是否是真实的。因为研究者在搜集资料时，由于各种主观因素（如个人经验、理解水平等）的限制，经常会出现技术上的偏差或主观臆断和偏见，导致所搜集来的质的研究资料的"系统误差"或"失真"。审查资料的准确性，就是要检查所搜集来的质的研究资料的出处是否可信，所反映的内容是否准确，把那些太"粗"、含义不清、误差太大、超过了许可范围的资料剔除掉。审查资料的完整性，就是要看看所搜集来的质的研究资料是否齐全、完备，以保证所搜集来的质的研究资料能够从各个不同的角度反映所研究的问题或情况。

（二）分类

分类是资料整理阶段的核心工作。它是根据研究资料的性质、内容或特征，将相同的或相近的资料归为一类，将相异的资料加以区分开来的过程。对研究资料的分类，首先应明确分类的标志。分类标志是资料分类所依据的特征，据此，研究资料可分为以下几类。①现象标志和本质标志。现象标志是反映事物外部特征或外在联系的标志，例如，把研究文献资料按年代分类，把调查资料按地区分类等；本质标志是反映事物的内在本质或内部联系的标志，例如，根据研究对象的经济地位、政治态度和思想觉悟等社会属性进行分类。②品质标志和数量标志。品质标志是反映研究对象属性差异的标志，如性别、地区、民族等；数量标志是反映研究对象数量差异的标志，如年龄、年级、成绩、家庭收入等。③固有标志和人为标志。固有标志是研究对象固有的客观标志，如性别、地区、户口状况等；人为标志是按照某种理由或指标用人为的方法对研究对象进行分类时确定的主观标志，如学习成绩，人为地分为优、良、中、及格、不及格五类。一般来说，我们可以根据研究课题的目的要求和对资料的认识程度，选择恰当的分类标志，但由于质的研究资料主要为描述性资料，是一种非量化的资料，所以通常采用品质标志分类。例如，进行小学生语文学习兴趣或语文课业负担、语文学习能力的研究，就可以按性别、学校类型等品质标志对所搜集来的质的研究资料进行分类。

除了明确分类标志外，在对质的研究资料进行分类时，还必须遵循下列分类规则。①每一次分类必须根据同一标准进行。②分类必须相应相称，即划分所得各子项之和必须和被划分的母项正好相等。否则，就会出现分类过窄或过宽的逻辑错误。③分类必须按照一定的方式进行。否则，就会出现越级划分和逻辑错误。在教育研究中，常见的分类方式有一次划分、连续划分和系统划分。一次划分是划分一次便可达到分类目的的划分，这种划分比较简单。连续划分是在一次划分之后再划分，形成多种层次的划分。例如，进行小学语文成绩调查研究，就可以先按区域（城镇学校与农村学校），再按性别（男与女）对所搜集来的质的研究资料进行分类。系统划分是按事物本身系统进行分类，它能更深刻地揭示对象领域元素之间的自然组合关系。

（三）汇编

汇编就是按照研究目的和要求，对分类后的资料进行汇总和编辑，使之成为能反映研究对象（问题）客观情况的系统、完整、集中、简明的材料。对质的研究资料的汇编，可以采用同质汇编和异质汇编两种方式。所谓同质汇编就是将主题内容相同或相近（研究观点、研究方法等）的资料编在一起。所谓异质汇编就是围绕研究主题内容，将结论、观点、研究时所采用的方法等相异或相反的资料编在一起，以便进行比较、分析。

在对质的研究资料进行汇编时，无论是同质汇编还是异质汇编，首先，一定要根据研究目的要求和研究对象的客观情况，确定合理的逻辑结构，使汇编后的资料既能反映研究对象的真实情况，又能说明研究所要说明的问题。其次，对分类的资料进行初次加工，给每一份资料编号，并在此基础上建立一个编号系统。编号系统通常包括资料的标题、资料的类型（如访谈、观察、实物等），资料提供者的姓名、性别、职业等有关信息，收集资料的时间、地点和情境，资料的排列序号，等。最后，必要时要用尽可能简洁的文字，说明研究对象的客观情况。

二、质的研究资料的分析

在对质的研究资料的整理中，我们只对资料进行了"去粗取精、去伪存真"的加工，获得的仅是感性认识。但教育研究的目的是要"通过现象看本质"，因此，我们必须实现由感性认识到理性认识的飞跃。而这一飞跃的实现必须由资料的分析来完成。从科学思维的角度看，质的研究资料的分析通常就是研究者运用定性分析方法对所搜集的并经过整理的质的研究资料进行研究，以确定研究对象是否具有某种性质、关系或引起某一现象的变化原因、变化过程的分析。而定性分析的具体方法主要包括逻辑分析方法（如辩证逻辑分析方法、形式逻辑分析方法、数理逻辑分析方法等）和非逻辑分析方法（如创造性想象、直觉、灵感等）。这里只介绍辩证逻辑分析方法和形式逻辑分析方法。

（一）辩证逻辑分析方法

作为一种创造性的认识活动，教育研究活动不是静止的，而是运动的；

不是简单的，而是复杂的；不是单一的，而是多样的。辩证逻辑分析方法就是把唯物辩证法运用于资料分析的全过程，帮助我们从事物的多样性、统一性方面把握运动中的教育事实，具有广泛的世界观意义。而唯物辩证法是教育研究的哲学方法论，它的核心就是马克思主义哲学的基本原理和基本观点，如实践反映论、普通联系论、运动发展论、对立统一论和质量互变论等。这些基本观点比较抽象，难以付诸实践。因此，在对质的研究资料进行分析时，必须将其具体化。具体化的形式表现在以下两个方面。

第一，具体化是资料分析时应遵循的一般原则，如全面性原则、发展性原则、联系性原则等。全面性原则，要求我们在对质的研究资料进行分析时要从资料的整体上全面地分析所要研究的问题；发展性原则，要求我们在对质的研究资料进行分析时，不但要把所研究的问题看成是发展、变化、运动的过程，而且要把所得出的研究结论也看成是运动、发展的产物；联系性原则，要求我们在对质的研究资料进行分析时，既要看到资料中真实蕴涵的关于研究对象的本质信息内部之间的联系及其与外部事物的联系，也要看到资料中真实蕴涵的关于研究对象的本质信息在运动发展中的联系。

第二，具体化是资料分析时演绎推理的主要理论依据。在教育研究中，无论是假设的提出，还是对资料的解释，都要运用演绎法。而马克思主义哲学原理是进行教育研究时演绎推理的主要理论依据，也是我们对质的研究资料进行分析时演绎推理的主要理论依据。

（二）形式逻辑分析方法

在教育研究中，形式逻辑分析方法是最主要的定性分析方法，主要有比较分析法、系统分析法、因果分析法、分析与综合法、归纳与演绎法、科学抽象法等。尽管这些分析方法在理论的阐述上是分开进行的，但是在实际运用中它们是相互联系、相互配合的。

1. 比较分析法

比较是根据一定的标准，对研究对象（问题）在不同情况下的表现进行分析研究，以确定研究对象之间的相同点和相异点及其关系，获得对研究对象（问题）质的规定性的认识的一种逻辑思维方法。具体的比较分析方法有横向比较与纵向比较、部分比较与全面比较、相对比较与绝对比较、同类比较与异类比较等。这里只介绍前两对比较。

（1）横向比较与纵向比较。从比较的时空上看，可以把比较分为横向比较和纵向比较。横向比较是指运用研究资料对空间上同时并存的研究对象

（问题）的不同形态或研究对象（问题）与其他事物之间的既定形态进行分析比较。它是按照空间结构的横断面展开的。纵向比较是指运用研究资料对研究对象（问题）在不同时期（时间）上所表现的形态进行分析比较。它是按照时间序列的纵断面展开的。

(2) 部分比较与全面比较。从比较的数量上看，可以把比较分为部分比较和全面比较。部分比较就是运用研究资料选取研究对象（问题）的部分具有代表性的属性与比较对象所进行的单项比较。全面比较就是运用研究资料按研究对象（问题）的多种属性与比较对象所进行的综合比较。部分比较是全面比较的基础，而只有进行全面比较，才能真正把握研究对象的本质。但在研究资料的实际分析中，部分比较运用得较多，而全面比较运用得较少。由于研究条件的限制，要对所要研究的对象的所有属性都进行分析比较，往往是不可能的。

2. 系统分析法

所谓系统，就是由若干相互联系、相互作用的要素（或子系统）组成的，具有特定功能和运动规律的整体。任何一个系统都具有整体性、综合性、相关性、有序性、动态性等特点。教育是一个系统，系统中的每一个因素，都会对其他因素产生影响。同时，教育这个系统又要受到社会大系统的制约、影响，它们相互联系、相互作用。因此，研究者在对资料特别是质的研究资料进行分析时，必须从系统论的观点出发，把研究对象（问题）作为一个系统，从系统的部分与部分、系统与环境的相互联系、相互作用中综合地考察研究对象（问题），也就是要对研究对象（问题）做系统分析。系统分析要求研究者必须对质的研究资料进行整体、综合考察，只有这样，研究者才能全面地把握研究对象的构成要素及其相互关系，才能对研究对象做出全面、客观的评价，形成科学化结论。

例如，针对目前我国关于中小学生学业成就归因的研究存在与西方相关研究求同多而求异少的情况，山东曲阜师范大学教育科学学院韩仁生老师在调研与实验的基础上，参阅其他研究成果，比较全面地归纳出我国中小学生学业成就归因的特点，如存在明显的年级差异、明显地意识到失败的结果是可以改变的、对学业成败的情感反应较敏锐等。他系统地分析了我国中小学生成就归因特点的成因，如中国人的"自谦"人格、归因中的"自利性归因偏差"、对突显刺激的过度反应、在失败面前敢于承担责任、各年级归因倾向不同、个体对自己活动结果的预先性认知、在归因过程中把情感因素作为一种动力因素等。他还科学地提出了相应的教育建议,如了解学生的归因特点、给予学生适当的评价、把握好教材和考题难度、进行正确的归因训练等。①

3. 因果分析法

在教育研究中,对那些构成因果关系的研究对象(问题)进行分析研究时,需要采用因果分析法。概括地讲,因果分析法就是运用研究资料分析研究对象(问题)的因果关系的方法。它分为两大类:一类是解释因果分析法,如一因一果分析法、一果多因分析法、多果共因分析法等;另一类是推理性因果分析法,如求同法、求异法、求同求异并用法、共变法、剩余法等。教育研究中的因果分析,常常采用一果多因分析法和多果共因分析法。

一果多因分析法是一种分析多种原因决定某一特殊行为(现象)的分析法。它往往从一个结果出发,去发掘造成这一结果的多方面原因,或者通过列举大量的独特的原因去解释某一行为(现象)。多果共因分析法是分析造成多种结果的共同原因的分析方法。它不是去列举某一特殊行为或事件的全部原因,而是有意识地去寻找可以解释行为或事件的一般类型的那些最为重要的原因,旨在用最少的原因变量去最大限度地解释因果关系。在进行因果关系分析时,无论采用哪种因果分析法,都需要弄清楚哪个为果,哪个为因;是一因多果、一果多因,还是多果多因;哪个是主要原因,哪个是次要原因;哪个为主观原因,哪个为客观原因;哪个为直接原因,哪个为间接原因;等等。

例如,有一位小学教师在日常教育教学活动中发现,整个三年级学生成绩比低年级大幅度下降,不及格率、留级率都比低年级显著增加(按常理,儿童升入三年级无论是学习成绩、思想品德、兴趣水平还是个性品质等方面都应该比低年级向更好方向发展)。为了弄清楚这个问题,他在全县开展了关于小学三年级成绩下降出现乱班的调查研究。通过对所搜集来的研究资料的分析研究,得出造成三年级学生成绩下降、出现乱班有多方面的复杂原因,既有学生本身生理(三年级学生的年龄正值第二次生长高峰的开始阶段,体内生长激素活跃,带来了生理机能的变化,这必然影响儿童心理的发展)、心理(三年级儿童自我评价的独立性有了发展及道德品质发展处于质变期,而有些教师和家长不懂得三年级学生心理发展的这些特点,造成师生

---

① 参见《现代教育论丛》2003年第2期。

关系、父母子女关系紧张，严重影响了儿童的身心发展）方面的主观原因，也有学校（由于片面追求升学率，学校重视起始班和毕业班，而忽视了对三年级的教学领导，造成三年级教学力量的薄弱）、家庭（升入中年级，有的家长认为孩子已经适应学校的学习，放松了家庭教育，把一切推给学校和教师）以及社会（不良社会现象、风气影响着小学生的进退）诸方面的客观原因。针对这些原因，他又从学校、家庭、社会、教师、教学等方面提出了解决问题的相应对策。这是运用了一果多因分析法。

4. 分析与综合法

分析与综合是两种相互关联的分析方法。分析就是在思维中把研究对象（问题）分解成各个部分、方面或不同特征分别进行考察，从而认识研究对象（问题）本质的方法。分析是了解研究对象的切入点，可以使研究者通过部分进而把握研究对象的整体。综合是在分析的基础上，把已获得的有关研究对象（问题）的各个部分、方面或不同特征的认识综合起来，形成对研究对象（问题）整体性的新认识的一种思维方法。综合可以使研究者对研究对象的特征及其联系获得总体把握，有利于揭示研究对象的实质，获得教育科学的新发现。

分析和综合是同一思维过程中不可分割的两个方面，是彼此相反又相互联系、相互依存、相互补充、相互配合的过程，但两者在教育研究资料的分析中所起的作用是不同的。一般而言，在资料分析的第一阶段，以最后的综合认识为目的，要力求分析得深入和具体；而在第二阶段，力求以分析的全部结果为基础，对研究对象在新的层次上获得总体的认识。

5. 归纳与演绎法

归纳法是从有关研究对象（问题）的个别事物情况或全部事物情况的资料中概括出一般性结论的一种思维方法或推理形式。根据研究对象（问题）的特点和资料的性质，归纳法可以分为完全归纳法和不完全归纳法。完全归纳法是从有关研究对象（问题）全部情况的资料中概括出一般性结论的归纳方法。例如，要研究教育过程的基本要素有哪些，我们通过运用研究资料对全部教育现象考察分析后，发现凡是教育都具有教育者、受教育者和教育中介三个要素，于是得出教育过程的基本要素是教育者、受教育者、教育中介，缺少其中任何一个要素都不能称其为教育这样一个结论。但由于教育研究对象的复杂性，有时我们运用研究资料不能考察有关研究对象全部事物的情况，只能根据有关研究对象部分事物所具有的某种属性做出概括，这种方法叫做不完全归纳法。不完全归纳法又可分为简单归纳法和科学归纳法。前者是随便根据有关研究对象部分事物的情况，从研究资料中推出一般原理的方法。例如，要研究全国中小学实施普及九年义务教育的情况，我们可以随便通过对全国几所中小学实施普及九年义务教育情况的资料分析，概括出全国中小学实施普及九年义务教育情况的一般性结论。由于这种方法推理的依据是缺乏代表性的有关研究对象的部分事物，因此，结论缺乏绝对的可靠性。后者则是科学地根据具有典型意义或代表性的有关研究对象部分事物的情况，从研究资料中推出一般性结论的方法。例如，上述要研究全国中小学实施普及九年义务教育的情况，就可以采用抽样法从全国中小学中选择部分具有代表性的中小学作为研究的直接对象，然后通过对这些具有代表性的中小学实施普及九年义务教育情况的资料分析，概括出全国中小学实施普及九年义务教育情况的一般性结论。

与归纳法相反，演绎法是从所搜集来的研究资料中，由一般原理推演出个别结论的思维方法或推理形式。演绎法的推理依据是：凡是一类事物所共有的属性，其中每一特殊事物必然具有。因此，演绎推理是必然性推理，其结论是可靠的。演绎法有多种多样的模式，典型的有三段式推理和假言推理。三段式推理由三个简单判断组成，其中前两个判断分别叫大前提、小前提，后一个判断叫结论。例如，世界上的一切事物都是有规律的（大前提），教育是世界上的一种事物（小前提），所以，教育是有规律的（结论）。假言推理是以假言判断作为前提的演绎推理。假言判断是一种条件判断，即前一个判断存在是后一个判断存在的条件。例如，如果儿童有较强的交往动机，那么，将他放在陌生的环境中，他会主动与别人交朋友；小李有较强的交往动机，那么，我们可以预测，小李在陌生环境中将主动与他人交往。由于假言推理具有推导、解释和预见等作用，所以在教育研究中应用较为广泛。

总之，归纳是从特殊到一般的认识方法，而演绎则是从一般到特殊的认识方法。它们主要被用于概括隐藏在质的研究资料内的一般原理和用于解释各种教育事实。

6. 科学抽象法

在教育研究中，抽象是指运用研究资料在对反映研究对象（问题）的各种个别属性进行分析、综合和比较的基础上，把反映研究对象（问题）的共同的本质属性提取出来，舍弃其非本质属性的思维过程。显然，抽象总是对研究对象本质属性的抽象，这种抽象就叫"科学抽象"。由于我们对研究资料进行分析的目的就是为了"透过现象看本质",对研究问题做出科学的解释,所以如果没有抽象,我们的认识就只能停留在对研究对象(问题)的感性认识上,而不可能上升到对研究对象(问题)的本质及规律性的理性认识。

科学抽象的具体过程分为以下三步。①分离,就是撇开研究对象同客观现象的整体联系,把研究对象分离出来。②提纯,就是在思想上排除那些掩盖普遍规律的干扰因素,从而使我们能在纯粹的状态下对研究对象进行考察。③简略,就是把在纯状态下得出的研究对象的本质特点简述出来。例如,对小学语文学习困难学生(简称学困生)的研究,我们可在观察分析若干个语文学习有困难学生的情况后,把这些具体的学生和学困生概念之间相联系的情况分离出来,然后再把影响学困生的本质原因找出来,排除一些偶然的、具体的因素,最后简明扼要地把语文学困生的本质特点表述出来。

第二节 量的研究资料的整理与分析

任何事物都是质和量的统一体,教育现象也同样存在质和量两个方面。探讨教育研究对象(问题)的本质特征,既要掌握研究对象(问题)质的规定性,又要掌握研究对象(问题)量的规定性。这就要求研究者在对所搜集来的质的研究资料进行整理和分析的同时,要对所搜集来的量的研究资料进行整理和分析。只有这样,研究者才能获得对研究对象(问题)的本质的更清晰、更准确、更全面的把握。由于研究者获得资料的途径与方法很多,资料的形态特点又不尽相同,所以与质的研究资料相比,量的研究资料的整理特别是分析的具体方法和操作技术会有所不同,甚至差异很大。

一、量的研究资料的整理

在教育研究中,由于量的研究资料主要为数据资料,所以,量的研究资料的整理一般要进行数据检查、数据分类、编制统计表或统计图等工作。

(一)数据检查

在教育研究中,运用观察、调查、实验等研究方法所搜集来的原始的数据资料,由于研究指标界定范围不一致、计算公式不适用、测量标准不统一、计量单位不一致等种种原因,会出现遗漏、重复、错误、不真实、不合理等情况。这就需要研究者亲自对所获得的原始数据进行检查。所谓数据检查，就是研究者对所搜集来的原始数据的完整性、正确性进行检查。检查数据的完整性，就是根据研究目的检查原始记录是否有遗漏或重复。如果发现有遗漏或重复情况，就应及时采取措施，填补缺漏、删去重复，保证数据资料齐全、完备。检查数据的正确性，就是检查所搜集来的数据资料是否真实可靠。如果发现错误、不合理之处，就要及时核实改正，因为真实正确的数据是统计工作的生命。检查数据的正确性可以从两个方面进行：一是采用分析法，即从研究变量的选择、含义的界定、指标体系的建立及其相互关系的逻辑性上去检查资料的合理性与科学性；二是采用计算方法，即对数字的小计、合计、总计等进行复计，检查数据的单位是否清楚。

（二）数据分类

数据分类即统计分类，又称统计归组，就是根据一定的标志（即研究对象所具有的属性或特征）把所搜集来的数据进行分组归类。根据教育研究资料统计分类的标志，数据分类一般有质量分类和数量分类两种。

1. 质量分类

这是按研究对象（问题）的品质标志对所搜集来的数据所进行的分类。如按学校类别（按学校层级分为乡镇中心学校、完小、村小；按区域分为城镇学校与农村学校；按办学水平分为示范性学校与普通学校等）分类、学生性别（男、女）分类，或按学生成绩（优、良、中、差）分类等。按照研究对象的品质标志把数据分组归类后，就可以通过各类所包含的数据再进行数量化的比较和分析。

2. 数量分类

这是按研究对象（问题）的数量标志对所搜集来的数据所进行的分类。常用的数量分类方法有顺序排列法、等级排列法、次数分布法等。

顺序排列法就是将数值从小到大或从大到小进行排列，这样就可以看出最大值和最小值是多少、各数值出现的次数及位于中间的是什么数等。

等级排列法就是根据顺序排列划分等级。与顺序排列有所不同，它是按数值所含的意义来确定的。例如，学习成绩分数，应是数值越大的等级越高，第一等级的应是成绩最好的；如果是运动会的百米赛，则应将数值最小的排在第一等级，表示所用的时间越少成绩越好。

次数分布法是指研究总体或样本按随机变量（数据）大小次序在频率上的排列，即编制次数分布表或次数分布图。

（三）编制统计表或统计图

1. 统计表

统计表是用来表示统计指标与被说明的事物之间数量关系的表格。它是处理数据的一种重要方式。它描述了各种数据整理归类之后之间的相互关系，简明扼要、一目了然地反映了研究对象（问题）的基本特征。

（1）统计表的结构和编制要求。统计表一般由标题、表号、标目、线条、数字、表注等项构成，其基本格式如图 9-1 所示。

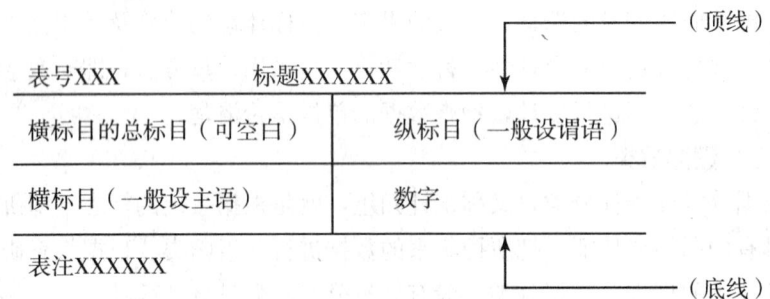

图 9-1 统计表的结构

①标题。即统计表的名称，写在表的顶端中央。标题应确切、简明地说明表的内容。

②表号。即表的序号，写在表的左上方。若文章中有几张表，则需按它们出现的先后次序编上序号。

③标目。即表格中对统计数据分类的项目。按标目在表中的位置，可分为横标目和纵标目。位于表的左侧者为横标目，因为它与所指明的数字在同一横行；位于表的上端者为纵标目，因为它与所指明的数字在同一纵列。必要时，在横标目和纵标目的上方加上适当的总标目。按标目的内容又可以分为主语和谓语。主语是统计表叙述的对象，谓语是用以叙述的统计指标。

④线条。顶线、底线、隔开纵标目与数字的横线，以及隔开横标目与数字的纵线，是表的四种基本线条。其余线条应尽量减少。

⑤数字。表内数字必须准确，一律用阿拉伯字母表示，依次对齐，小数的位数一致。表内不应有空格，暂缺或未记录可用"…"或"……"表示，无数字用"—"表示，数字是"0"，则应填写"0"。

⑥表注。资料来源和其他需要说明的材料，要附注于表的下面。

（2）统计表的种类。统计表一般有单项表、复合表和次数分布表三种类型。

①单项表。只按一个标志分组的统计表为单项表。如表 9-1 就是只按年龄这一标志分成各年龄组。

表 9-1　上海市区男幼儿 20 米跑步用时①

年龄组	3 岁	4 岁	5 岁	6 岁
平均秒数（$\bar{X}$）	7.71	7.16	6.04	5.53

②复合表。按两个或两个以上标志分组的统计表为复合表。如表 9-2 是按班级、操行评定等级两个标志进行分组的。

表 9-2　某年级操行评定结果

班别	甲	乙	丙	丁	总和
一班	11	16	10	3	40
二班	10	19	6	2	37
三班	13	17	7	1	38
总和	34	52	23	6	115

③次数分布表。数据是对客观事物进行观察、测量的数量结果。在一批观测数据中，每一个数值出现了多少次，这种分布情况叫做次数分布。将其用表格形式表示出来称为次数分布表。它可以分为简单次数分布表、累积次数分布表和累积百分比分布表。编制次数分布表，是对大量数据进行整理的重要途径，是计算各种统计量数的基础。下面以表 9-3 的数据为例说明编制次数分布表的方法。

表 9-3　某小学某班 60 人语文期中考试分数

80	60	93	93	89	72	85	97	68	77	76	98
56	45	77	76	61	46	60	51	89	43	75	60
89	60	80	74	74	67	85	87	55	87	71	91
74	64	88	57	84	91	60	61	59	63	78	79
88	96	87	89	52	89	85	70	56	54	58	90

编制次数分布表的步骤如下。

---

① 参见《华东师范大学学报》（教育科学版）1985 年第 2 期，第 30 页。

第一，求全距。全距以"R"表示。"R"的值等于全部数据中的最大值减最小值之差。本例中全距（R）=98−43=55。

第二，定组数。组数的多少视数据资料的性质和数据的多少而定。通常，数据个数在100以上可分为10~20组，数据个数在100以下可分为5~10组。

第三，求组距。组距就是每一组的间距，即每组所包含的单位。组距以"i"表示。最常用的组距为2、3、5、10等。如以10为组距，则各组的起点（下限）要为10的倍数。其他组距依此类推。

$$组距(i) = \frac{全距+1}{组数}$$

本例中若组数为6，则组距 $= \frac{55+1}{6} = 9.3$。为计算方便，组距以10为宜。

第四，定组限。组限是分组的界限，其底数为下限，其顶数为上限。组限的写法有很多种，有的用上下限表示，有的用组中值表示。如以10为组距，一般多用以下两种表示。

① $\begin{cases} 80~90 \\ 70~80 \\ 60~70 \end{cases}$ ② $\begin{cases} 80~89 \\ 70~79 \\ 60~69 \end{cases}$ ③ $\begin{cases} 80~ \\ 70~ \\ 60~ \end{cases}$

分组的实际界限是这一组的精确界限，如80~90这一组，其精确界限为79.5~89.4999……其中79.5为精确下限，89.4999……为精确上限。

第五，求组中值。组中值又称为组中点，它为每组区间的中间值。其计算公式为：组中值=下限$+\frac{组距}{2}$ 或 组中值$=\frac{精确上限+精确下限}{2}$

如以10为组距，则80~90一组的组中值为：组中值$=80+\frac{10}{2}=85$。

第六，归类划记。当组距、组限及组中值确定以后，就可以依次把数据逐个划入适当的组内，即标记各组次数，一般用"卌"或"正"字表示，然后用数字表示每次的组数。

这样，我们便得到了一个简单的次数分布表，如表9-4所示。

表 9-4　某小学某班 60 人语文期中考试成绩次数分布

组别	组中值	划记	次数
90～100	95	正正 III	8
80～90	85	正正 正 I	16
70～80	75	正正 III	13
60～70	65	正正 I	11
50～60	55	正 IIII	9
40～50	45	III	3
合　计	——	——	60

从表 9-4 可以看出数据分布的集中趋向和分散的情况。但若想知道学生考试成绩在若干分数以上的人数或若干分数以下的人数及其百分比，则需要编制累积次数和累积百分比分布表。如表 9-5 所示。

表 9-5　某小学某班 60 人语文期中考试成绩累积次数分布

组　别	次数	累积次数			
		由小到大	百分比	由大到小	百分比
90～100	8	60	1.00	8	0.13
80～90	16	52	0.87	24	0.40
70～80	13	36	0.60	37	0.62
60～70	11	23	0.38	48	0.80
50～60	9	12	0.20	57	0.95
40～50	3	3	0.05	60	1.00
合　计	60				

根据表 9-5，若想了解在若干分数以上人数，即从由大到小的累积次数这一栏内找到其对应数便是。如要问成绩在 70 分以上者有多少人，即可从累积次数由大到小找到第三个数"37"便是，占全体人数的 62%；若想知道成绩在 70 分以下的人数，即从由小到大的累积次数，由下向上找到第三组"60～70"的对应数"23"便是，占全体人数的 38%。

2. 统计图

统计图是用来表达统计指标与被说明的事物之间数量关系的图形。它是直观显示统计结果的一种方式。用几何图形的点、线、面、体等表示数量关系。

（1）统计图的结构和编制要求。统计图一般由标题、图号、标目、图形、图注等项构成。

①标题。即图的名称，图的标题应简明扼要，切合图的内容，必要时可注明时间、地点。图的标题的字体在图中为最大，自左至右写在图的下方。

②图号。文章中若有几幅图，则需要按其出现的先后次序编上序号，写在图的标题的左前方。

③标目。对于有纵横轴的统计图，应在纵横轴上分别标明统计项目及其尺度。横轴是基线，一般表示被观察的现象，尺度要等距，自左向右，由小到大，写在横轴的下方。纵轴是尺度线，尺度从0开始，自下而上，从小到大，写在纵轴的左侧。两个轴都要注明单位。

④图形。图形线在图中为最粗，而且要清晰。为了美观起见，图形的高与宽之比以3∶5为宜。在一幅图中若有几个图形线相比，可以用不同图形线加以区别，各种图形线的含义可用图例在适当的位置加以标明。

⑤图注。图中若有必须加以解释的地方，可用图注加以说明。图注的文字要简明扼要，字体要小，写在图的下方。

(2) 统计图的种类。教育研究中常用的统计图按形状可以分为直条图、圆形图和次数分布图。

①直条图。直条图是用宽度相同、长短不一的长条表示统计事项数量的统计图。它主要是用来比较性质相似的间断性资料，如图9-2所示。

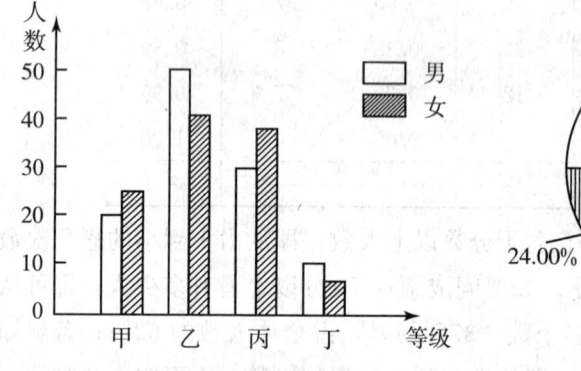
图 9-2　某年级操行评定结果

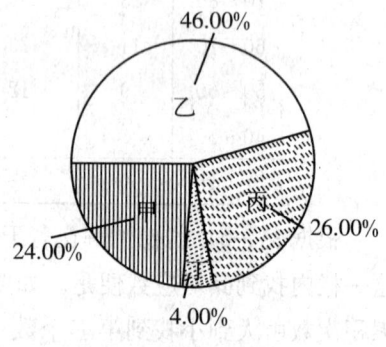
图 9-3　某年级操行评定结果

②圆形图。圆形图是用圆形中各扇形面积的大小来表示整体结构中各组成部分所占的比重的统计图。它主要用来表示间断性资料构成比的图形。如图9-3所示。

③次数分布图。教育研究中，用得较多的是次数分布图。它是将次数分布表中的统计结果用直观图表示出来，使我们对数据的分布情况有更形象、

更清楚的了解。次数分布图有简单次数分布图、累积次数分布图和相对次数分布图等。这里只介绍简单次数分布图。简单次数分布图有三种形式：直方图、多边图和曲线图。

A. 直方图。直方图是用矩形的面积表示次数分布大小的统计图，如图9-4所示。绘制直方图应注意以下几个问题。首先，画出纵、横轴，在纵轴上标明尺度及其单位，以指示次数，纵轴尺度应从零开始，横轴尺度表示数量的分组，不一定从零开始。其次，直条的宽度表示组距，直条的高度等于该组的次数。最后，由于横轴上各组距之间是连续的，所以直条与直条之间不能留空隙，直条与直条之间的内侧重线不必画出。

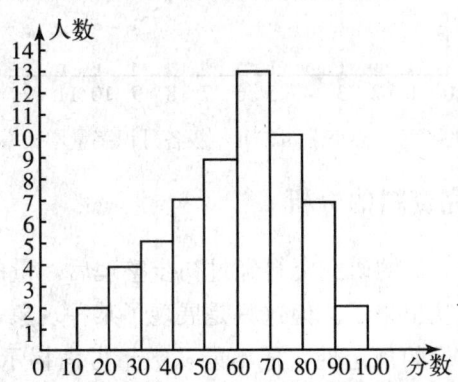

图 9-4　根据 60 名小学生英语成绩绘制的直方图

B. 多边图。多边图以纵轴上的高度表示次数的多少的统计图。它由一系列折线组成，折线端点的横坐标对应于某组的组中值，纵坐标对应于该组的次数。多边图的绘制步骤是：首先，画出横轴和纵轴，并标记分点；其次，由组中值与次数画出对应点；第三，用一些直线段依次将各点（包括零次数点）连接起来，即得次数多边图。如图 9-5 所示。

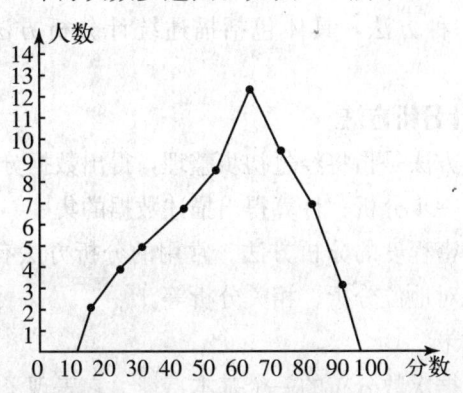

图 9-5　根据 60 名小学生英语成绩绘制的多边图

C. 曲线图。曲线图是以曲线的变化表示两个变量间的函数关系的统计图。它主要用于连续变量资料。曲线图中的横轴通常表示时间或自变量，纵轴表示次数或因变量。如图 9-6 所示。

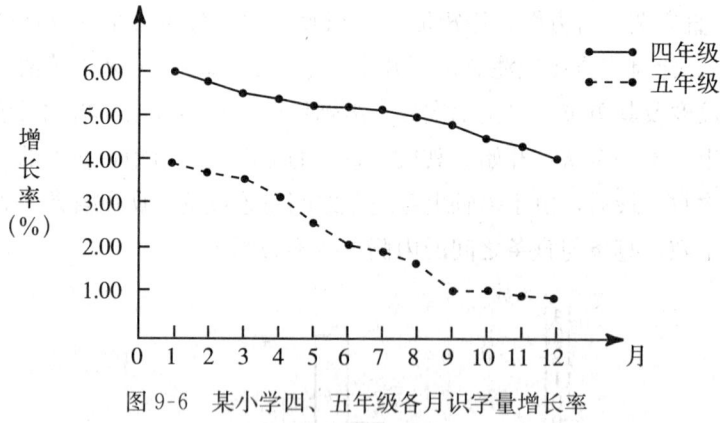

图 9-6　某小学四、五年级各月识字量增长率

二、量的研究资料的分析

当大量的原始的量的研究资料经过初步整理后，量的研究资料的特征和性质就直观地反映出来了。但这只是展现了某种现象，并未达到认识研究对象（问题）的量的规定性，还不能从数量方面揭示研究对象（问题）的本质。这就需要对经过整理之后的量的研究资料再做进一步分析。对量的研究资料的分析，通常运用定量分析方法对所搜集来的并经过整理的数据资料进行处理，以了解研究对象（问题）的量的特征和变化态势，真正从量的方面揭示研究对象（问题）的本质。而定量分析方法很多，如经典数学分析方法、概率和数理统计分析方法、模糊数学分析方法等，但应用最为广泛的则是教育统计分析方法。教育统计分析方法是运用数理统计的原理和方法研究教育问题的一种方法，具体包括描述统计分析方法和推断统计分析方法。

（一）描述统计分析方法

描述统计分析方法是指将经过初步整理，得出数据分布的面貌和特征后的数据资料，再进一步分析、计算得出描述数据的集中、离散特征及现象与现象之间联系的紧密程度的分析方法。常用的分析方法有：集中趋势分析、离中趋势分析、相对地位分析、相关分析等。

1. 集中趋势分析

集中趋势是数据次数分布的一个基本特征。它表现了在分布中数据向某

第九章　教育研究资料的整理与分析

点集中的情况。我们可以通过分析一组数据的集中性质或集中程度来认识研究对象（问题）的量的某种规定性，揭示研究对象（问题）的某些本质特征。在教育研究中，我们把这种分析称为集中趋势分析，把代表数据集中趋势的量数称为集中量数。集中量数是一组数据的代表性数值，反映了研究对象某一标志的一般水平，从而可以用来比较两组数据间的数值差异。集中量数很多，包括算术平均数、中数、众数、几何平均数、调和平均数、加权平均数等。其中，最常用的是算术平均数，这里只介绍算术平均数。

算术平均数简称平均数或均数，指的是各观测数值（变量值）的总和除以各观测值的个数（变量总次数）所得的商，常用符号$\overline{X}$或μ表示（$\overline{X}$表示样本平均数，μ表示总体平均数）。算术平均数的计算方法很多，常用的有以下几种。

（1）用原始数据求平均数。当一组数据个数不多时，可按原始数据来计算平均数。计算公式如下。

$$\overline{X} = \frac{X_1 + X_2 + X_3 + \cdots + X_n}{n} = \frac{\sum X}{n}$$

公式中，$\overline{X}$为算术平均数，X为变量数值，n为总次数，$\sum$为求和符号。

例如，某小组 8 名学生的体重（单位：kg）分别为 36、37、34、35、33、38、39、35，该小组学生的平均体重为：

$$\overline{X} = \frac{\sum X}{n} = \frac{36+37+34+35+33+38+39+35}{8} = \frac{287}{8} = 35.875(\text{kg})$$

（2）用次数分布表求平均数。如果样组的原始数据比较多，达到数十个或数百个，则需要编制次数分布表，用次数分布表求平均数。其计算公式如下。

$$\overline{X} = \frac{\sum f x_C}{n} = \frac{\sum f x_C}{\sum f}$$

其中，f为各组次数，X_C为各组组中值，n为总次数（$\sum f$）。

兹以表 9-4 为材料，用次数分布表也可以求$\overline{X}$，计算如表 9-6 所示。

表9-6　某小学某班60人语文期中考试成绩平均数计算

组别	组中值（X_c）	次数（f）	fx_c
90～100	95	8	760
80～90	85	16	1 360
70～80	75	13	975
60～70	65	11	715
50～60	55	9	495
40～50	45	3	135
$\sum$	——	60	4 440

$n=60$，$\sum fx_c = 4\ 440$，将表中有关数值代入公式，则 $\overline{X} = \dfrac{4\ 440}{60} = 74$。

2. 离中趋势分析

我们来看一个教育实践中遇到的问题：甲、乙两个小组的数学测验平均分数均为80，是否可以认为两组的数学成绩完全一样？

甲组：70　71　73　74　76　79　79　80　81　82　85　86　87　88　89

乙组：57　58　62　65　73　75　77　81　85　88　89　94　97　99　100

从甲、乙两个小组的数学测验成绩可以看出，虽然两个小组的平均分数为80，但甲组的成绩较为集中、整齐，变异性较小，而乙组的成绩较为分散、参差不齐，变异性较大；若考虑及格率，可认为甲组要好一些；若考虑优秀率，则乙组又应好一些。可见，要知道一组数据的整体分布特征，仅对数据的集中程度进行分析是不够的，还要对数据的差异情况或离散程度进行分析。在教育研究中，我们把对一组数据的差异情况或离散程度所进行的分析称为离中趋势分析，把表示一组数据差异情况或离散程度的量数称为差异量数。

集中量数的代表性如何，是由差异量数来表示的。差异量数愈大，集中量数的代表性愈小；差异量数越小，则集中量数的代表性越大。在教育研究中，常用的差异量数主要有全距、方差、标准差、差异系数等。

（1）全距。全距是表示数据分布离散程度最简单的方式，即一组数据中最大数与最小数之差，用 R 表示。计算公式为：$R = \text{Max} - \text{Min}$。如上例，甲组的全距 $R = 89 - 70 = 19$；乙组的全组 $R = 100 - 57 = 43$。说明乙组比甲组离散程度大。

（2）方差和标准差。

第九章 教育研究资料的整理与分析

①方差和标准差的概念。方差是指离差平方和的算术平均数。具体地说,就是一组数据中每个数据与该组平均数之差的平方,求其和,再除以数据的个数。用 S^2（表示样本方差）或 σ^2（表示总体方差）表示。其定义公式如下。

$$S^2 = \frac{\sum (X-\overline{X})^2}{N} \quad \text{或} \quad \sigma^2 = \frac{\sum (X-\mu)^2}{N}$$

式中,$X-\overline{X}$ 表示离差（即每个数据与平均数的差数）,$\sum (X-\overline{X})^2$ 表示离差平方和,N 表示总次数。

标准差是方差的平方根,用 S 或 σ 表示。其定义公式如下。

$$S = \sqrt{\frac{\sum (X-\overline{X})^2}{N}} \quad \text{或} \quad \sigma = \sqrt{\frac{\sum (X-\mu)^2}{N}}$$

②方差和标准差的计算方法。

A. 原始数据计算方法。将上述定义公式加以整理,可变成不必求离差,直接用原始数据计算方差和标准的公式。

$$S^2 = \frac{\sum X^2}{N} - \left(\frac{\sum X}{N}\right)^2 \quad S = \sqrt{\frac{\sum X^2}{N} - \left(\frac{\sum X}{N}\right)^2}$$

式中,X 表示原始数据,X^2 表示原始数据的平方,N 表示总次数。

【例1】某校从一年级学生中随机抽取 10 名学生的语文考试成绩进行分析,其分数分布情况如表 9-7 所示。

表 9-7 某校一年级 10 名学生的语文考试成绩

X	X^2
98	9 604
95	9 025
90	8 100
89	7 921
81	6 561
74	5 476
72	5 184
63	3 969
55	3 025
47	2 209
$\sum X = 764$	$\sum X^2 = 61\ 074$

要了解其方差和标准差，需要先列表计算 X^2，然后将 $N=10$，$\sum X = 764$，$\sum X^2 = 61\,074$，代入公式得：

$$S^2 = \frac{\sum X^2}{N} - \left(\frac{\sum X}{N}\right)^2 = \frac{61\,074}{10} - \left(\frac{764}{10}\right)^2 = 270.44$$

$$S = \sqrt{\frac{\sum X^2}{N} - \left(\frac{\sum X}{N}\right)^2} = \sqrt{\frac{61\,074}{10} - \left(\frac{764}{10}\right)^2} = 16.45$$

B. 次数分布表计算方法。若将原始数据已经归入次数分布表，而且原始数据又不在手边，这时可以用组中值近似计算。其计算公式如下。

$$S^2 = \frac{\sum f x_C^2}{N} - \left(\frac{\sum f x_C}{N}\right)^2 \qquad S = \sqrt{\frac{\sum f x_C^2}{N} - \left(\frac{\sum f x_C}{N}\right)^2}$$

式中，X_C 表示各组组中值，f 表示各组次数，N 为总次数。

【例2】48名学生语文考试分数的次数分布表如表9-8所示。

表9-8　48名学生语文考试分数的方差与标准差计算

分数	组中值（X_C）	频数（f）	fx_C	fx_C^2
45~	47.5	1	47.5×1	47.5²×1
50~	52.5	2	52.5×2	52.5²×2
55~	57.5	0	57.5×0	57.5²×0
60~	62.5	2	62.5×2	62.5²×2
65~	67.5	3	67.5×3	67.5²×3
70~	72.5	8	72.5×8	72.5²×8
75~	77.5	7	77.5×7	77.5²×7
80~	82.5	7	82.5×7	82.5²×7
85~	87.5	7	87.5×7	87.5²×7
90~	92.5	5	92.5×5	92.5²×5
95~	97.5	6	97.5×6	97.5²×6
总和	——	48	3 840.00	314 400

要了解其方差和标准差，可先求出表9-8中的 $\sum f x_C = 3\,840.00$，$\sum f x_C^2 = 314\,400.00$，$N = 48$ 代入公式得：

$$S^2 = \frac{314\,400}{48} - \left(\frac{3\,840}{48}\right)^2 = 150 \qquad S = \sqrt{\frac{314\,400}{48} - \left(\frac{3\,840}{48}\right)^2} = 12.25$$

(3) 差异系数。

①差异系数的概念。前面介绍的差异量数为绝对差异量数,这种差异量数不能直接用来比较两组以上数据,特别是两种以上单位不同,或单位相同而平均数相差较大的数据资料的差异情况或离数程度,而必须用相对差异量数(即差异系数)进行比较。

差异系数是标准差与算术平均数的百分比,通常用 CV 表示。其公式如下。

$$CV=\left(\frac{\sigma}{\mu}\right)\times 100\% \quad 或 \quad CV=\left(\frac{S}{\overline{X}}\right)\times 100\%$$

差异系数就是以平均数为单位,视标准差占平均数百分比的大小来衡量差异的程度。差异系数越大,表明离散程度越大;差异系数越小,表明离散程度越小。

②差异系数的用途。

A. 比较两种不同单位资料的差异程度。例如,某班学生身高平均 170 cm,标准差 15 cm;体重平均 60 kg,标准差 8 kg。通过差异系数可以比较身高与体重的差异。

$$CV_{身高}=\frac{15}{170}\times 100\%=8.82\% \qquad CV_{体重}=\frac{8}{60}\times 100\%=13.33\%$$

由于 $CV_{身高}=8.82\%<CV_{体重}=13.33\%$,所以该班学生身高的差异小于体重的差异。

B. 比较单位相同而平均数相差较大的两组资料的差异程度。例如,某班期中考试数学平均成绩为 73 分,标准差为 9 分;语文平均成绩为 69 分,标准差为 8 分。通过差异系数可以比较该班期中考试数学成绩与语文成绩的差异。

$$CV_{数学}=\frac{9}{73}\times 100\%=12.33\% \qquad CV_{语文}=\frac{8}{69}\times 100\%=11.59\%$$

由于 $CV_{数学}=12.33\%>CV_{语文}=11.59\%$,所以该班期中考试数学成绩的差异略大于语文成绩的差异。

3. 相对地位分析

在教育实践中,我们常常会遇到如下一些问题。

——某学生的英语考试成绩是 90 分,语文考试成绩是 80 分,是否说明该生英语成绩比语文成绩好呢?

——某学生在政治、语文、数学、物理、化学、生物、外语七科考试成绩总分为 610 分,该生是否进入优秀生行列?

——甲、乙两学生语文、数学、英语、综合理科四科高考成绩总分分别为 610 分、600 分，到底谁优谁劣？

诸如此类的问题，只有将原始数据置于全体数据之中，表明它在全体中的相对地位，方能做出正确的判断。在教育研究中，我们把就研究对象（问题）的某一属性对原始数据在全体分布中所处的相对地位所进行的分析称为相对地位分析，把表明原始数据在全体分布中所处相对地位的量数称为相对地位量数。

在教育研究中，常用的相对地位量数有标准分数、百分位数、百分等级等。这里只介绍标准分数。

(1) 标准分数的概念。标准分数是指某一原始数据与平均数的差除以标准差所得之商，通常用符号 Z 表示，因而标准分数亦称 Z 分数。其公式如下。

$$Z = \frac{X - \bar{X}}{S}$$

标准分数是一种抽象数值，无实际单位。因此，它不仅能表明原始数据在分布中的地位，在不同分布的各原始数据之间进行比较，而且还可以将单位相同而性质不同甚至单位不同的数据转变为标准分数进行直接比较。正因为如此，标准分数在教育研究中有着较为广泛的应用。但在运用标准分数时，有一个前提，即原始数据分布必须是正态分布或近似正态分布。

(2) 标准分数的应用。

①比较学生成绩的优劣。例如，甲、乙两学生的语文、数学、外语在毕业考试中取得的成绩及全体考生的平均分数与标准差如表 9-9 所示。

表 9-9 甲、乙两学生语文、数学、外语毕业考试成绩比较

科目	原始分数（X）		全年级平均分数（$\bar{X}$）	全年级标准差（S）	标准分数（Z）	
	甲	乙			甲	乙
语文	80	88	70	12.5	0.8	1.4
数学	88	80	86	8.1	0.2	−0.7
外语	68	70	62	13.7	0.4	0.6
总计（∑）	236	238	——	——	1.4	1.3

如果根据原始分数比较，乙学生的总成绩高于甲学生；在甲学生的考试成绩中，数学最好，语文次之，外语最差。但这仅仅是表面现象。实质上，通过把原始分数转换成标准分数后，可以看出，甲学生的总成绩优于乙学

生；在甲学生的考试成绩中，语文最好，其次是外语，数学最差。

②比较学生个人的学业发展情况。在教学评价中，由于每个学生的特殊情况，不能单从一次测验的分数来看学生的成绩是提高还是降低，而应该通过比较学生在同一门学科不同次测验的标准分数来比较。

例如，某学生在七次数学测验中，所得的成绩如表 9-10 所示。

表 9-10 某学生七次数学测验成绩

测验次数	原始分数 (X)	全班平均分数 ($\bar{X}$)	全班标准差 (S)	标准分数 (Z)
1	84	88	3.4	−1.18
2	80	85	5.3	−0.94
3	78	75	5.7	0.53
4	75	80	7.6	−0.66
5	74	70	9.3	0.43
6	65	57	11.2	0.71
7	65	60	6.2	0.81

要研究该生的测验成绩在全班中的位置变化情况，就必须算出每次测验成绩在全班中所处的地位。

首先，将每次测验的原始分数换算成标准分数，如表 9-10 所示。

其次，计算七次标准分数的平均值（在质量管理图上用虚线表示出它的位置）。

$$\frac{(-1.18)+(-0.94)+\cdots+0.81}{7}=-0.04$$

再次，绘制学习质量管理图（见图 9-7）。

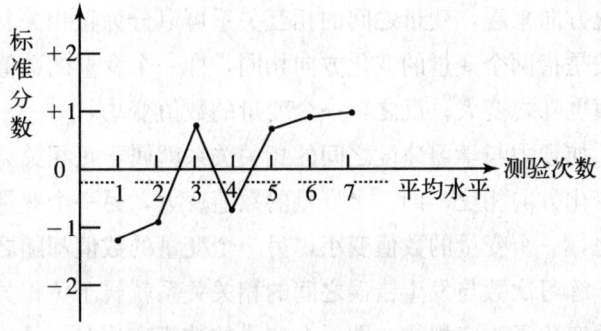

图 9-7 学习质量管理

分析说明：若仅看该生的原始分数，就会认为该生的考分"一次不如一次"。如果把原始分数转换成标准分数并绘出学习质量管理图，便可以看出，该生的数学测验成绩，其总趋势是进步的，应该予以肯定和鼓励，并寻找其进步的原因；但起点太低，说明基础差；当中几次测验成绩波动大，说明该生有学习潜力，又易受干扰，应多加关心、教育。此外，该生的平均成绩仍处于全班平均成绩以下，应加强学习，加强辅导。

4. 相关分析

在教育研究中，可以发现许多事物或现象之间存在着某种联系，如校风与学生的成长、学生家长的文化程度与学生的学习态度、教师的教法与学生的学业成绩等，都以一定的形式相互影响、相互作用和相互制约着。为揭示教育领域中各种事物、现象之间的联系，并从普通的联系中更深刻、更具体地反映事物或现象的各种特征，必须研究各种变量之间的相互关系。我们称这种变量间的相互关系为相关，把研究变量之间的相互关系的统计分析方法叫相关分析。

(1) 相关关系。相关关系不同于函数关系。函数关系反映事物的变量之间存在严格的一一对应的依存关系，如匀速运动中路程与时间存在函数关系 $s=vt$。而相关关系反映事物的变量之间存在不十分严格，其关系数值并不固定的依存关系。因为变量之间的相关关系除了受我们所关心的因素的影响之外，还受到许多其他因素的影响。只有在大量的观察中，变量之间存在某些必然联系才会显现出来。如教师的教学水平与学生的学习成绩之间就存在着相关关系。

两个变量之间的相关关系，既表现在变化方向上，又表现在密切程度上。

①从变化方向来看，变量之间的相互关系可以分为正相关、负相关和零相关。正相关是指两个变量的变化方向相同，即一个变量的数值变大，另一个变量的数值也随之变大；反之，一个变量的数值变小，另一个变量的数值也随之变小。如智力与学习速度之间的相关关系就属于正相关。负相关是指两个变量的变化方向相反，即一个变量的数值变大，另一个变量的数值却随之变小；反之，一个变量的数值变小，另一个变量的数值却随之变大。如在一定范围内，练习次数与发生错误之间的相关关系就属于负相关。零相关是指两个变量的变化无一定规律，即一个变量的数值变化时，另一个变量的数值无变化或忽大忽小地变化，无一定规律。如身高与学习能力之间、相貌与

思想品德之间的关系都属于零相关。

②从密切程度来看,无论两个变量的变化方向是否一致,凡密切程度高的称为强相关或高度相关,密切程度一般的称为中度相关,密切程度弱的称为弱相关或低度相关。

(2) 相关系数。

①相关系数的含义。用来描述两个变量相互之间变化方向及密切程度的量数叫相关系数,一般用 r 表示。相关系数的数值范围是在 -1 到 $+1$ 之间,即 $0 \leqslant |r| \leqslant 1$。从 r 的正、负号以及绝对值的大小,可以表明两个变量之间变化的方向及密切程度。"+""-"号表示变化方向。"+"号表示变化方向一致,即正相关;"-"号表示变化方向相反,即负相关。r 的绝对值表示两个变量之间的密切程度(即强度)。绝对值越接近 1,表示两个变量之间关系越密切;越接近 0,表示两个变量之间关系越不密切。

②相关系数的作用。相关系数在相关分析中的作用主要表现在:首先,它可以帮助我们确定两个变量之间是否存在相关关系;其次,它可以从数量上说明两个变量之间存在着什么样的相关及相关程度的大小。如表 9-11 所示。

表 9-11 相关系数数值表示的意义

相关系数($|r|$)	相关程度
0.00	无相关
0.00～0.20	极低正负相关
0.20～0.40	低正负相关
0.40～0.70	切实正负相关
0.70～0.90	高度正负相关
0.90～1.00	极高度正负相关

③相关系数的种类。度量变量之间相关关系的相关系数很多,一般根据变量的性质及其分布状况,可分为积差相关系数、等级相关系数、质与量相关系数等。教育研究中,常用的相关系数为积差相关系数和等级相关系数。

A. 积差相关系数。积差相关系数是英国统计学家皮尔逊于 20 世纪初提出的一种计算相关的方法。它的运用条件是:(a) 两个变量都是连续变量,并且两列变量各自总体都呈正态分布；(b) 两个变量必须是成对的数据，且样本容量 $n \geq 30$；(c) 两个变量之间呈线性关系。积差相关系数的公式如下。

$$r = \frac{\sum (X-\overline{X})(Y-\overline{Y})}{nS_x S_y} = \frac{\sum (X-\overline{X})(Y-\overline{Y})}{\sqrt{\sum (X-\overline{X})^2 \sum (Y-\overline{Y})^2}}$$

由上式可以看出，积差相关系数就是两个变量标准分数的乘积之和除以 n 所得之商。公式中，$(X-\overline{X})$、$(Y-\overline{Y})$ 分别表示变量 X、Y 的离差；S_x、S_y 分别表示两个变量的标准差；n 表示两个变量成对数据的个数，一般 $n \geq 30$。该公式还可以变成用原始数据计算的公式。

$$r = \frac{n\sum XY - \sum X \sum Y}{\sqrt{n\sum X^2 - (\sum X)^2}\sqrt{n\sum Y^2 - (\sum Y)^2}}$$

例如，某小学某班 35 名学生，他们的语文成绩（X）和数学成绩（Y）如表 9-12 所示。

表 9-12　35 名学生语文学习水平与数学学习水平的积差相关系数计算

学生编号	X	Y	$X-\overline{X}$	$Y-\overline{Y}$	$(X-\overline{X})(Y-\overline{Y})$	$(X-\overline{X})^2$	$(Y-\overline{Y})^2$
1	84	84	13	14	182	169	196
2	79	91	8	21	168	64	441
3	80	89	9	19	171	81	361
4	76	69	5	−1	−5	25	1
5	75	76	4	6	24	16	36
6	74	78	3	8	24	9	64
7	73	80	2	10	20	4	100
8	74	82	3	12	36	9	144
9	75	79	4	9	36	16	81
10	73	75	2	5	10	4	25
11	68	54	−3	−16	48	9	256
12	75	70	4	0	0	16	0
13	69	79	−2	9	−18	4	81
14	74	55	3	−15	−45	9	225
15	70	61	−1	−9	9	1	81

第九章 教育研究资料的整理与分析

续表

学生编号	X	Y	$X-\overline{X}$	$Y-\overline{Y}$	$(X-\overline{X})(Y-\overline{Y})$	$(X-\overline{X})^2$	$(Y-\overline{Y})^2$
16	74	80	3	10	30	9	100
17	66	65	−5	−5	25	25	25
18	66	79	−5	9	−45	25	81
19	69	69	−2	−1	2	4	1
20	66	67	−5	−3	15	25	9
21	72	65	1	−5	−5	1	25
22	65	90	−6	20	−120	36	400
23	78	55	7	−15	−105	49	225
24	69	58	−2	−12	24	4	144
25	68	73	−3	3	−9	9	9
26	69	66	−2	−4	8	4	16
27	66	61	−5	−9	45	25	81
28	68	68	−3	−2	6	9	4
29	69	62	−2	−8	16	4	64
30	67	64	−4	−6	24	16	36
31	70	69	−1	−1	1	1	1
32	68	78	−3	8	−24	9	64
33	67	55	−4	−15	60	16	225
34	64	64	−7	−6	42	49	36
35	65	40	−6	−30	180	36	900
合计	2 485	2 450	0	0	830	792	4 538

我们可以通过计算语文与数学成绩的相关系数来分析该班学生语文学习水平与数学学习水平是否存在相关。

$$\overline{X} = \frac{\sum X}{n} = \frac{2\,485}{35} = 71 \qquad \overline{Y} = \frac{\sum Y}{n} = \frac{2\,450}{35} = 70$$

$$r = \frac{\sum (X-\overline{X})(Y-\overline{Y})}{nS_xS_y} = \frac{\sum (X-\overline{X})(Y-\overline{Y})}{\sqrt{\sum (X-\overline{X})^2 \sum (Y-\overline{Y})^2}} = \frac{830}{\sqrt{792 \times 4\,538}} = 0.44$$

∴ $r = 0.44$ 在 $0.40 \sim 0.70$ 之间，属切实正相关，说明这 35 名学生的

语文与数学学习水平确实存在相关关系，且是正相关。

B. 等级相关系数。等级相关系数是指以等级次序排列或以等级次序表示的变量之间的相关系数。在教育研究中，最常用的等级相关系数是斯皮尔曼等级相关系数。它的运用条件是：两个变量值以等级次序排列或以等级次序表示，两个相应总体并不一定是正态分布，样本容量也不一定大于30。其计算公式为：

$$r_s = 1 - \frac{6\sum D^2}{n(n^2-1)}$$

式中，r_s 表示等级相关系数，D 表示两个变量成对数据等级的差，n 表示两个变量成对数据的个数。

例如，某班10名小学生学习潜在能力（简称学能）测验成绩（X）与自学能力测验成绩（Y）如表9-13所示。

表9-13 10名小学生学习潜在能力与自学能力测验成绩等级相关系数计算

学生序号	学习潜在能力		自学能力		等级差数 (D)	差数平方 (D^2)
	X	等级	Y	等级		
1	90	1	3	2	-1	1
2	84	2	2	1	1	1
3	76	3	5	3	0	0
4	71	5	7	5.5	-0.5	0.25
5	71	5	8	7.5	-2.5	6.25
6	71	5	6	4	1	1
7	69	7	8	7.5	-0.5	0.25
8	68	8	7	5.5	-2.5	6.25
9	66	9	10	10	-1	1
10	64	10	9	9	1	1
$\sum$	—	—	—	—	—	18

等级排列规则为：分别将两个变量的成绩从优到劣赋予等级，最优者赋予1，最劣者赋予n，或者最多者赋予1，最优者赋予n。在赋予等级时，两个变量方向要保持一致，中间依次递增，在原始等级分数中若有相同的等级

分数时，可用它们所占等级位置的平均数作为它们的等级。例如，学能测验中有 3 个 71 分，它们所占等级位置数分别为 4、5、6，其平均数为 $\frac{4+5+6}{3}=5$，则它们的等级数均为 5。

$$r_s = 1 - \frac{6\sum D^2}{n(n^2-1)} = 1 - \frac{6\times 18}{10\times(10^2-1)} = 0.891$$

$r_s=0.891$ 在 0.70～0.90 之间，属于高度正相关，说明这 10 名小学生学习潜在能力与自学能力是高度正相关的。

（二）推断统计分析方法

教育研究中，我们探寻的是关于研究对象（问题）总体的说明和解释。但实际研究中往往不可能对所要研究的对象的总体逐一进行观测，只能抽取一部分，即一个样本，然后根据从样本那里所获得的并经过整理的数据资料，对研究对象（问题）总体的某性质、特征进行估计或做出推测性的判断，从而获得对未知的总体的特征或规律的认识。我们把这种分析方法称为推断统计分析方法。常用的推断统计分析方法包括参数估计、假设检验、统计分析等。

1. 参数估计

教育研究中，由样本数据求得的描述性数量，叫做统计量，如前面阐述的样本的平均数（$\overline{X}$）、标准差（S）、相关系数（r）等。统计量代表样本的特征，是一个变量。而总体也有描述性数量，称为参数，如总体的平均数（μ）、标准差（σ）、相关系数（ρ）等。参数代表总体的特征，参数通常不是直接计算得到的，而是常常根据样本的数字特征（统计量）估计出来的，因为整个总体的数据难以完全搜集。这种根据样本的统计量对相应总体的参数所做的估计叫参数估计。

参数估计分为两类：一类是参数的点估计；一类是参数的区间估计。

（1）参数的点估计。直接用样本统计量的值来估计相应总体参数的值叫参数的点估计。例如，将样本平均数作为总体平均数的估计量值，将样本标准差作为总体标准差的估计量值，将样本相关系数作为总体相关系数的估计量值等。下面举例说明总体平均数的点估计和总体标准差的点估计。

①总体平均数的点估计公式：

$\overline{X} \approx \mu$（样本容量越大越准确）。

②总体标准差的点估计公式：

$$S_n = \sqrt{\frac{\sum (X-\overline{X})^2}{n}} \approx \sigma (n \geqslant 30) \quad S_{n-1} = \sqrt{\frac{\sum (X-\overline{X})^2}{n-1}} \approx \sigma (n < 30)$$

例如，从某小学三年级 100 名学生语文期末考试成绩中随机抽取 15 名学生的成绩，分别为 90、87、85、81、72、75、77、78、65、63、67、60、55、58、52，要估计该小学三年级语文期末考试成绩的平均数和标准差就可以通过样本平均数 $\overline{X}$ 和样本标准差 S_{n-1} 来估计。

$$\overline{X} = \frac{90+87+85+\cdots+55+58+52}{15} = \frac{1\ 065}{15} = 71$$

因为 $n=15<30$，用样本标准差 S_{n-1} 估计总体标准差 σ。

$$S_{n-1} = \sqrt{\frac{(90-71)^2+(87-71)^2+\cdots+(58-71)^2+(52-71)^2}{15-1}} = \sqrt{\frac{2\ 038}{14}} = 12.07$$

因此，估计该小学三年级的语文期末考试成绩的平均数为 $\mu \approx 71$，其标准差 $\sigma \approx 12.07$。

(2) 参数的区间估计。参数的区间估计就是根据样本统计量的值估计总体参数值的所在区间。它虽不具体指出总体参数等于什么，但能指出总体的未知参数落入某一区间的概率有多大。例如，某市小学五年级数学成绩的平均分数在 80～86 分之间，假定反复抽样估计 100 次，有 95 次的平均值落在这个区间，则一次估计正确的概率为 95%（错误概率为 5%）。这里的 95% 称为置信度或置信水平，一般有 95% 和 99% 两种；对应的"80～88"称为置信区间；"80""86"称为置信界限。

在教育研究中，参数的区间估计有很多种，如总体平均数的区间估计、总体标准差的区间估计、总体比率的区间估计、总体百分数的区间估计、总体相关系数的区间估计等。这里只介绍总体平均数的区间估计和总体标准差的区间估计。

①总体平均数（μ）的区间估计。

A. 当总体标准差 σ 已知时，总体平均数的区间估计公式如下。

$$\overline{X} - 1.96 \times \frac{\sigma}{\sqrt{n}} \leqslant \mu \leqslant \overline{X} + 1.96 \times \frac{\sigma}{\sqrt{n}} \quad (\text{置信度 } 95\%)$$

$$\overline{X} - 2.58 \times \frac{\sigma}{\sqrt{n}} \leqslant \mu \leqslant \overline{X} + 2.58 \times \frac{\sigma}{\sqrt{n}} \quad (\text{置信度 } 99\%)$$

B. 当总体标准差 σ 未知时（σ 用样本标准差 S 代替），对于大样本（$n \geqslant 30$）的总体平均数 μ 的区间估计公式如下。

第九章 教育研究资料的整理与分析

$$\overline{X} - 1.96 \times \frac{S}{\sqrt{n}} \leqslant \mu \leqslant \overline{X} + 1.96 \times \frac{S}{\sqrt{n}} \quad (\text{置信度 } 95\%)$$

$$\overline{X} - 2.58 \times \frac{S}{\sqrt{n}} \leqslant \mu \leqslant \overline{X} + 2.58 \times \frac{S}{\sqrt{n}} \quad (\text{置信度 } 99\%)$$

C. 当总体标准差 σ 未知时（σ 用样本标准差 S 代替），对于小样本（$n<30$）的总体平均数 μ 的区间估计公式如下。

$$\overline{X} - t_{(df)0.05} \frac{S}{\sqrt{n-1}} \leqslant \mu \leqslant \overline{X} + t_{(df)0.05} \frac{S}{\sqrt{n-1}} \quad (\text{置信度 } 95\%)$$

$$\overline{X} - t_{(df)0.01} \frac{S}{\sqrt{n-1}} \leqslant \mu \leqslant \overline{X} + t_{(df)0.01} \frac{S}{\sqrt{n-1}} \quad (\text{置信度 } 99\%)$$

式中，t 的自由度 $df = n-1$（n 为样本容量）值，显著性水平 α（或置信度），查 t 表可得。

例如，某县初中毕业生会考后，从 4 000 余份英语试卷中抽取 100 份，计算得其平均分数 52.1 分，标准差为 9.7 分。我们就可以利用区间估计的方法估计出 4 000 名学生的英语平均分数。

在这里，σ 未知，$n=100$，属大样本。

$\overline{X}=52.1$，$S=9.7$ 代入公式得：

$$52.1 - 1.96 \times \frac{9.7}{\sqrt{100}} \leqslant \mu \leqslant 52.1 + 1.96 \times \frac{9.7}{\sqrt{100}}$$

$50.2 \leqslant \mu \leqslant 54$

$$52.1 - 2.58 \times \frac{9.7}{\sqrt{100}} \leqslant \mu \leqslant 52.1 + 2.58 \times \frac{9.7}{\sqrt{100}}$$

$49.6 \leqslant \mu \leqslant 54.6$

因此，这 4 000 名学生的英语平均分在 95% 的可靠程度上在 50.2～54 之间，在 99% 的可靠程度上在 49.6～54.6 之间。

②总体标准差（σ）的区间估计。

A. 当样本 $n \geqslant 100$ 时，总体标准差 σ 的区间估计公式如下。

$$S - 1.96 \times \frac{S}{\sqrt{2n}} \leqslant \sigma \leqslant S + 1.96 \times \frac{S}{\sqrt{2n}} \quad (\text{置信度 } 95\%)$$

$$S - 2.58 \times \frac{S}{\sqrt{2n}} \leqslant \sigma \leqslant S + 2.58 \times \frac{S}{\sqrt{2n}} \quad (\text{置信度 } 99\%)$$

B. 当样本容量较小（$n<100$），总体为正态分布时，总体方差 σ^2 应该用 χ^2 分布估计（这里略）。

上例中 4 000 份英语成绩的标准差计算方法如下：
$n=100$，样本标准差为 9.7 分。代入公式为：

$$9.7-1.96\times\frac{9.7}{\sqrt{2\times100}}\leqslant\sigma\leqslant9.7+1.96\times\frac{9.7}{\sqrt{2\times100}}$$

$$8.36\leqslant\sigma\leqslant11.04$$

$$9.7-2.58\times\frac{9.7}{\sqrt{2\times100}}\leqslant\sigma\leqslant9.7+2.58\times\frac{9.7}{\sqrt{2\times100}}$$

$$7.93\leqslant\sigma\leqslant11.47$$

由此可知，以 95％ 的可靠性估计，4 000 份英语成绩的标准差在 8.36～11.04 之间；以 99％ 的可靠性估计，4 000 份英语成绩的标准差在 7.93～11.47 之间。

2. 假设检验

利用参数估计，我们由样本的各种统计量对总体的参数做出推断，从而了解总体的各种特性，这是统计推断中的一类主要问题。然而，在教育研究中所获得的数据，总是有差异的，这种差异，究竟是随机抽样误差的影响还是由于环境与条件的改变所造成的呢？除了明显的情况外，一般是难于直观分辨的，这就需要对所研究的总体做出假设，然后通过适当选取样本来对我们所做的假设进行检验。这种利用样本统计量得出的差异来判定总体参数值之间是否存在差异的检验就是所谓的统计假设检验。它是统计推断中的另一类重要问题。

(1) 假设检验的几个常用概念。

① 小概率事件。"概率"在数学上有严格的定义，概率的大小用 P 表示，它可以理解为是表示某事件发生的可能程度的一个数值。如果在几次重复试验中，事件 A 出现了 m 次，只要试验次数 n 足够大，那么事件 A 的概率就可近似地看作 $\frac{m}{n}$，记作 $P_{(A)}=\frac{m}{n}$。显然，对任一事件 A，发生的概率都在 (0, 1) 之间。当事件发生的概率等于 1 时，叫做必然事件；事件发生的概率等于零，叫做不可能事件。

所谓小概率事件是指概率非常接近于零的事件。人们通常近似地把这种小概率事件看作是实际不可能事件。本章所讨论的统计检验正是运用"小概率事件的实际不可能"这一原理来做判断的。

② 统计假设。假设检验一般有两个相对立的统计假设，即研究假设（或

称备择假设）和虚无假设（或称零假设）。所谓研究假设，就是在教育研究中，根据已有的理论和经验事先对研究结果做出一种预想的希望证实的假设，一般用符号 H_1 表示。所谓虚无假设就是否定研究假设的统计假设，它往往是研究者根据样本信息期待拒绝的假设。虚无假设一般用 H_0 表示。

在假设检验中，运用统计方法若证明 H_0 为真，则 H_1 为假；反之，H_0 为假，则 H_1 为真。

③显著性水平。在假设检验中，显著性水平是指在差异显著性检验时，虚无假设属真而被错误拒绝的概率，一般用 α 表示。有两种常用的显著性水平，即 $α=0.05$，$α=0.01$。前者称为差异显著，后者称为差异极其显著，如表 9-14 所示。

表 9-14 P 值与差异显著性水平、假设判断的关系

P 值	差异的意义	判断
$P>0.05$	差异不显著	保留虚无假设
$0.01<P\leqslant 0.05$	差异显著（*）	拒绝虚无假设
$P\leqslant 0.01$	差异极其显著（**）	拒绝虚无假设

④双侧检验和单侧检验。在教育研究中，假设检验的形式有两种：双侧检验和单侧检验。双侧检验又称双尾检验，是只强调有差异而不强调方向性的假设检验。其形式为 $H_0:\mu=\mu_0$，$H_1:\mu\neq\mu_0$。单侧检验又称单尾检验，是只强调单一方向性的检验。它通常适用于检验某一参数是否"大于"或"优于""快于"及"小于""劣于""慢于"另一参数的问题。假设的形式为左右两侧，左侧检验的形式为 $H_0:\mu\geqslant\mu_0$，$H_1:\mu<\mu_0$；右侧检验的形式为 $H_0:\mu\leqslant\mu_0$，$H_1:\mu>\mu_0$。选择假设检验形式的三种情况如表 9-15（以平均数检验为例，其中 μ_0 为已知的总体平均值）所示。

表 9-15 假设检验的三种形式

虚无假设 H_0	研究假设 H_1	检验形式
$\mu=\mu_0$	$\mu\neq\mu_0$	双侧
$\mu\geqslant\mu_0$	$\mu<\mu_0$	左侧
$\mu\leqslant\mu_0$	$\mu>\mu_0$	右侧

（2）假设检验的基本思想。假设检验的基本思想是，对要检验的对象（如总体的某个参数）做一假设，然后根据抽样结果，利用"小概率"（通常

把概率不超过 0.05 或 0.01 作为界限）原理（即小概率事件在一项观察中几乎不可能发生）做出拒绝假设或接受假设的判断。如果抽样结果是小概率事件，则拒绝假设，否则接受假设。这种先认为假设成立，然后进行推断判定的方法，就是概率论的反证法。

（3）假设检验的步骤。根据假设检验的基本思想，统计假设检验的一般分为以下几个步骤。

①建立假设。即建立虚无假设和研究假设。

②计算统计量的值。根据研究问题的性质，选择进行假设检验的相应统计量，并根据公式计算出统计量的实际大小。

③确定显著性水平 α 和检验形式。根据研究问题的要求，确定显著性水平 α 和检验形式，并查表找出临界值，从而得到检验的临界区域。

④进行统计推断。将计算得到的统计量与临界值做比较，做出拒绝还是接受虚无假设的判断，得出研究问题的结论。

（4）假设检验的方法。在教育研究中，常用的统计假设检验有 z 检验、t 检验、F 检验和 χ^2 检验。

① z 检验。z 检验是用服从正态分布的统计量进行统计假设检验的方法，习惯上称为 z 检验，主要用来解决总体平均数的有关问题。

A. z 检验的适用范围。

a. 总体是正态分布，总体标准差 σ 已知，不论样本大小，均可用 z 检验。

b. 总体不知是否是正态分布，总体标准差 σ 已知或未知（此时用样本标准差 S 代替 σ），但样本是 $n \geqslant 30$ 的大样本，可用 z 检验。

B. z 检验的统计推断规则如表 9-16 和 9-17 所示。

表 9-16　双侧 z 检验统计推断的规则

$\|z\|$ 与临界值的比较	P 值	检验结果	显著性
$\|z\|<1.96=z_{0.05/2}$	$P>0.05$	保留 H_0 拒绝 H_1	不显著
$z_{0.05/2}=1.96\leqslant\|z\|<2.58=z_{0.01/2}$	$0.01<P\leqslant0.05$	在 0.05 显著性水平上拒绝 H_0，接受 H_1	显著（*）
$\|z\|\geqslant 2.58=z_{0.01/2}$	$P\leqslant 0.01$	在 0.01 显著水平上拒绝 H_0，接受 H_1	极其显著（**）

表 9-17 单侧 z 检验统计推断的规则

$|z|$ 与临界值的比较	P 值	检验结果	显著性
$|z|<1.65=z_{0.05}$	$P>0.05$	保留 H_0，拒绝 H_1	不显著
$z_{0.05}=1.65\leqslant|z|<2.33=z_{0.01}$	$0.01<P\leqslant 0.05$	在 0.05 显著性水平上拒绝 H_0，接受 H_1	显著（*）
$|z|\geqslant 2.33=z_{0.01}$	$P\leqslant 0.01$	在 0.01 显著性水平上拒绝 H_0，接受 H_1	极其显著（**）

C. z 检验的应用。

应用一：对一个总体平均数做假设检验。这类问题实际上是利用 z 检验来检验样本是否来自原来总体，也就是检验样本平均数 $\overline{X}$ 与总体平均数 μ_0 的差异显著性，从而判断 μ 是否等于 μ_0。计算统计量 z 的公式为：

$$z=\frac{\overline{X}-\mu_0}{\dfrac{S}{\sqrt{n}}}$$

应用二：检验两个总体的平均数是否相等。这类问题一般是已知两个样本平均数，去检验这两个样本所来自的总体的平均数是否相等。在多数情况下，总体标准差未知，因此样本必须是大样本 $n\geqslant 30$，方能以样本标准差 S 代替总体标准差 σ，以运用 z 检验。应用二共分为三种情况。

其一：总体标准差已知，两独立大样本平均数差异的显著性检验。计算统计量 z 的公式为：

$$z=\frac{\overline{X}_1-\overline{X}_2}{\sqrt{\dfrac{\sigma_1^2}{n_1}+\dfrac{\sigma_2^2}{n_2}}} \quad (n\geqslant 30)$$

其二：总体标准差未知，两独立大样本平均数差异的显著性检验（此时用样本标准差 S 代替总体标准差 σ）。计算统计量 z 的公式为：

$$z=\frac{\overline{X}_1-\overline{X}_2}{\sqrt{\dfrac{S_1^2}{n_1}+\dfrac{S_2^2}{n_2}}} \quad (n\geqslant 30)$$

其三：总体标准差未知，两相关大样本平均数差异的显著性检验（用样本标准差 S 代替总体标准差 σ）。计算统计量 z 的公式为：

$$z = \frac{\overline{X}_1 - \overline{X}_2}{\sqrt{\dfrac{S_1^2}{n_1} + \dfrac{S_2^2}{n_2} - 2r \cdot \dfrac{S_1}{\sqrt{n_1}} \cdot \dfrac{S_2}{\sqrt{n_2}}}} \qquad (n \geqslant 30,\ n_1 \neq n_2)$$

或 $$z = \frac{\overline{X}_1 - \overline{X}_2}{\sqrt{\dfrac{S_1^2 + S_2^2 - 2rS_1S_2}{n}}} \qquad (n \geqslant 30,\ n_1 = n_2)$$

②t 检验。所谓 t 检验，就是用服从 t 分布的统计量 t 来进行统计假设检验的方法，主要用来解决总体平均数的有关问题。

A. t 检验的适用范围：总体是正态分布，总体标准差未知，样本为小样本。

B. t 检验的统计推断规则如表 9-18 所示。

表 9-18　t 检验统计推断的规则

$|t|$ 与临界值的比较	P 值	检验结果	显著性
$|t| < t_{(df)0.05}$	$P > 0.05$	保留 H_0，拒绝 H_1	不显著
$t_{(df)0.05} \leqslant |t| < t_{(df)0.01}$	$0.01 < P \leqslant 0.05$	在 0.05 显著性水平上拒绝 H_0，接受 H_1	显著（*）
$|t| \geqslant t_{(df)0.01}$	$P \leqslant 0.01$	在 0.01 显著性水平上拒绝 H_0，接受 H_1	极其显著（**）

C. t 检验的应用。

应用一：对一个正态总体平均数做假设检验。当总体是正态分布，σ 未知，特别是样本为小样本时（$n < 30$），检验样本是否来自原来的总体，须采用 t 检验，此时用 S 代替 σ。计算统计量 t 的公式为：

$$t = \frac{\overline{X} - \mu_0}{\dfrac{S}{\sqrt{n}}} \quad S = \sqrt{\frac{\sum (X - \overline{X})^2}{n - 1}} \quad (n < 30, df = n - 1)$$

应用二：检验两个正态总体平均数是否相等。对于两个具有相同 σ 的正态总体要检验其平均数是否相等，即检验从两个总体中随机抽取的两个样本的平均数的差异是否显著。在这里，σ 未知，故仍应用 S 作为 σ 的估计值。应用二分为两种情况。

其一：总体标准差未知，两个独立小样本平均数差异的显著性检验。计算统计量 t 的公式为：

$$t=\frac{\overline{X}_1-\overline{X}_2}{\sqrt{\frac{n_1S_1^2+n_2S_2^2}{n_1+n_2-2}\cdot(\frac{1}{n_1}+\frac{1}{n_2})}} \quad (n_1\neq n_2, df=n_1+n_2-2)$$

$$\text{或 } t=\frac{\overline{X}_1-\overline{X}_2}{\sqrt{\frac{S_1^2+S_2^2}{n-1}}} \quad (n_1=n_2, df=2n-2)$$

其二：总体标准差未知，两个相关小样本平均数差异的显著性检验。

当两个相关小样本的相关系数未知时，计算统计量 t 的公式为：

$$t=\frac{\overline{X}_1-\overline{X}_2}{\sqrt{\frac{\sum D^2-\frac{(\sum D)^2}{n}}{n(n-1)}}} \quad (n<30, df=n-1)$$

公式中，D 为两个相关样本的对应值之差，n 为两个相关样本数值的对数。

当两个相关小样本的相关系数已知时，计算统计量 t 的公式为：

$$t=\frac{\overline{X}_1-\overline{X}_2}{\sqrt{\frac{S_1^2+S_2^2-2rS_1S_2}{n-1}}} \quad (n<30, df=n-1)$$

③F 检验。在用 t 检验法检验两个正态总体的平均数是否相等时，须具备的前提条件是：两个正态总体的标准差相等，即 $\sigma_1=\sigma_2$。然而，如何检验两个正态总体的标准差相等呢？这就须借助 F 检验。

F 检验是用服从 F 分布的统计量 F 来进行统计假设检验的方法。假设从两个正态总体中随机抽取的两个独立样本的方差分别为 S_1^2、S_2^2，则计算统计量的公式为 $F=\frac{S_1^2}{S_2^2}$。为了便于制表与查表计算，一般规定在计算 F 值时，选择较大的方差作分子，这样 F 值必大于 1。根据分子的自由度 $df_1=n_1-1$，分母的自由度 $df_2=n_2-1$ 以及显著性水平 α，由查 F 表得 $F_{(df_1, df_2)}\alpha$ 值，加以比较。

A. F 检验的适用范围。F 检验适用于两个独立样本的方差齐性（相等）检验。

B. F 检验的统计推断规则如表 9-19 所示。

表 9-19　F 检验统计推断的规则

F 值与临界值的比较	P 值	检验结果	显著性
$F < F_{(df_1, df_2)0.05}$	$P > 0.05$	保留 H_0，拒绝 H_1	不显著
$F_{(df_1, df_2)0.05} \leqslant F < F_{(df_1, df_2)0.01}$	$0.01 < P \leqslant 0.05$	在 0.05 显著性水平上拒绝 H_0，接受 H_1	显著（*）
$F \geqslant F_{(df_1, df_2)0.01}$	$P \leqslant 0.01$	在 0.01 显著性水平上拒绝 H_0，接受 H_1	极其显著（**）

例如，某实验学校进行数学教材改革实验，选择两个水平大致相当的班进行实验，其中甲班为实验班，使用新教材；乙班为对比班，使用原有教材。经过一学年实验，经测试，甲班 48 人平均成绩 $\overline{X}_1 = 85$，标准差 $S_1 = 6.4$，乙班 50 人平均成绩 $\overline{X}_2 = 80$，标准差 $S_2 = 7.8$。根据测试成绩，能否说明新教材实验取得了显著成果？

回答该问题需要进行平均数差异显著性检验，由于在该实验中无法了解总体方差，根据平均数差异显著性检验的条件，可以选用 t 检验，但在进行 t 检验前无法确定两个样本的总体方差是否齐性，因此还需要先进行方差齐性检验。

方差齐性检验：

a. 建立假设 H_0：$\sigma_1^2 = \sigma_2^2$。

b. 利用公式计算检验统计量 F 值：

$$F = \frac{\dfrac{n_1}{n_1 - 1} S_1^2}{\dfrac{n_2}{n_2 - 1} S_2^2} = \frac{\dfrac{48}{48 - 1} \times 6.4^2}{\dfrac{50}{50 - 1} \times 7.8^2} = \frac{41.83}{62.08} = 0.69$$

c. 查理论 F 值得，当 $df_1 = 47$，$df_2 = 49$ 时，$F_{0.05} = 1.6$

$F < F_{0.05}$　　$P > 0.05$

故接受 H_0，可以认定该实验两总体方差齐性，可以进行 t 检验。

平均数差异显著性检验：

a. 建立假设 H_0：$\mu_1 = \mu_2$

b. 利用公式计算检验统计量 t 值

$$t = \frac{85 - 80}{\sqrt{\dfrac{(48 - 1) \times 6.4^2 + (50 - 1) \times 7.8^2}{48 + 50 - 2} \times \left(\dfrac{1}{48} + \dfrac{1}{50}\right)}}$$

$$= \frac{5}{\sqrt{\frac{4\,906.28}{96} \times \frac{98}{2\,400}}} = \frac{5}{1.44} = 3.47$$

c. 查理论 t 值表，当 $df=48+50-2=96$ 时，$t_{0.01}=2.628$

由于 $t>t_{0.01}$，所以 $P<0.01$

故拒绝 H_0，两个班平均成绩差异极显著。可以认为根据测试成绩，说明新教材取得了非常显著的效果。

④χ^2 检验。在教育研究中，经常会得到许多有多项分类的计数资料，需要对这种资料实际计数的次数与期望次数是否一致或有无显著差异进行检验。对于这些资料的假设检验，一般采用 χ^2 检验的方法。

χ^2 检验是用服从 χ^2 分布的统计量来进行统计假设检验的方法。χ^2 是指各种实际次数与理论次数（期望次数）之差的平方，除以理论次数所得商的总和。用公式表示如下。

$$\chi^2 = \sum_{i=1}^{k} \frac{(f_0-f_e)^2}{f_e} \quad (df=k-1)$$

式中，k 为组数，f_0 为实际次数，f_e 为理论次数。

很明显，χ^2 值是检验实际数与理论次数之间差异程度的指标。实际次数与理论次数越接近，χ^2 值就越小；如果两者完全相同，那么 χ^2 值就等于零。χ^2 值永远是非负数。

A. χ^2 检验的适用范围。

a. 适用于检验实际次数与理论次数之间是否一致或有无显著差异的问题。

b. 适用于推断两组或两组以上的计数资料之间是否有关联或是否具有独立性的问题。

B. χ^2 检验的统计推断规则如表 9-20 所示。

表 9-20 χ^2 检验统计推断的规则

χ^2 值与临界值的比较	P 值	检验结果	显著性
$\chi^2<\chi^2_{(df)0.05}$	$P>0.05$	保留 H_0，拒绝 H_1	不显著
$\chi^2_{(df)0.05} \leqslant \chi^2 < \chi^2_{(df)0.01}$	$0.01<P\leqslant 0.05$	在 0.05 显著性水平上拒绝 H_0，接受 H_1	显著（*）
$\chi^2 \geqslant \chi^2_{(df)0.01}$	$P\leqslant 0.01$	在 0.01 显著性水平上拒绝 H_0，接受 H_1	极其显著（**）

C. χ^2检验的应用。

应用一：拟合性检验。主要是指对一组资料两项或多项分类的实际次数与某理论次数分布是否相一致或有无显著差异的问题所进行的 χ^2 检验。在假设检验中，常把某种理论次数分布作为一种理论假设。为了检验其正确与否，从整体中抽样，把从样本得来的数据，与根据理论假设推出的理论数据相比较，求得相应的 χ^2 值，在某一选定的显著性水平上做出统计推断。

应用二：独立性检验。主要是指对两组或两组以上资料各有多项分类之间是否有关联或是否有独立性的问题所进行的 χ^2 检验。检验时，提出的虚无假设是两组资料的性质彼此独立，根据这个假设由实际次数推算出理论次数，再与相应的实际次数比较，求出 χ^2 值，以检验两组资料的性质是否确属彼此独立。独立性检验通常有 2×2 列联表的独立性检验和 $r×c$ 列联表的独立性检验。这里只介绍 2×2 列联表的独立性检验。

2×2 列联表用来研究两组资料性质之间的关系。假定把样本按 A 种性质分为 A_1、A_2 两类，按 B 种性质分为 B_1、B_2 两类，并分别用 a、b、c、d 代表各类的实际次数 f_0，即可制定 2×2 列联表，如表 9-21 所示。

表 9-21　2×2 列联表

	B_1	B_2	Σ
A_1	a	b	$a+b$
A_2	c	d	$c+d$
Σ	$a+c$	$b+d$	N

2×2 列联表的 χ^2 检验中，理论次数 f_e 的计算公式如下。

$$f_e = \frac{f_r \cdot f_c}{N}$$

式中，f_r 为横行各组实际次数的总和，f_c 为纵列各组实际次数的总和，N 表示样本容量的总次数，r 表示表中横行的组数，c 表示表中纵列的组数。上述公式说明，任何一方格的理论次数都等于该方格所属横行的次数之和乘以方格所属纵列的次数之和，再除以全部总次数。这样，2×2 列联表中各方格的理论次数为：

$$f_a = \frac{(a+b)(a+c)}{N} \quad f_b = \frac{(a+b)(b+d)}{N}$$

$$f_c = \frac{(a+c)(c+d)}{N} \quad f_d = \frac{(b+d)(c+d)}{N}$$

求 2×2 列联表的 χ^2 值时，计算比较复杂，因而常常运用下面的直接由原数据求 χ^2 值的简便公式：

$$\chi^2=\frac{N(ad-bc)^2}{(a+b)(c+d)(a+c)(b+d)}$$

式中，a、b、c、d 分别表示表内的实际次数 f_0，$N=a+b+c+d$，自由度 $df=(r-1)(c-1)$。

例如，为了了解某小学男、女生对参加课外活动的态度，从各年级按比例随机抽取男生 71 人，女生 69 人，进行调查，结果如表 9-22 所示。分析该小学男、女生对参加课外活动的态度有无显著差异。

表 9-22　某小学男、女生对参加课外活动的态度

	喜欢	不喜欢	$\sum$
男生	56(a)	15(b)	71($a+b$)
女生	42(c)	27(d)	69($c+d$)
$\sum$	98($a+b$)	42($b+d$)	140(N)

由于男女生对参加课外活动的态度是相互独立的，因此对这一问题可以通过 χ^2 检验中独立性检验来解决。

a. 建立虚无假设：假设该小学男、女生对参加课外活动的态度无显著差异。

b. 利用简便公式计算 χ^2 值：

$$\chi^2=\frac{140\times(56\times 27-15\times 42)^2}{71\times 69\times 42\times 98}=5.40$$

c. 确定显著性水平：$\alpha=0.05$，$\alpha=0.01$，$df=1$，则 $\chi^2_{(1)0.05}=3.841$，$\chi^2_{(1)0.01}=6.635$。

d. 统计推断：$\chi^2_{(1)0.05}=3.841<\chi^2=5.40<\chi^2_{(1)0.01}=6.635$，则 $0.01<P<0.05$，拒绝虚无假设，差异显著。说明该小学男、女生对参加课外活动的态度有显著的不同，又因男生喜欢的人数多于女生，所以男生比女生更喜欢参加课外活动。

3. 统计分析

在描述统计分析和推断统计分析方法中，对数据资料的特性和原始数据资料与总体特征的关系进行了分析，但这一统计分析仍限于对数据资料的表层进行分析，未能向数据的纵深层次进一步研究和分析。习惯上，人们一般认为量的分析就是给人们以数量的描述，只有质的分析才能使数据资料的分

析向纵深和综合发展。实际上，量的分析也能够对数据资料进行一定深度的综合分析，而且这种分析与质的分析相辅相成，并能为资料分析的准确、科学、深刻发挥独特的作用。只是在运用这些方法时，需要复杂的统计手段和大量的数据计算，常使研究者望而却步。如果说这种情况在过去统计手段还不发达，或虽有较复杂的统计手段，但大量的数据计算常常使数据的分析者担忧是可以理解的话，那么在科学迅速发展的今天，特别是计算机软硬件技术的迅速发展，会使人们的这一担忧彻底消除。

可以对数据资料进行综合分析的方法也有很多，主要包括方差分析、回归分析、因素分析、聚类分析等。下面对此做一简单介绍。

(1) 方差分析。

①单因素方差分析。单因素方差分析又通称为方差分析，即利用方差进行 F 检验，分析与探讨一个因变量和一个或多个自变量之间的关系的统计方法。方差分析可以同时比较几个平均数的差异，故比仅适用于比较两个均数之差异的 z 检验和 t 检验更为有用。

方差分析根据的基本原理是，一组数据的总差异可以分解为几个部分，各自代表一定的意义。例如，组内差异是由个别差异或误差引起的；组间差异是由调查或实验变量引起的；等等。通过综合性地比较分析各部分差异之间的关系，可找出引起总差异的主要因素，并可根据概率，确定各组平均数之间是否存在显著差异，即确定自变量是否对因变量有重要影响。方差分析对大小样本均适用。

方差分析的基本假定如下：

A. 研究对象应由独立的程序随机抽取而来，其观测数据应相互独立。

B. 因变量应为连续变量（定距或比率变量），且样本应来自正态分布的总体。

C. 各样本的方差大致相似。

②协方差分析。协方差分析是一种统计控制的方法，其功能是利用直线回归法，将足以影响实验结果却无法用实验方法加以控制的有关因素（共变量）从方差中剔除，再经调整后，求出方差的无偏估计量。

人们常用协方差分析，在比较各组实验结果之前，将某些因素排除，即用统计手段来控制某些可能影响实验结果的无关变量的差异，如前测分数、智商、年龄等。这样，便于使前测或其他无关变量不等的各组数据资料，在统计处理时趋于等质，使之具备可比性。但是，协方差分析并不是、也不可

第九章 教育研究资料的整理与分析

能取代随机抽样,它只是为了把本来存在的无关变量的影响控制到最低程度。

③多元方差分析。多元方差分析是一种更为复杂的、可处理多个自变量与多个因变量相互关联的数据资料的统计技术。它可以在一个统计检验中同时对一系列单因变量统计分析的内容加以综合性的考察。实际上各种变量之间的关系是交叉复杂的,尤其在教育研究中,影响教育的因素不仅是大量的,而且是互相关联的。如果只把其中少数变量抽取出来进行分析,往往无法说明其中真正的关系。

如果在一个具有多个因变量的研究中采用一系列单因变量分析进行处理,则实际上是把各个因变量割离开来了。一旦这些因变量之间实际上是互有联系的,那么,这些联系将无从被发现或被纳入考察的范围。而且每一个统计推断的结论都有一定的概率误差,如果用多个单因变量分析检验一组多因变量的复杂资料,则所得结论的累计误差便随检验次数的增加而加大。如果各因变量间有联系,那么,在所得结论中的误差概率可能增加到多大则不得而知。如果用多元方差分析,把复杂的因素放在一起考察和检验,不仅能把变量之间的相互关联都进行分析,还能在统计推断时考虑其影响作用,而且有助于将数据分析结论的总误差保持在一定的水平(如 0.05 水平)上。

(2)回归分析。在前面提及相关关系和用来表示这种不确定关系的度量——相关系数,但相关系数只能表明两个变量是否有相关关系和相关的程度如何,而无法通过一个变量的变化去估计另一个变量的发展变化。这个任务一般是由回归分析来完成的。

回归,就是用方程式表示因变量与自变量关系的数学模式,这种方程式称为回归方程。利用回归方程,可由自变量的值推算或估计与之相对应的因变量的值。回归分析,就是利用回归方程,以一个或多个已知的自变量作为预测变量,来估计或预测另一个未知的因变量(被预测变量)。因此,回归分析是一种统计预测方法,它可帮助我们根据已知的事实来预测未知的事实。这对于揭示教育规律,提高教育研究的科学预见性和指导性,是十分有意义的。

回归分析的主要内容如下。

A. 由一组双变量数据出发,求得可精确表达变量间定量关系的数学模型,即回归方程式。

B. 利用回归方差分析,对回归方程的效果进行统计检验,如果达到所要求的显著性水平，便可说明这一回归方程的拟合性较好，可以作为预测的根据。

C. 利用回归方程进行预测，即对任何一个给定的 X 值，由回归方程得到相应的一个 Y 的回归值。

D. 从影响一个因变量的许多自变量当中，判断哪些变量的影响是显著的，哪些是不显著的。

回归分析针对的因变量只有一个，而自变量则既可以仅有一个（一元回归或简单回归），也可以有多个（多元回归或多重回归）。一元回归只能处理 X 和 Y 两个变量的关系，并根据回归方程由 X 值推测 Y 值。多元回归是用以决定单一因变量与两种以上预测变量之间关系的统计分析方法。在多元回归分析中，需要先求得因变量与多个自变量之间的多元相关系数，根据多元相关求得多元回归方程式，再把预测变量值代入，就可以估计因变量的值。利用多元回归分析，还可以判定在多个自变量中哪些是显著的影响变量，甚至可以按其贡献大小，排定各个自变量对因变量影响程度的顺序。

（3）因素分析。因素分析也是教育研究中常用的统计分析方法。它是从众多研究变量中概括和推论出起决定作用的基本因素，以揭示事物之间的本质联系。在教育研究特别是在教育调查研究中经常会遇到这种现象，在研究时涉及的变量众多，如何在众多有着相互关系的变量中分析出基本因素或主要原因，就需要借助于因素分析方法。

因素分析的主要过程如下。

A. 采集需要的数据。

B. 计算每一对观测变量间的相关系数，求出相关矩阵。

C. 通过对相关矩阵进行因素运算，根据计算出的特征根，抽取出各变量的公共因素，并计算出因素负荷矩阵。所谓因素负荷，简单地说，就是某一因素对有关变量所做贡献大小的指标。某一因素的负荷量的平方，就是该因素在这一变量的单位方差中所做出的贡献。更通俗地讲，求出因素负荷矩阵，就是寻找彼此关联性最大的变量组成变量群，从而以较少的因素来概括原先大量的变量，而不失其原来的代表性。

D. 通过对因素负荷矩阵进行正交旋转或斜交旋转，求出最终的因素矩阵，最后就可以利用所得的几种因素来解释研究问题。

（4）聚类分析。聚类分析是依据事物的数值特征对事物分类的一种方法，它是分类方法的一种，但它又有别于一般的分类方法。一般分类法往往从专业知识出发进行分析归类，而聚类分析先凭变量数值指标进行定量分析，整理出分类的谱系图，然后再据专业知识确定最终分类数目和分类名称。

可以进行聚类的对象有两大类，一类是样本个体，一类是指标变量。对样品个体进行聚类称作 Q 型聚类，对指标变量进行聚类称作 R 型聚类。

聚类分析根据被聚类事物间关系的亲疏程度进行分类。事物间关系越亲近越密切，越有可能被聚为一类；关系越疏远，则被聚为一类的可能性越小。

聚类分析主要使用两种描述事物间亲疏程度的指标：距离和相似系数。距离原是三维几何空间中点与点间关系亲疏程度的指标，点间距离越近，说明点间关系越密切。把这种距离定义推广到高维空间，就可以用来作为 Q 型聚类中描写空间点关系亲疏程度的指标。相似系数是描写指标变量间关系亲疏程度的指标，多用于 R 型聚类之中。

聚类分析的方法有多种，常用的有系统聚类法、动态聚类法和分解聚类法三种。系统聚类法是先把所有待分类事物各自看成独立的一类，求出两两之间的亲疏指标值，把关系最为密切的两类合并为一个新类，然后计算新类与原存各类之间的亲疏指标值，再把其中关系最为密切的两类合并……如此反复进行，直至最终所有待分类事物全并为一个大类为止。最后绘成一幅系统聚类的谱系图，再根据一定的原则确定最终分类结果。动态聚类法是先对待分类事物做一个初始的粗糙的分类，然后再根据某种原则对初始分类进行修改，直至分类被认为比较合理时为止。分解聚类法与系统聚类的过程相反。系统聚类的类别数是由多到少，最终合并为一个大类。分解聚类却是由少到多，它先把所有待分类事物看作是一个大类，然后把一个大类分解为小类，如此不断重复，不断地把大类分解为小类，直至最终所有待分类事物各自成一类为止。

聚类分析方法由于抽样误差以及所选指标的合理性等原因，结果都有可能犯错误，都有错分的可能性。聚类分析后要根据专业知识对分类结果进行分析检验，但检验分类准确性的最终方法是实践，并需要在实践中不断加以修正。

以上介绍了几种常用的数据资料的综合分析方法，由于在运用这些方法时，会涉及众多的公式的表格，并且需要做复杂的数据转换，如果研究者使用原始公式进行手工运算和分析，在有限的研究时间内几乎是不可能完成

的。本章限于篇幅，把各类分析的表格、公式和运算过程都一概略去。有兴趣的读者可到各类教育统计学书中查找，同时目前在国际上通行并被人们广泛使用的统计分析工具如统计分析系统（Statistical Analysis System，简称 SAS）和社会科学统计软件包（Statistical Package of Social Science，简称 SPSS）为进行复杂的数据资料的分析提供了非常便利的条件。只要明了数据分析的目的和原理，就可以方便地使用。

思考与练习

1. 什么是教育研究资料？教育研究资料可分为哪些种类？
2. 什么是质的研究资料？如何对质的研究资料进行整理和分析？
3. 什么是量的研究资料？如何对量的研究资料进行整理和分析？
4. 试运用参数估计公式对一些教育实践问题进行尝试练习。
5. 常用的假设检验有哪些？请举例说明之。

拓展性阅读导航

1. 丁念金：《研究方法的新进展》，教育科学出版社 2004 年出版。

该书主要探讨了 1996 年以来我国教育研究方法取得的新进展，收集了有关文字资料和数据资料整理和分析的常用方法。

2. 陈向明：《教师如何作质的研究》，教育科学出版社 2001 年出版。

该书对质的研究的理论做了探讨，介绍了质的研究资料整理的具体步骤和分析的具体方法。

3. 钟以俊、龙文祥：《教育科学研究方法》，安徽大学出版社 1997 年出版。

该书主要介绍了教育科学研究材料的含义及分类、收集教育科学研究材料的程序及注意事项、整理教育科学研究材料的方式及任务、分析教育科学研究材料的方法等。

第十章
教育研究成果的表述与评价

教育研究方法基础

- 教育研究成果的含义及分类
- 教育研究成果表述的目的及一般步骤
- 教育研究成果表述的形式及要求
- 教育研究成果评价的标准及指标体系
- 教育研究成果评价的方式及方法

在对教育研究资料进行整理与分析的基础上,写出研究报告并对研究成果进行评价,这是教育研究过程中的一个重要环节。研究者在进行教育研究时,最后要对整个研究过程及研究结果进行认真的分析总结,并依据一定的规范,选择适当的形式将研究结果明确地、有说服力地表述出来,通过科学的评价使之得以推广运用。

第一节 教育研究成果表述

一、教育研究成果的含义及分类

(一) 教育研究成果的含义

教育研究成果是教育研究工作者以教育研究活动为基础,结合已有的知识、经验,经过文字加工和理论分析产生的具有一定学术价值和社会价值的增值知识。

对教育研究成果的含义可以从以下三方面来理解。

1. 教育研究成果必须以教育研究活动为基础

任何教育研究成果都是研究者艰苦探索的结果,它不是凭空杜撰出来的,都必须由研究者根据研究计划,运用科学研究的方法,经过一系列扎实细致的教育研究活动,经过智力加工完成的。

2. 教育研究成果是一种再创造的结果

教育研究成果不是教育研究活动的自然结果,它必须以智力加工为中介。

它绝不仅仅是对取得的文字或数字资料的整理,而是在取得研究结果的基础上,通过文字加工和理论分析进行的再创造的过程,创造是教育研究成果的生命。

3. 教育研究成果是一项增值的知识产品

教育研究的重要特点是它的创造性,正是通过研究者不断的创造,才有可能使教育研究不断向前推进,不断创造新的成果和价值。因此,判断一项成果是否为教育研究成果,它能否"增值"将是主要标准之一。

(二) 教育研究成果的分类

依据教育研究成果表述的内容,可以把教育研究成果分为以下三种类型。

1. 以教育事实为主的研究成果

以教育事实为主的研究成果主要包括教育观察报告、教育调查报告、教育实验报告、教育测量报告和教育经验总结等。它们都是以对事实的直接研究所得的第一手材料为基础,以研究过程和所发现的事实为主要内容。这一类型的教育研究成果要求材料具体、典型,格式规范,要科学客观地呈现研究过程和方法:研究者以什么样的设计思路,针对什么样的研究对象,采用何种具体的方法、工具和操作步骤,得到了什么样的事实等。总之,关于教育事实的研究成果是以确凿的事实和科学的(实验)操作方法作为其研究结论的基础的。

2. 以教育理论为主的研究成果

以教育理论为主的研究成果包括以研究为基础的学术论文、学术专著和部分学位论文。它主要是以深刻的理论分析和严密的逻辑论证来说明所研究的问题,以分析和阐述对某一问题的理论性认识为主要内容。理论性研究成果是在已有理论的基础上,提出新的观点和看法,进一步揭示事物的本质和规律。这类教育研究成果要求论点鲜明,论据确凿,论述严密,清楚展示理论观点和体系的形成过程。

3. 综合性研究成果

这是以上两种研究成果的综合形式。在这类研究成果中,既有对教育事实的发现和报告,也有在此基础上所做的理论分析和概括。这突出表现在以调查或实验研究为基础的学位论文或学术专著中,这些研究成果形式既要有对所研究的教育事实的描述,又要在教育事实的基础上阐述自己的理论观点。在具体运用中,综合性研究成果可以对某一方面有所侧重,这可根据不同的研究情况和要求有所不同。

二、教育研究成果表述的目的

（一）展示研究价值，获得社会承认，取得社会效益

一项研究的社会价值是衡量其质量高低的重要标准，它是指一个研究结果是否对教学过程及教学方法产生积极影响，是否为改善教育行动提供了可供选择的途径，是否会给教育带来改善和改变等。通过对教育研究成果的表述，可以展示研究的结果和价值，得到社会的鉴定、评价和承认，以取得社会效益。

（二）促进学术交流和成果转化

将教育研究成果用报告或论文的形式表述出来，提供研究过程的实际资料和对研究结果的评价分析，便于其他研究人员重复实验，验证或评价研究结果，交流研究经验，促进研究的进一步发展。同时，教育研究成果还用易于理解的形式向广大教育实践工作者传递信息，使取得的研究成果及时转化为教育实践活动，可以有效地推动教育实践活动的开展。

（三）提高研究的科学化水平

通过研究成果的表述对整个研究过程进行一次全面的回顾和总结，有利于发现研究中存在的问题，总结研究经验和研究成果，促使教育研究的深化，并有可能进一步发现新问题和新事实，提高教育研究的科学化水平，促使研究成果尽快地推广，更好地发挥其社会价值。

（四）提高教育研究者的素质

由于教育研究成果的表述是研究者利用已有的知识经验进行的创造性的活动过程，通过这一过程可以帮助研究者提高其分析综合能力、逻辑思维能力和表达能力。善于撰写研究报告，对于教师来说，是一项十分重要的基本技能，它是影响教育研究质量评价的一个重要因素。而撰写教育研究报告和论文的过程，可以大大提高研究者的教育教学能力、思维水平及整体科研素质。

另外，应该看到，研究成果数量的多少和质量的高低，能否取得某个领域的实质性进展，无论对个人，还是对一个团体，乃至对一个国家，都是衡量学术水平、学术地位的重要标志。因此，我们应及时、认真地对研究成果加以总结和表述。

三、教育研究成果表述的一般步骤

教育研究成果的表述也就是撰写研究报告和论文的过程。虽然由于研究

的内容和方法不同，教育研究成果表述的步骤会有所区别，但是，一般情况下，从构思到完成研究报告和论文，其间主要经过以下几个步骤。

（一）确定研究报告的形式及题目

教育研究报告有多种形式，在撰写研究报告之前，研究者应当根据研究目的、研究内容、研究方法和实际需要确定研究报告的类型。由于教育研究的侧重点不同，可采用实验报告、调查报告、个案研究报告、经验总结等形式。

一项教育研究结束之后，研究结果可以从不同的角度来表述，这样就需要确定与表述的研究结果密切相关的报告题目。研究问题在开始确定课题时就已经明确，但是在研究结束后，具体撰写研究报告时，还要根据研究得出的结论和研究报告的读者对象等因素重新明确研究报告的题目。一个规模较大的研究课题，还可以分为不同的子课题。总课题可以写成一个总的研究报告，每个子课题也可以拟定一个题目，形成一个研究报告，从不同侧面反映研究成果，使教育研究的成果更加丰富和全面。

研究报告的题目要切中主题，简明具体，准确反映研究问题，还要求规范、有创意、醒目。一个好的研究报告题目可以使读者清楚了解教育研究的范围和内容，也从某种意义上确定了研究报告是否对读者具有吸引力。

（二）提炼主题及选择材料

研究报告的主题就是作者想要表达的中心问题。它是作者说明事物、阐明道理所表现出来的基本思想和观点。精心地提炼主题，是写好研究报告的关键。

研究报告的主题必须与研究主题基本一致。一般说来，研究报告的主题就是研究开始时确立的主题，但也可以根据实际研究情况和研究结果而有所改动，有时研究报告主题是在对研究结果的分析、分解和提炼中产生的。研究报告的主题要集中，不要过大、过散，要充分利用研究资料和研究结果，深入揭示事物的本质。

为准确表达研究报告的主题，就要围绕主题选择材料。一项研究可能积累了大量的材料，并不是所有的材料都要在研究报告中表现出来，必须对占有的材料进行精选。选择材料的原则是：去伪存真，去粗取精，由此及彼，由表及里，把最有代表性、最典型、最能深刻说明问题本质的材料用到研究报告中去，最有说服力地表现和论证主题。选择的材料必须与文章的观点、主题相对称，努力做到材料与观点、主题的有机统一。

（三）形成写作提纲

写作提纲是研究报告构成的蓝图和基本逻辑框架，它对于写出一篇结构合理、中心突出的研究报告具有重要意义。因此，在撰写研究报告之前，作者必须精心设计文章的结构、内容层次，按文章布局的构思形成写作提纲。

写作提纲分为条目提纲和观点提纲两类。条目提纲就是从层次上列出研究报告的纲目，而观点提纲是在此基础上列出各部分所要叙述的观点。

编写提纲的过程，就是理清思路、形成粗线条的论文逻辑体系、构成框架结构的过程。编写提纲的时候应注意：①中心思想要明确，整篇文章的中心、各段落的中心都应该非常明确；②文章结构要合理，一篇研究报告的结构往往呈树状，中心是主干，每一分支问题是支干，支干还可以再分，思路越宽广，文章的分支就越多越细。

（四）研究报告及论文的初步写作

提纲确定了，就可以根据研究内容及自己收集整理的资料，开始撰写研究报告。撰写研究报告就是对已经取得的文献资料、调查材料和各种论据进行分析、归类，分别充实到写作提纲中，再进行解释、论证的过程。这一过程需要作者认真琢磨，仔细推敲，既要真实、准确、客观地反映研究过程和结果，又要深刻剖析结果的内涵和意义，而不能任意发挥，随便下结论。初稿在文字上可能不很流畅，但一定要保证思路的严密和清晰，它在很大程度上决定了整个研究报告的价值及被认可的可能性。

（五）研究报告及论文的修改

研究报告初稿完成后，要进行反复推敲，不断修改。修改时，不但要对文章的内容进行核实、补充或删改，必要时，还可以对文章的结构进行适当的调整。内容有无错误，有否遗漏，在选词选句上是否精当等，都要认真检查校对。经过多方面的检查、修正，使其更趋完整。一篇研究报告经反复修改，自认为满意后，最好再请别人对报告提出意见，再行修改。只有认真琢磨和反复推敲，研究报告才能达到比较成熟的程度，才能修改定稿。

四、教育研究成果表述的形式

（一）教育调查报告

1. 教育调查报告的含义及特点

教育调查报告是反映教育调查过程和结果的一种报告形式，是在一定教育思想指导下，在对教育调查材料的整理、分析基础上写成的有事实、有分析、有理论观点的文章。

教育调查报告的特点，主要是真实性和客观性。

撰写调查报告，首先要求真实。它所反映的新事物、新经验、新问题等都要绝对真实，容不得半点虚假和浮夸。要保证调查报告的真实性，应注意调查的范围要全面，调查的材料要实事求是，避免出现夸大的事实。

调查报告的客观性是指用事实说话，从事实中引发出规律性的观点来，不要掺杂个人的偏见，也不要被现成的观念所左右。要做到调查和调查报告的客观性，必须深入到事实和材料中，用实事求是的态度去调查，去分析和综合材料，用实事求是的态度去写作，最终写出实事求是的调查报告。

2. 教育调查报告的结构

教育调查报告一般由题目、前言、正文、结论和建议、附录五部分构成。

（1）题目。在调查报告中可用调查对象和主要问题作题目，简明扼要地反映研究主题。也可以在主题目后加副标题，用以对主标题进行补充说明。调查报告的标题通常有三种情况。

第一，文章式标题。这种标题中不表明文种的性质，只点出文章的内容，如《学法指导：当今教改新趋向》《语文课外实践活动初探》等。

第二，公文式标题。类似公文标题，由三部分组成：调查对象的名称、调查报告的内容、文种名称（即"调查"或"调查报告"等），如《苏州市小学教师专业发展状况的调查报告》《小学生英语学习评价实验调查报告》等。

第三，正副式标题。由正副标题组成，正标题通常揭示调查报告的主旨，副标题则标明调查的对象范围等。例如，《家长关注课改——对小学生家长的调查报告》《培养手脑都灵活的学生——成都市实验小学办学实践调查》等。

（2）前言。调查报告的前言用来交待调查的目的、意义、任务和方法，它一般从三个方面说明。

第一，简要说明调查的问题，如调查此问题的缘由和背景，调查的筹备过程，主要的调查内容，国内外同类课题的研究概况以及此次调查的意义和价值等。

第二，要说明调查的基本情况，概述调查的时间、地点、对象、范围、取样及调查的方式方法等。

第三，对此次调查的有利因素和不利因素作简单分析。

（3）正文。正文是调查报告的主要部分。在这部分内容中，要把调查中所搜集到的材料通过调查表、统计数字展现出来，并运用这些材料进行分析和推理，有条理地、准确地把主要调查内容展现出来。这部分内容的阐述方式多种多样，通常有以下两种形式。

第一，并列式。就是把教育调查的基本情况按种类分成并列的几个部分或方面来写。例如，对一个地区学校教育状况的调查，可分为学校规模、教育经费、课程设置、教学设备、师资队伍等不同项目，将有关的材料分别加以组合，使问题的论述相对集中，形成专题。

第二，顺序式。就是将调查的基本情况按照事物发展的逻辑顺序、演变过程加以排列，分成互相衔接的几个部分，层层深入地写作。也就是说，以调查现象产生、发展、变化的过程为线索进行写作。

在观点和材料处理上，也有两种方式。一种写法是先展示调查的基本事实，然后对这些事实所反映的问题进行分析。这样可以让读者对整个调查中搜集的材料有一个整体的认识，再从不同的角度来对这些材料说明的问题加以论述，比较清楚地表达出调查的结果。另一种写法是综合运用调查中所取得的材料，按照事物本身的逻辑关系，将所研究的问题分成几个部分统一阐述。这种写法是从调查中所搜集到的材料中提炼出若干个问题，运用调查的材料来阐述作者对于一些问题的认识。运用这种方法可以明确地表述研究者对一些问题的看法和对现实中存在问题的综合认识。

（4）结论和建议。在对调查结果的分析与阐述的基础上，概括出一些具有规律性和倾向性的问题，并提出新的见解、新的理论，在此基础上，寻找解决问题的办法。

在做出结论和提出建议时应注意，所提出的观点应言之有据，观点要从事实中引出，提出的建议要谨慎，同时要考虑其他社会因素的影响，应全面衡量建议的合理性和可行性。

（5）附录。必要时要把调查工具或部分原始材料附在报告后面，这既可以使正文内容集中，又可以为读者提供了解和分析研究状况的资料，使人从中分析鉴定搜集调查材料的方法是否科学、工具是否可靠、材料是否可信。

附录的内容一般包括：主要调查工具，与结论密切相关的原始数据、研究记录等。附录的编制要与正文相呼应，防止杂乱或过于简单。

3. 撰写教育调查报告应注意的问题

（1）材料与观点结合。调查报告的观点是从调查材料中提炼出来的，它

第十章 教育研究成果的表述与评价

依附于材料,又统率材料。因此,在调查报告中材料的地位和作用与在论文中是不同的。写论文强调的是逻辑推理,在充分说理中适当用事实作证;而调查报告则是大量地摆事实,在以事显理中恰到好处地进行说理。

(2)夹叙夹议、叙议结合。调查报告需要摆事实,"摆"的过程,实际上是对事实进行记叙的过程,这就规定了调查报告必不可少地有叙述的成分。但是,调查报告又不能停留在摆事实这种单一的记叙程式中,它又具有很强的理论色彩,必须通过议论来实现点明、阐明观点的目的,这就决定了调查报告必须有议论的成分。因此,夹叙夹议、叙议结合成了调查报告重要的表达方式。

(二)教育实验报告

1. 教育实验报告的含义及特点

教育实验报告是以书面形式反映教育实验过程和结果的一种研究报告。在教育研究活动中,针对某种教法或某个教育问题,运用以实验方法为主的研究方法对其进行观测、分析、综合、判断,如实、系统、科学地将其过程和结果记录下来,写成文章,这就是教育实验报告。简要地说,公布教育实验过程与结果的书面材料就是教育实验报告。

教育实验报告的显著特点是客观性。虽然其他研究报告也强调客观性,但是教育实验报告更为严格。实验报告中所反映的实验结果,完全是实验过程中所获得的东西,不允许有丝毫外加的成分。不管实验结果能否达到研究者最初的愿望,能否验证实验假设,实验报告都必须如实地反映真正的实验结果。此外,实验报告对问题的阐释、对结论的表述,要求十分准确、朴实、简明,没有过多的形容和富于情感色彩的描述,它多数是就事论事,以一种通俗易懂的语言与读者交流实验情况,表明研究者的意见。

2. 教育实验报告的结构

教育实验报告的目的在于将实验的过程和取得的结果展示出来,交流实验研究的结果和研究者对某个问题的看法,使更多的人对该实验有全面系统的了解,为他们评判、接受或应用这一实验研究成果提供依据。因此,实验报告不仅要正确地反映研究的结果,而且还要在语言表达、篇章结构、书写格式等方面符合一定的规范。一份完整的实验报告,一般包括以下几个方面的内容。

(1)题目。题目是教育实验报告的主题思想,必须能准确、清楚地呈现出研究的主要问题。因此,教育实验报告的题目常常直接采用研究课题的名称，指明所研究的主要变量，要求简练、具体、精确、严谨、逻辑性强，使人对研究问题一目了然。

（2）前言。教育实验报告的前言包括：提出问题，阐明研究的目的；通过对有关文献的回顾和概括，说明选择本项实验的依据、意义和价值；简要说明国内外同类课题的研究成果、现状、问题及趋势，该项实验需要解决的问题以及研究的理论设想。

在前言中阐明课题的方式有多种，有的采用平铺直叙、开门见山的方式，直入主题；有的从揭示矛盾入手，提出问题，通过所提问题引起读者的兴趣，从而引入主题；有的则先交待研究目的和要求，逐步展开。但总的原则是文字要简洁明了，字数不宜太多，表述要具体清楚，引起读者的兴趣和积极思考。说明选题的依据和价值一般从两个方面展开：一方面指出实验在学术上的理论价值，说明它能在哪些方面提供新的认识；另一方面指出课题的现实意义，说明所进行的实验对教育实践工作的直接或间接、当前或长远的指导意义。

（3）实验的方法与步骤。阐明实验所使用的研究方法，主要是通过说明所研究问题的性质、实验的范围、研究的基本假设，让读者理解实验的设计思路，了解结果是在什么条件和情况下、通过什么方法、根据什么事实得来的，以便于读者鉴定实验过程的科学性、客观性和实验结果的真实性、可靠性，同时也便于他人用一定的方法进行重复性实验。

阐述实验方法与步骤的主要内容有：第一，对实验报告中出现的主要概念做出定义和阐述；第二，说明实验中被试的条件、数量和取样方法；第三，说明实验的设计、实验组与控制组的设置情况、实验的自变量、实验处理的实施及条件控制；第四，实验的基本程序，如实验的时间安排和具体步骤；第五，实验中所用到的工具、材料的简要说明；第六，实验数据的搜集、处理和结果的检验方式。实验的方法与步骤应阐述清楚，用词要准确明白，有利于读者了解实验的过程，提高实验的外在效度。

（4）实验结果。结果是实验报告的主要部分，要求全面准确地呈现出实验中得到的各种结果，并简要说明每一结果与研究假设的关系，将研究结果作为客观事实呈现给读者。

结果部分的内容包括两个方面。一是对实验中所搜集的原始数据、观察资料、典型案例进行客观的呈现和整理分析。既有定性资料的归纳，又有对定量资料的统计分析。二是在对数据资料整理分析的基础上，采用逻辑的或统计的技术手段,得出研究的各方面结果及结果之间的相互关系。

实验结果的撰写,要注意以下两点要求。第一,叙述的是该实验研究的真实结果,在结果中应以准确无误的数据资料说明问题,以陈述事实为主,不应夹杂前人、他人的工作成果,也不应外加研究者的主观议论和分析,从而保证结果的客观性和准确性。第二,定量与定性分析相结合。对数据资料,不仅要严格核实,注意图表的正确格式,而且要采用一定的统计分析技术,在数量变化中提示出所研究事物的内在必然关系,而不是事实的罗列。

(5) 实验结论与讨论。这部分应简要地说明实验所得出的结论和需要进一步研究的问题,主要应表述以下一些问题。

第一,说明开始提出的假设是否成立。结论是与研究者所提出的假设密切相关的,实验所得出的结果能否证明研究者所提出的假设,应该在结论中明确地表述出来。结论应该仅限于在实验结果中提供了充分证据的那部分内容,而不能凭主观的想象任意发挥。

第二,提出一些值得研究和讨论的问题。研究中所论证的问题仅限于实验结果所能证明的部分。一般来说,一项实验研究在论证了一些问题的同时,总有一些没有解决或没有充分解决的问题值得进一步思考和深入研究。在实验报告中把这些内容表述出来,既可以使研究者进一步思考问题,也可以使读者对一些问题进行深入研究。

讨论的基本内容包括以下几点。

第一,对实验结果进行理论上的分析和论证。可以以摘要形式概述研究的结果,阐明研究结果的意义;也可以对本实验多次研究结果进行综合分析。在与前人所做研究结果的比较分析中,可以将自己的研究纳入某一理论框架,以建立或完善理论。

第二,对本实验研究方法的科学性和局限性的探讨。例如,对误差的分析进行必要的反省,对研究成果的可靠程度和适用范围做进一步说明,等等。

第三,提出可供深入研究的问题以及本实验研究中尚未解决或需要进一步解决的问题,对未来的研究以及如何推广提出建议。

讨论与结论的主要区别在于:结论呈现的是研究中的客观事实,它应该是基本肯定的,并可以在相同的研究中重复出现;而讨论则是主观的认识与分析,是研究者将研究的结果引向理论认识和实践应用的桥梁。对研究结果的认识，可以是仁者见仁，智者见智，可以从不同角度提出问题和思考问题，并围绕所提出的问题多侧面、多维度地加以分析和讨论，充分发挥研究者的洞察力和创造力。

（6）注释和参考文献。实验研究中所用的主要参考文献，特别是研究报告中引用的参考文献，都应列在研究报告之后。列出参考文献时要注意用正确的格式和顺序。报告的末尾，应注明研究报告中所直接提到的或引用资料的来源。

（7）附录。在实验报告结尾，必要时可以把实验中所用测试工具或部分原始材料，以及不宜插入正文的重要文献附在报告后面，作为附录。

3. 撰写教育实验报告应注意的问题

教育实验报告在写作上除了按一般写作方法清楚地表达内容外，还应该注意下面一些问题。

（1）要客观真实、符合实际。实验报告中要运用研究过程所取得的材料来阐述研究者的观点，一般不用"我认为""我主张"等表述形式，而应当使用"研究结果表明""实验结果证明"等方式来表达研究者的观点。

（2）要以翔实的材料为依据。实验报告要以实验过程中积累的各方面资料为依据来论述研究者证明和发现的规律。这些资料包括背景资料、对比资料以及平时积累的各种有意义的资料。

（3）要突出主要的观点。实验报告的书写要紧紧围绕所提出的假设，以假设为论证的出发点，突出主要的研究问题，而不能将研究中涉及的所有问题都在研究报告中表述出来，要有重点地论证假设中提出的问题。

（三）一般学术论文

1. 学术论文的含义与特点

学术论文是指对教育领域的某个问题，通过某种研究方法进行科学的探索和思考而写成的以论述为主的文章，是科学研究成果的文字表述。

在教育研究中，只要对所研究的教育问题提出了新的见解、新的观点，或采用了新材料、运用了新的研究方法、得出了新的结论，或站在新的高度对原有理论做出新解释和论证，将获得的科学研究新成果写成文章就是学术论文。学术论文的范围不仅包括论述创新性研究成果的理论性文章或学术专著，也包括某些实验性或观测性的新知识的科学记录、某些科学原理应用于实验取得新进展的科学总结。

学术论文的主要特点是学术性，具体表现在两大方面：其一是逻辑性，理论观点要清楚明白，有说服力，论据确凿，论证清楚，言之有理，实事求是；其二是创新性，要对所研究的课题在理论上有所发展，或在方法上有所改进，或在事实上有新的发现，能对教育问题提出新的、前人不曾有的认识，对今后的研究有所启示。

2. 学术论文的基本类型

学术论文的写作风格和类型是多种多样的。按照研究的目的，可以将教育研究中的学术论文分为三种类型。

（1）理论探讨性论文。对教育领域内的重要研究课题，运用有关原理，或以大量的观察、实验结果为依据，或以丰富的文献资料、现实材料为基础，通过分析综合，剖析现象与本质，推理论证，从而提出新理论、新思想，或论述自己的研究成果，证明自己的研究论点。

（2）综合论述性论文。针对学术界或实际工作中提出的问题，围绕某一主题进行研究的课题，从纵向（历史发展）和横向（目前状况）两方面加以系统和综合概括，说明来龙去脉及前人研究情况，分析症结所在，指明进一步探索的方向。

（3）预测性论文。研究者通过调查研究，以实证材料和理论原理为依据，对某一教育现象进行分析，指出发展的趋势以及预测今后发展的可能。

3. 一般学术论文的结构

虽然学术论文形式各异，写法多样，但无论哪一类学术论文，都要遵循"绪论—本论—结论"的逻辑顺序。从学术论文的框架结构上看，一般都包括题目、摘要、引言、正文、结论与讨论、引文注释与参考文献六个组成部分。

（1）题目。题目是论文内容的高度概括，它向读者说明研究的问题及意义。题目形式可以多种多样，可以明确点明题意，也可以不点明题意，仅指出研究的问题范围。

一个好的学术论文题目，一般应符合两方面要求：一是准确概括论文内容，能反映研究方向、范围和深度；二是文字简练，具有新颖性，能引起读者兴趣。

（2）摘要。摘要是研究的主要内容与结构的简介，并略加评论。它不是整个论文的段落大意，其作用在于使读者通过这段概括简洁的文字，了解全文主题及主要内容，从而决定是否值得读全文。期刊文章或研究报告的简短摘要，字数一般为二百字左右。学术论文的长摘要，往往在五六百字至一千字之间。

（3）引言。引言写在正文之前，用于说明写作的目的、意图及研究方法。引言的具体内容一般包括三个方面：一是阐明研究的背景和动机，提出自己所要研究的问题，对该研究课题已有研究理论的完备性及研究方法做科学性的评判分析，指出已取得的研究成果和尚待进一步研究的问题，说明自己选择该课题研究的目的、实际原因以及探讨研究的重点，预计将会在哪方面取得新进展；二是简述研究方法和有关研究手段；三是概述研究成果的理论意义和现实意义。

如果是投稿的学术论文的引言部分，要简明扼要、开门见山，直截了当地阐明研究的目的、意义。如果是长篇论文，包括学位论文，引言则可详细一些，甚至自成一章。学位论文的前言部分除阐明研究的目的、意义外，还可以增加历史回顾、背景材料、文献综述、所涉及的问题的分析和研究的基本理论及原则等方面的内容。

在引言中应避免三个问题：①对问题阐述得含糊不清，不知所云；②夸大自己研究的意义，或者无根据地否定前人的研究成果，以突出自己的研究价值；③篇幅过长，语言不简洁。

（4）正文。正文是学术论文的主体部分，占全文大部分篇幅。它包括论点、论据、论证，是对研究内容全面的阐述和论证，是作者研究成果的表现。因此，在整个论文中占有极其重要的地位。

一般学术论文正文的论述方法有两种类型：一是实践证明，即用作为实践结果的客观事实来检验、证实某种理论的可靠程度；二是逻辑证明，即用一个或几个真实判断来论证、确定另一个判断的真实性。

撰写一般学术论文，必须在充分掌握材料的基础上，对材料进行分析、综合、整理，经过概括、判断、推理的逻辑组织和逻辑证明，最后得出正确的观点。写作时应以论文观点为轴心，贯穿全文，用材料说明观点，使观点与材料相统一，用观点去表现主题，使观点与主题相一致。

在正文中，作者的全部观点和材料、分析和论证，都要遵循一定的逻辑顺序，有机地组织在一起。学术论文正文部分的安排一般有以下三种形式。

第一，平列分论式。即围绕中心论点设立若干分论点，这些分论点与中心论点是垂直关系，分别论证中心论点；各分论点之间是平列关系，对中心论点的论证，构成不同角度、不同侧面的格局。

第二，层递推论式。把论点分为若干层次，论证时层层展开，步步深入,直到最后得出结论,文章中各层次之间呈递进关系。

第三,平列层递结合式。在对实际教育问题的论述中,常常把两种方式结合起来综合使用,从纵横两个方面论证和阐述,特别是对一些复杂的问题,应不断变换角度,对问题的各个方面分别予以论证。

(5)结论与讨论。结论是围绕正文所做的结语,是经反复研究后形成的总体论点。结论应从理论上说明研究结果的意义,并总结全文,深化主题,将研究成果进行更高层次的精确概括;应指出所得的结果是否支持假设,或指出哪些问题已经解决了,还有什么问题尚待进一步探讨。结论是论题被充分证明后得出的结果,作者将自己的观点鲜明地展示出来,并引出新的思考。因此,结论的措辞要严谨,逻辑要严密。

讨论是从理论上对研究结果的意义进行分析和评论,对研究结果做进一步的分析,并将结果与有关的研究相比较,从而对所研究的问题做更深入的探讨。同时,在讨论时也需要指出研究结果的局限性和存在的问题。讨论是从理论上对研究结果的含义和意义进行分析、解释和评价。

讨论的内容一般包含以下几个方面:阐明结果是否支持了研究的假设;讨论研究结果的有效性和理论意义、实际意义;指明该研究的局限以及需要继续探讨的问题。

(6)引文注释与参考文献。科学研究总是在前人或他人已有研究成果的基础上进行的。论文中应列出直接提到或利用的资料的来源:一是帮助读者了解有关本课题的研究历史和已有成就,作为进一步研究的依据;二是尊重他人的研究成果,同时体现作者治学的严谨;三是为别人提供查证的线索,避免在转引他人研究观点时产生误解或不同的理解。另外,引用和参考文献的多少与质量,也反映了作者对本课题的历史和现实研究水平的把握,以及作者的科学态度和求实精神。

引文注释与参考文献一定要注明出处,包括作者姓名、文献篇名、书刊名称、卷数、期数、页码、出版单位和时间等。如果是转引,一定要说明是"转引自"或"参见"等等。

在较大型的研究论文中常有"附录"。附录一般包括详细的原始数据、实验观察记录、图表、问卷、测试题或其他不宜放入正文中的资料,以资查证。

4. 一般论文的写法

近年来,教育研究活动已在中小学普遍开展,进行教育研究和撰写教育研究论文，是时代发展的需要和新课程改革对小学教师的要求，有助于教师科研素质的提高。因此，中小学教师应积极投身于教育研究活动中，不断总结教育教学中积累的丰富的经验，经常撰写论文。一般论文的写作主要有以下几个方面。

（1）选定题目。题目就是我们要写的论文标题。教育领域广泛，教育内容、方法多种多样，选一个合适的题目很重要。应从对现实和教育问题有较深的感触和思考中，去拟选题目。确定题目的依据是：第一，素材最熟悉；第二，感受最深刻；第三，实际最需要；第四，撰写的欲望最强烈。暂时不符合上述要求的不要硬写。接着要拟好标题，好的标题要做到准确、简明、新颖、切实。

（2）资料收集。要写好一篇论文，作者必须占有丰富、准确、全面、典型、生动、具体的材料，要占有这些资料，就必须收集资料。具体途径有：平时探索成果的点滴积累；查阅理论名著和工具书籍；调查研究，收集有关的数据、论据；查阅有关的报刊、文献，从中摘录。

（3）拟订提纲。提纲是文章思路的具体框架，有的实际是论文中的小标题。拟提纲除了要求符合标题要求以外，还要力求周密，也就是一定要周全、严密、具体。一开始文字可以列详细些，以后，可以简单些，但对其中的小标题要字斟句酌，力求精当、贴切。并且，标题之间、文字的字数和句式要力求一样，并要照应大标题，以便和题目一样给人以一种美的享受。

（4）精心行文。精心行文，就是非常认真地组织文字以表达论文的中心论点。论文基本按序论、本论、结论三部分安排。第一，写好序论。序论就是论文的开头部分。可以直接提出中心论点，也可以先列举事例或实验、现象，再由此生发出议论；或者引用名言、精辟论述作为开头等。第二，写好本论。本论就是论文的正文部分，主要是围绕中心论点从正、反两个方面进行论证，分析、解决问题。本论要写得充实、有力、具体。另外，根据论文的特点，要求段落之间、层次之间、论据之间要有严密的逻辑性，论述、说理的先后次序要按照事物的内在联系和说理的周密性以及效果来安排，而且要以准确的关联词语把论文的各部分组织起来，使论文的逻辑性和说理的周密性充分表现出来。第三，写好结论。结论就是对本论所论证的问题进行总结，并对下一步的打算做简单表述，也可以不写结论。结论一定要简短、精练、照应中心，千万不要拖泥带水。

（5）修改润色。论文的初稿写成后，还要耐心修改。一般有两种方式：

一是初稿完成后立即进行修改,对完善、补充和拓展论文有好处;二是初稿完成后,放置一段时间,再以清醒的思路重新审视内容、进行修改,这对论文布局、结构等大的方面的修改很有好处。修改的重点是:重审论点是否表述得正确、清楚;核实论据是否正确、充分;斟酌布局,修改论文的结构;推敲语言是否通顺、规范、精练,是否恰如其分地运用修辞手法等。

(6)附上参考文献。论文中引用别人的思想、观点或原句,不论是直接引用,还是间接引用,都必须标明出处,遵守引用原则。

五、教育研究成果表述的要求

(一)对教育研究成果质量的判断

一般来说,一个高质量的教育研究成果,应具有以下几个基本特征:①理论建构完备;②对实践有指导作用;③创新性鲜明;④切合实际,针对性强;⑤研究方法科学规范;⑥对研究结果的解释合理;⑦结构严谨、完整,论证深刻有力;⑧文字精练,简洁流畅,具有可读性。

从以上论述可以看出,一篇研究报告或论文要想取得较高的质量,首先,必须在前人研究成果的基础上,在保证其理论基础科学性的前提下构建自己完备的理论框架。这就需要研究者对以往研究的有关文献进行广泛而深入的研究,并及时把握国内外当前的研究取向及进展,以保证自己研究的创新性,真正起到推动理论研究的作用。

其次,要保证研究课题的价值,就要对当前的教育形势进行分析,针对教育实际,提出研究课题,使科学研究真正起到对实践的指导作用。

再次,研究者在研究前要进行周密的计划和设计,对整个研究过程要有总体上的把握,保证研究过程的规范性和科学性,并在研究过程中根据研究反馈,不断完善自己的研究。此外,要实事求是地对研究结果进行解释。

最后,教育研究成果表述质量的高低在很大程度上取决于研究者的分析综合能力、专业基础知识以及写作能力。

(二)撰写研究报告和论文的基本要求

研究报告等教育研究成果的形成是一个非常复杂的理论思维过程,决不是简单的对研究过程镜子式的反映实录。如何从纷繁复杂的事实材料中提炼出科学观点,形成有内在逻辑的研究报告体系,并以抽象的文字符号表达出来,需要正确处理形成研究报告过程中的一系列内在关系,遵循以下基本要求。

1. 在科学性的基础上创新

科学研究的任务就是反映和揭示事物的客观规律，探索客观真理，使之成为人类认识世界和改造世界的指南。教育研究是在科学理论基础上经过长期的观察和实验才能完成的，是具有创见性的研究。研究报告和学术论文只有具有科学性，并在此基础上进行创新，才会有价值和意义。因此，科学性是保证学术论文质量的关键。

研究报告和学术论文的目的是要在已有研究的基础上推进一步，有所创新，反映出在研究探索中获得的新事实、新见解、新理论。所探讨的内容是前人所未知的，或是在前人研究基础上，以新的材料、从新的角度进行探索，或是为了探索和解决在新形势下出现的新问题，从而提出新颖独到的观点。

研究者的创新是以严谨、客观、科学、求实为基础的，具体体现在以下几点：

（1）在立论上不能带有任何个人的好恶和偏见，更不能主观臆断，论文内容要实事求是，从实际出发，无论是立论还是分析、推论，都应恰如其分，正确反映客观规律，防止片面化和绝对化。

（2）尽可能多地占有精确可靠的资料，以最充分的确实有力的论据作为立论的依据，用精确可靠的实验观察数据、明确的客观事实等，借助于逻辑严密的论证来证明研究成果。

（3）理论观点表述要准确、系统和完整，用词要体现论文特殊要求，概念明确，词语准确，不空洞。研究报告和学术论文是规范性的理论文章，特别强调科学性和严谨性。

2. 观点和材料的一致性

科学研究必须以客观事实为依据，对研究中所获得的大量材料进行一番整理、提炼，精选出最有价值、最典型的事实材料作为立论的依据。要证明自己的观点正确，就必须从客观存在的事实出发，靠严密的逻辑论证来引出正确的结论。这就要求我们在撰写学术论文或研究报告时，首先要对我们研究中获得的大量的材料进行一番"去粗取精、去伪存真、由表及里、由此及彼"的提炼、取舍，精选出最有价值、最有说服力、最典型的事实材料作为论据。

观点和材料的统一，主要问题在于如何选材。而选材是否得当要靠研究者的分析综合能力和清晰的逻辑思维能力，而不是按其主观愿望任意取舍。

要保证观点和材料的一致性，必须从选取材料和提出观点两方面着手。选取材料时应遵循以下几点要求。

（1）要紧紧围绕研究的主要问题选材，分清主次，没有必要面面俱到。

（2）材料要典型，要选择有广泛的代表性和说服力的材料，要把握好材料的量与质。

（3）选取真实准确、符合客观实际的材料，在选材时应认真鉴别材料的真伪和价值程度。

（4）应尽可能选取新颖生动、反映时代特点的材料。

在选取材料的基础上，才能提出实事求是的观点。提出观点时应该做到以下几点。

（1）言之有据。从已有事实材料出发，经过严密的逻辑论证得出观点，不能凭空臆造。

（2）尊重事实，排除偏见和陈见。不能先入为主地臆断结论，而应该充分尊重事实，哪怕事实不符合研究者原有的主观预期，也应以事实为依据来提出观点。

（3）逻辑严谨、概括正确。在掌握大量材料的基础上，研究者应对材料进行正确、集中的分析、归纳和综合，提取论点，概括出结论。

3. 在独立思考的基础上借鉴吸收

任何研究都是在已有研究的基础上向前推进的。在教育研究成果的表述中必须正确处理借鉴吸收他人研究成果与自己独立思考的关系。独立思考，即在写研究报告和学术论文时，要有自己的思想和观点，不能人云亦云、东拼西凑。要根据研究目的，从大量的研究资料中抽取有价值的论据，经过严密的分析、归纳、推理，得出令人信服的结论。同时，教育研究又是一个复杂的系统工程，它单靠个人的力量是不行的，每个人总是在前人或他人研究基础上往前推进的。在正确处理借鉴吸收别人研究成果与自己独立思考的关系时应注意以下几点。

（1）研究者不能自恃高傲，故步自封，无视前人与他人的研究成果。首先，文献资料是提供教育研究选题的依据，只有通过查阅有关文献、收集现有的与这一特定研究领域有关的信息，对所要研究的问题做系统的评判性分析，才能全面正确地掌握所要研究问题的情况，选择正确的研究课题和方向。其次，文献资料是跟踪和吸收国内外学术思想和最新成就，了解教育研究前沿动向并获得信息的有效途径。我们进行教育研究，必须了解国内外最新的理论、手段和研究方法，从过去和现在的有关研究成果中受到启发，为教育研究提供科学的论文依据和研究方法。最后，文献资料提供了科学研究的有关信息，使研究者充分占有材料，从而避免重做前人已经解决了的问题，重复前人已经提出的正确观点，甚至重犯前人已经犯过的错误。

（2）那种为介绍而介绍、大段引用参考文献上的观点，只述不评，或者对原有文献观点任意引申发挥也是欠妥的。对引用的观点和文献，首先，要搞清作者的原意和文献内容本身的价值，从中挖掘实质性的问题，有针对性地进行分析评述，以证明自己的观点。其次，要善于从众多的研究成果和文献中选择最典型、最富有说服力的材料。那种简单列举和大量堆砌的做法反而会降低引用材料的论证作用，并使文章臃肿拖沓，失去新意和说服力，使人产生繁杂之感。

4. 书写格式符合规范，文字精练、简洁，表达准确、完整

教育研究成果的格式都是有一定规范的。这主要是因为研究成果本身就是以易于理解的形式来交流思想、提供资料的，它已经形成了一种惯用的形式。研究成果表述的目的是让读者易于从阅读研究成果中迅速、准确地了解研究内容。创造性表现在思想和观点中，而不是表现在报告的形式上。

研究报告和论文的语言文字要准确、鲜明、生动。所谓准确，是指客观地反映现实，切忌浮华夸张。既不可以日常生活用语代替科学术语，也不可生造词语，以免造成理解上的歧义。学术论文反映的是科学理论，而且是系统的、专门的科学理论，必须进行一定的抽象和概括，使之上升为理论。也就是说，学术论文的表述方式是抽象、概括的叙述和论证。这就更要尽力避免烦琐、生僻、深奥、晦涩，而应尽力写得平易近人、深入浅出，容易为人所理解。鲜明，是指无论要点、要义或要据，都要清楚明白，而不能含糊其辞、模棱两可。这就要求我们在用词时要讲求语言的明确、简洁、周密和规范，遣词造句要合乎语法规则。生动，则要求语言上要讲求文采，不要生硬地讲道理，要在准确的基础上讲文采，以最少的文字表达更多的内容。

要使论文具有可读性，除了在文字上字斟句酌、精雕细刻以外，还要把握好论文的结构，这就要根据事物间的内在联系和逻辑关系，对文章的观点和材料做一番细致而明确的安排，使之主次有别、层次清楚、条分缕析、言而有序，这样整个论文的表达才能准确完整，论点才更加突出，论述才更加严谨，论证才更有说服力。

第二节 教育研究成果评价

教育研究是一个系统的、无止境的探索过程,对研究成果的评价是教育研究过程的最后一个重要环节。教育研究成果最终目的是要对教育理论和实践发挥作用,得到学术界和社会的承认。一项教育研究成果能否达到这一目的,必须经过鉴定和评价。

一、教育研究成果评价的意义

教育研究成果的评价是指对已经得出的教育研究成果进行检查、分析和评定,对研究过程、研究结果的科学性和质量做出判断。它是完善和推广教育研究成果、改善教育研究工作、推动教育研究发展的一项重要工作,也是教育研究管理工作的一个重要环节。

(一)鉴定教育研究的成果,发挥教育研究成果的作用

教育研究成果是研究人员在实验与调查的基础上通过资料的收集、分析及一系列逻辑思维过程获得的具有一定学术价值和应用价值的研究结果。通过评价对教育研究成果做出价值判断,并进一步挖掘、认识和应用教育研究成果的内在价值,才能将其内在价值有效外化,发挥对教育实践和制定教育政策的指导作用。对教育研究成果的评价是使社会接受并传播这些成果的重要途径。通过评价,可以及时发现教育研究成果在改进教育实践和发展教育理论等方面的价值,便于学术界和社会了解、承认,进而促进教育科学知识的普及和教育研究成果的推广应用。

(二)确立教育研究的标准和要求,提高研究工作的整体质量和水平

教育研究要求研究人员具有一定的专业基础知识,掌握教育研究的方法,并能遵循教育研究的基本要求进行科学研究。只有通过教育研究评价,确立教育研究的科学标准和规范要求,形成一个可操作的教育研究评价模式,建立一个符合我国国情的教育研究方法论体系,才能衡量一个教育研究项目的价值及成效的大小,并提高我国教育研究工作的整体水平。

(三)有利于教育行政部门领导对教育研究活动的指导和调控

通过对教育研究成果的评价,可以搜集教育研究的有关资料,有利于教

育行政部门加强对本地区、本单位教育研究的宏观管理和指导。尤其是在我国群众性教育研究广泛开展的情况下,更需要在教育研究选题的计划性、实施过程和方法及效果检验的科学性等方面给予有效评价和具体指导,避免其盲目性,做一些不必要的重复研究。教育行政领导部门也应正确运用评价手段,根据当前教育形势,对整个研究的意义和质量做出客观、公正、合理的判断,避免带有感情色彩的主观臆断,从而真正有效地对整个教育研究活动进行宏观调控和指导。

(四) 有利于沟通和反馈,提高研究者的研究水平

教育研究成果的评价是沟通和反馈科研信息的重要渠道。一项教育研究课题取得成果之后,及时组织鉴定、评价并予以公布,可以沟通学术信息,避免他人的重复研究。评价所提供的反馈,有助于研究者对自己的研究进行总结和反思,按照更高、更新的标准对后续研究的目标、过程和方法进行及时调整,更好地把握研究的方向。通过对相关研究的对比评价,还可以了解各项研究的特色和水平,便于认识各自的现状、优势和差距,从而相互学习、共同提高。因此,教育研究成果的评价过程同时是一个不断提高教育科学整体研究水平,使研究者的研究素养不断提高和完善的过程。

二、教育研究成果评价的内容

教育研究成果评价的内容取决于对教育研究活动过程的系统分析,而教育研究过程是一个多因素、多层面、多维度的系统结构,这就决定了教育评价内容的复杂性。从教育研究的构成要素分,教育研究成果的评价包括以下几方面。

(一) 教育研究的目标评价

教育研究的目标评价主要是指对研究开始时确立的研究整体思路的评价,而教育研究的目标的核心就表现在研究之前的理论构思之中。通过对目标的评价,可以使人们在研究工作中对目标的设定更加科学、合理。

教育研究的目标一般包括实践目标和理论目标两方面。实践目标集中体现在改革教育教学,提高教育教学质量,促进学生个性发展和提高研究人员科研素质等方面。而理论目标则集中体现在教育研究所追求的理论建树上,主要表现在所构建的理论体系和概念系统的科学性、可靠性及创新价值上。

(二) 教育研究的过程评价

教育研究的过程评价是指研究结束后,对研究过程进行全面系统的分

析。研究过程评价全面与否涉及研究的准备、研究的实施、研究的总结各阶段，即从研究问题的确定，进行研究设计到收集、整理、分析资料数据，形成科学事实和确立新的科学理论的每个环节。对研究过程的评价应根据所使用的不同的研究方法和收集到的不同性质的资料，在研究过程的开展方面有不同的要求。

教育研究的过程评价可分为两类：一类是整个研究结束后对研究过程进行全面系统的反思，称为终结性评价；另一类是在研究过程中随时进行的审查评估，以便及时发现并纠正过程中潜在的问题，称为形成性评价。

（三）**教育研究的成果评价**

教育研究的成果评价是指对教育研究所取得的总体效益的评价。教育研究成果表现为两种基本类型，一种是理论性研究成果，另一种是应用性研究成果。在实际的教育研究中，多数研究两种成果兼而有之。

对教育研究成果的评价，首先，要鉴定是不是教育研究的成果。作为研究成果，应具有理论性、学术性、创造性、实践性及效益性。其次，还应注意不同类型的研究成果其侧重点是不同的。理论性的研究成果，包括对新教育思想、观点的解释论证，提出新的科学概念，补充和发展新理论、新思想，提出有生命力的研究课题及在研究方法上的创新等，其侧重点在理论的认识价值及它对丰富、发展、深化有关基本理论所起的作用大小上。应用性研究成果，包括学生素质的培养，改进教育教学的新举措以及教师队伍的教育素质和科研能力的提高等方面，其侧重点在成果的实践价值，即它对教育实践的适用性和可能起到的推动作用。

（四）**教育研究的条件评价**

教育研究的条件评价是指包括人力、物力、财力状况，教师水平，学生来源，办学经费，教学设备等方面教育条件的评价。不同的教育研究，常常条件差别较大，进行研究的起点也必然存在差异。因此，在评价时，不仅应使指标体系有一定的弹性，看到事实存在的不平衡，更重要的是应将教育研究投入的人力、物力、财力进行综合比较，进行效益评估。

以上四方面评价内容应作为整体加以考虑。有的教育研究虽然取得了较好成效，可是过程不十分清楚，特别是有些教育研究具有迟效性，很难在短时间内进行效益评估，所以，决不能以某次考评分数定成败，将一些本来有很大价值的教育研究成果一棒子打死，这将极大地妨碍教育研究的发展。因此，教育研究的评估人员应用发展的眼光，站在客观的立场上，对教育研究进行全面、具体的分析，真正起到对教育研究的导向、鉴定、激励、调节和促进的作用。

三、教育研究成果评价的标准及指标体系

（一）教育研究成果评价的标准

教育研究成果的评价是对教育研究成果进行分析并做出价值判断的过程，因此，就要有一个评价的标准。教育研究成果属于精神性产品，其产生的作用和影响往往不是立竿见影的，而是长期的、渗透性的。不同类型的教育研究成果具有不同的价值表现。一般来说，对教育研究成果进行评价的标准主要有以下两个方面。

1. 学术价值

一般说来，基础理论研究成果更多地表现为学术价值。学术价值主要指成果在学术上对增加教育科学知识的贡献，表现在理论和方法应用的深度和广度、理论观点上的创新、研究方法上的突破、学术空白的填补以及成果对其他学科领域的借鉴和启迪意义等。

2. 社会价值

应用型研究成果也有其学术价值，但它们的作用更多地以社会价值表现出来。所谓社会价值是指成果对教育发展和精神文明建设所发挥的现实作用，它包括为政府、教育行政部门和学校提供认识某一教育问题的理论观点，或为解决某些教育实际问题提出建议、方案和方法，并在实践运用中取得了一定的社会效益或经济效益。教育研究成果中的教育经验总结就是应用型研究成果的典型代表。

评价教育研究成果社会价值的大小，不仅要考虑成果对教育实践的直接效益和指导意义，而且要考虑它对教育发展的间接推动作用，不能偏废。例如，某项教学实验的成果，在直接效益上能大面积提高教学质量，而间接地在研究的思想和方法上对整个教学改革也有启发意义。

值得注意的是，教育研究成果的学术价值和社会价值在很多情况下并非立刻就能呈现出来，而是要经历相当长一段时间的实践和反复检验，这是由教育周期长和教育成效的多因素性决定的。

（二）教育研究成果评价的指标体系

教育研究质量评价的基本过程是：确定总目标—确定评价的指标体系—选择或制定评价工具—实施评价—收集评价信息—分析处理信息资料并得出

第十章 教育研究成果的表述与评价

结论。

在这个过程中，确定科学的评价指标体系是高质量实施教育研究评价的必要条件和关键环节。评价指标体系的质量如何，直接影响教育研究评价的效度。如何建立一个客观、合理、可行的评价指标体系，是所有研究者和鉴定人员共同关心的问题。

面对多类型、多层次的教育研究，为每一类研究都提供一个较为理想的评价指标体系是不可能的。我们只能根据建立评价指标体系的基本原则，从教育研究的共性出发，建立一个对所有教育研究都起指导作用的基本评价指标体系，这一指标体系应遵循以下要求。

1. 客观性。指标体系必须与总体目标相一致。指标体系中评什么、不评什么，重视什么、忽略什么，都要直接反映研究的目标。研究目标决定评价指标体系的方向和内容。

2. 可测性。也叫有效性，指确定的每个指标都是可以进行实际测量或观察的，同一层次的指标不相互重叠，不存在因果关系，各类指标界定清晰，便于操作。

3. 精练可行。在指标体系科学完整的前提下，力求精练、明了、简化。指标体系不宜庞杂，信息量少、区分度和效度不高、难于操作的指标应剔除。

四、教育研究成果评价的方式及方法

对教育研究成果按照某种方式实施评价时，总要运用一定的方法。一般地讲，教育研究评价的方式是多种多样的。总的来说，大致可分为以下三种类型。

（一）研究者自我评价

教育研究成果评价的基础是自评。在研究活动结束后，研究者首先应对照教育研究成果评价指标对自己所进行的教育研究进行自我评价。通过自评，可以准确衡量自己的研究成果，总结经验教训，为今后或下一步研究提供有力的帮助。研究人员熟悉自身研究过程中的各个环节和各种因素，特别是对有关资料、数据、实验设计、操作、控制、管理流程等了如指掌，因而这种评价最切合实际，是最重要、最基本的评价，可以反映出此项研究成果许多重要的信息，为其他人的评定提供重要的参考。但自我评价也有局限性，这就是思维定势和行为习惯使研究者囿于自己的研究活动之中，不能从

自己所从事的研究活动的外部多角度、多层面地看问题，因而难免出现一些偏颇。

（二）同行专家评价

研究者自评更多地是从认识自我和完善研究的角度进行评价的，同行专家的评价对教育研究成果则具有鉴定的意义。通过同行专家评价，可以对教育研究成果有无价值和价值大小有一个更清楚和准确的认识。专家评价是具有一定学术专长的"局外人"对教育研究所做的比较客观的评价，是最具权威性和科学性的评价，因此是教育研究不可缺少的重要环节。一般来说，同行专家评价是教育研究成果评价的主要形式。

专家首先要对教育研究的理论目标、实践价值以及研究过程进行科学性鉴定，其次要分别对教育研究理论成果的先进性、创造性、学术性和实践成果的有效性、可推广性、效益性等做出价值判断。在进行专家评定时要注意两点：一是要从理论的高度，侧重于教育研究科学化水平的评价；二是专家评定应以自我评价为基础，是自我评价的再评价。

（三）行政部门评审

行政部门评审一般是由某一级行政部门成立有权威性的、成员相对稳定的教育研究成果委员会来实施具体评价工作。为保证评审结果的科学性、严肃性和权威性，应严格挑选参评专家，避免由行政机构代替专家做出决定。

综上所述，三种评价方式各有利弊，最好的评价方式应该是三者的恰当结合，发挥各自评价的长处而避免其短处。

五、教育研究成果评价应注意的问题

教育研究成果是研究者创造性劳动的结晶，科学合理地对教育研究成果进行评价具有重要的意义，不仅有助于教育研究成果的推广，而且有助于调动中小学教师从事教育研究的积极性。在教育研究成果评价中应注意以下几个问题。

（一）注重对教育研究成果的综合评价

对教育研究成果进行评价时，要对其进行综合的评价，即对成果的学术价值、社会价值、推广价值以及推广后产生的教育教学效益等各项指标进行综合的评价。

（二）注重教育研究成果的实践性

教育教学实践是检验研究成果效益的重要标准。例如，中小学教育研究成果的学术价值、推广价值、效益价值,主要通过中小学教育教学的实践来评价。只有对中小学教育教学提出指导性策略的成果,才能在实践中推广。例如,通过教学实验所总结出来的某种新的教学方法或教学模式,只有通过一段时间的连续性实验和一定规模的扩大实验,获取足够的数据后,才能做出正确的评价。

(三)注重对教育改革发展的促进作用

中小学教师工作在教育教学第一线,具有丰富的教育教学经验,具有教育研究丰富的第一手资料。因此,他们进行的教育研究应紧紧围绕教育教学改革,尤其是基础教育新课程改革,为提高教育教学质量服务,促进中小学的教育教学发展,更好地发挥教育研究的价值。

(四)注重成果评价的指导作用

随着基础教育新课程改革的实施,中小学教育迫切需要具备一定科研素质的教师。因此,应发挥教育研究成果评价对中小学教师从事教育研究活动的指导作用,加强对中小学教育研究的过程管理,不断提高中小学教师的科研素质和水平。

(五)注重对中小学教师的鼓励

中小学教师的劳动是辛苦和繁重的,他们既要搞好教育教学工作,还要从事教育教学研究,因此,应激发中小学教师从事教育研究活动的热情,在成果评价中,尽量给以鼓励和扶持,推动其积极参与教育研究。

思考与练习

1. 教育研究成果的含义是什么?
2. 教育研究成果可以分为哪几类?
3. 撰写研究报告和论文有哪些要求?
4. 教育研究成果评价的内容有哪些?
5. 教育研究成果评价的主要方式有哪些?
6. 在教育研究刊物中找一篇教育研究报告,试分析其结构。

1. 张建：《研究报告撰写指导》，教育科学出版社2003年出版。

该书通过大量实例，深入浅出地介绍了研究报告的基本结构、各类报告的撰写特点与要求，以及报告的修改与发表等问题，不仅给出了研究报告的一般撰写方法，而且从报告撰写的角度透视了教育研究的创新本质。该书理论阐述中穿插着实例，具有很强的操作性和实用性，对于掌握研究报告和论文的写作方法具有重要帮助。

2. 薛根生：《小学教师科研论文导写》，湖南师范大学出版社2000年出版。

该书针对小学教育研究实际，全面介绍了小学教育研究论文的写作。第一部分系统论述了教育科研论文的类别、特点及撰写教育科研论文应如何选题、取材、构思、行文、修改等问题；第二部分从学术论文、经验总结、调查报告、课题研究几个方面详细介绍了研究报告的特点和具体写法；第三部分介绍了小学不同学科科研论文的写作。